高等职业教育

通识类课程新形态系列教材

八桂文化

主编　陈秀泉　阳代军

副主编　苏显华

丘春明

王敦

中国水利水电出版社

www.waterpub.com.cn

·北京·

内 容 提 要

本书是为广西高校开设人文素质教育课程所编写的配套教材，主要讲授广西民族文化，加深学生对广西区情的了解和认识。

本书共分四个模块十一讲，分别从历史溯源、物质文化、非物质文化、山水人文之美四个方面介绍广西文化，旨在展示广西各民族的独特精神标识，让学生对广西各民族的文化有一个全面而深入的了解，激发民族自豪感，培养家国情怀，提升对广西民族文化的鉴赏能力，增强传承广西优秀文化的责任感，更好地体现广西精神、广西价值、广西力量，为凝心聚力建设新时代中国特色社会主义壮美广西筑牢文化根基、提供强大精神力量。

本书可作为高等院校的广西区情教育读本，亦可供地方文化爱好者参考。

图书在版编目（ＣＩＰ）数据

八桂文化 / 陈秀泉，阳代军主编. -- 北京 ： 中国
水利水电出版社，2023.8（2024.3 重印）
高等职业教育通识类课程新形态系列教材
ISBN 978-7-5226-1672-8

Ⅰ. ①八… Ⅱ. ①陈… ②阳… Ⅲ. ①地方文化－广
西－高等职业教育教－材 Ⅳ. ①G127.67

中国国家版本馆CIP数据核字(2023)第135704号

策划编辑：周益丹　责任编辑：张玉玲　加工编辑：白绍昀　封面设计：梁燕

书　　名	高等职业教育通识类课程新形态系列教材 八桂文化 BAGUI WENHUA
作　　者	主　编　陈秀泉　阳代军 副主编　苏显华　丘春明　王　敦
出版发行	中国水利水电出版社 （北京市海淀区玉渊潭南路 1 号 D 座　100038） 网址：www.waterpub.com.cn E-mail：mchannel@263.net（答疑） 　　　　sales@mwr.gov.cn 电话：（010）68545888（营销中心）、82562819（组稿）
经　　售	北京科水图书销售有限公司 电话：（010）68545874、63202643 全国各地新华书店和相关出版物销售网点
排　　版	北京万水电子信息有限公司
印　　刷	三河市德贤弘印务有限公司
规　　格	184mm×260mm　16 开本　12.75 印张　279 千字
版　　次	2023 年 8 月第 1 版　2024 年 3 月第 2 次印刷
印　　数	7001—15000 册
定　　价	45.00 元

凡购买我社图书，如有缺页、倒页、脱页的，本社营销中心负责调换

高等职业教育通识类课程*新形态*系列教材

总策划　陈秀泉

编委会

主　任　黄春波

副主任　王　敦　陈秀泉

编　委　王　景　何红梅　黎天业

　　　　翟翠丽　阳代军　吴小宁

　　　　蒋戴丽　曾　静　何　飞

序

　　没有通识教育，就没有大学。作为一名从事人文教育研究近 30 年的教师，我对这一说法深以为然。亚里士多德说："人是有理性的动物。""理性"是人之所以为人的一个重要标准。理性来自博学多识，来自知自然人文、晓古今之事、通情而达理，也就是通常说的通识教育。

　　党的二十大报告提出："我们必须坚定历史自信、文化自信，坚持古为今用、推陈出新，把马克思主义思想精髓同中华优秀传统文化精华贯通起来、同人民群众日用而不觉的共同价值观念融通起来，不断赋予科学理论鲜明的中国特色，不断夯实马克思主义中国化时代化的历史基础和群众基础，让马克思主义在中国牢牢扎根。"通识教育的思想在我国可谓源远流长，《易经》提出"君子多识前言往行，以畜其德"；《中庸》主张"博学之，审问之，慎思之，明辨之，笃行之"。大学通识教育从性质上说，就是办学思想，是高等教育的重要组成部分；从目的上说，是通过增加学生知识的广度与深度，拓宽学生的视野，使学生兼备人文素养与科学素养，把学生培养成"全面发展的人"。《中国教育现代化 2035》中将"以德为先，全面发展，面向人人，终身学习"作为教育现代化的基本理念，这与通识教育的理念和目标不谋而合。

　　当前，我国高职院校都开设了一定数量的通识教育类课程，但不少学校和教师认为通识教育就是加强学生的人文修养，增加学生的人文知识，提升学生的审美品位，并未充分认识到在我国高职教育已经从规模扩张进入到内涵建设的新阶段，高职院校应更加注重学生道德情操和社会主义核心价值观的培养，更加注重学生知识广博性和心智的培养，应该把帮助学生了解自己与社会、文明与文化、科学与技术、过去与未来作为高职教育的一个重点，从而实现高职教育指导思想和办学观念的根本转变。

　　大学通识教育应该"通"什么、"识"什么，仍是一个值得讨论的问题。不同层次的大学、不同层次的教育，应该掌握的通识知识是有差异的。就高职教育而言，学生应该通过通识教育，具备良好的品德，具有较好的人际互动和团队合作能力，具有比较广阔的社会视野，成为一个具有较高素养的公民。学生在语言素养上，应该具有较好的沟通表达能力；在艺术素养上，应该具有较高的人文艺术和美感品位；在科学素养上，应该具有较强的思考、创造、自学能力和关怀生命、关怀自然的意识，应该拥有健康的体魄与心理调适能力。

正是基于以上对高等职业教育通识教育的认识和理解，我们编写了这套高等职业教育通识类课程新形态系列教材，探索构建与一流高职学生培养相适应的通识课程体系。系列教材策划编写力求体现"普、新、特、实"四个字。

"普"，就是基础性综合性视角。这套教材基于通识教育理念编写，既包括阅读与写作、应用数学等基础性课程，也包括大学生心理健康、公共体育、八桂文化等内容，旨在培养学生的思维能力、人际沟通交往能力等，为学生终身成长和可持续发展奠定基础。

"新"，就是新形态教材形式。本套教材以新的形态组织内容，以融媒体等形式立体化呈现内容。

"特"，就是体例和撰写特色。在系列教材中，我们将以新的编排体例，为学生的学习和实操带来新体验和感受。

"实"，就是务实和实用。整套教材的内容选择和实操任务设置从高职教育特点出发，注重通识教育的实用性，既利在当前，又着眼长远，让学生在受到广泛通识教育的同时，在实操项目的情境化设置中提高动手能力和创造力。

南宁职业技术学院作为全国56所中国特色高水平高职学校建设单位之一，近几年在高职院校通识教育方面积累了一些经验，这套教材的编写旨在为高职院校内涵建设打开一扇窗，为高职院校通识教育贡献绵薄之力。

陈秀泉

2022 年 11 月 8 日

写于南宁职业技术学院金葵湖畔

前言

广西是个好地方。

这里有世界古代水利建筑明珠灵渠,有中国四大名锦之一壮锦,有国家非物质文化遗产——三月三歌圩,有"悬崖上的无字史诗"左江花山岩画……

在这片神奇的红土地上,自古以来,壮、汉、瑶、苗、侗等12个世居民族薪火相传、生生不息。多样化的地理环境和民族风情孕育出广西独特的风景、风华、风俗、风味与风物。广西文化与沿灵渠等地的中原文化交融,使广西独具文化魅力。

文化是一个民族存在的根基,是民族发展的动力。党的二十大报告指出:"坚持和发展马克思主义,必须同中华优秀传统文化相结合。只有植根本国、本民族历史文化沃土,马克思主义真理之树才能根深叶茂。"中国是一个多民族国家,各民族优秀传统文化都是中华文化的组成部分,文化作为中华民族共同体意识最基本、最深层的纽带,在铸牢中华民族共同体意识中起到极其重要的作用。广西这片热土积淀了丰富的人文内涵,无论是从学生国情区情教育出发,还是从提高学生人文素质需要,抑或从铸牢中华民族共同体意识出发,都应该有一本人文类通识教材,对八桂文化作一次寻根式溯源,进行一次立体式梳理,以传承弘扬广西各民族优秀传统文化,着力推动各民族优秀传统文化交流互鉴,在提升学生文化素养的同时,进一步铸牢中华民族共同体意识。

近年来,广西在建设民族团结进步模范区的过程中,始终把弘扬中华优秀传统文化作为主要内容,建设各民族共享共乐的精神家园。八桂莘莘学子只有加深对广西区情的认识,深入了解、充分吸收和大力弘扬八桂优秀传统文化,才能以更加坚定的文化自信投身于"建设壮美广西,共圆复兴梦想"的伟大事业中。

本书作为一本面向广西各高校各专业学生开设的区情教育或通识教育教材,旨在展示广西各民族的独特精神标识,让学生对广西各民族优秀传统文化有一个全面而深入的了解,激发民族自豪感,培养家国情怀,提升对广西各民族优秀传统文化的鉴赏能力,增强传承广西优秀文化的责任感,为凝心聚力建设新时代中国特色社会主义壮美广西筑牢文化根基、提供强大精神力量。

本书共分四个模块十一讲,分别从历史溯源、物质文化、非物质文化、山水人文之美四个方面介绍广西文化，具有以下特色：

（1）情境导入，项目驱动。"考考你"模块从生活情境设置问题，让学生带着问题学习专题内容；"专题点击""学必有问"等模块让学生温故知新。

（2）实操项目，高职特色。本书结合专题内容布置实操任务"文化大使·我为广西文化代言"，宣传广西文化。"任务描述""任务分析""任务要求""任务提醒""任务测评"模块环环相扣，特色鲜明突出。

（3）文图并茂，丰富多彩。书中配有大量图、文、音频、视频等资源。

本书由陈秀泉、阳代军任主编，苏显华、丘春明、王敦任副主编。陈秀泉确定框架，并对全书进行修改统稿，阳代军、苏显华、丘春明、王敦审稿。其中，第一讲由苏显华执笔，第二讲由阳代军执笔，第三讲由莫丹执笔，第四讲由陈灿执笔，第五讲由李林执笔，第六讲由刘春玉执笔，第七讲由曾静、覃彩群执笔，第八讲由黄小露执笔，第九讲由何冰执笔，第十讲由兰海洋执笔，第十一讲由王景和特邀的广西砚雍文化发展有限公司丘春明总监执笔。

与广西文化相关的著作和论述有很多，但作为教材出版尚属首次，摸着石头过河，难免有不足之处。在本书编写过程中，编者得到南宁职业技术学院领导、有关部门、专家和老师们的大力支持，同时借鉴了学界同仁的部分研究成果，在此一并致谢。

编　者

2023 年 3 月

目录

序
前言

历史溯源

模块一

第一讲

八桂溯源

考考你

我国各省市都有简称和别称，比如湖南简称"湘"，别称"湘楚"；广东简称"粤"，别称"南粤"；而广西则简称"桂"，别称"八桂"。2018年12月10日，广西壮族自治区成立60周年，《人民日报》头版刊发社论《书写八桂大地繁荣发展新篇章——热烈庆祝广西壮族自治区成立60周年》，用"八桂"指代广西。你知道广西的简称"桂"和别称"八桂"的由来吗？

教学目标

知识目标

了解广西历史沿革，熟悉"桂""八桂""广西"等名称的由来及发展变化，掌握广西历史文化的基本特征，提高学生对广西悠久历史的认知水平。

思政目标

加强爱国主义教育，深化学生对广西悠久历史文化的学习与理解，进一步培养学生对弘扬中华优秀传统文化的认知与情感。

专题点击

一、何为"八桂"

广西壮族自治区，简称"桂"，又称"八桂"，该称呼由来已久。一般认为，"八桂"称呼最早起源于《山海经》❶中所载"桂林八树，在番禺东"。晋代文学家郭璞对此注释："八树成林，言其大也。"即"八桂"并不指代八棵的实数，而是赞誉当地桂树丛生，大片成林。

---

❶《山海经》是我国最古老的地理书，一般认为成书于先秦时期。书中记载了大量神话传说，极富浪漫主义色彩。它主要记述古代地理、物产、神话、巫术、宗教等，同时也包括古史、医药、民俗、民族等方面的内容。

文学中将"八桂"指代广西，则始于唐代诗人韩愈。韩愈在《送桂州严大夫同用南字》诗中赞叹："苍苍森八桂，兹地在湘南。江作青罗带，山如碧玉簪。"韩愈诗中的桂州，治所（古指地方政府驻地）在今广西桂林市内。从唐代开始，"八桂"开始成为广西的代称。宋代诗人杨万里有"来从八桂三湘外，忆折双松十载前。"元朝黄镇成亦云："八桂山川临鸟道，九嶷风雨湿龙滩。"可见，八桂之名深入人心，在民间广为流传。

进入明朝，官方纂修的《大明一统志》记载："八桂，广西桂林府郡名。"当时广西首府驻桂林，以桂林代表广西。从此广西称为"八桂"，正式被官方文书所采用。

由此可见，用"八桂"作为广西的代称，源于《山海经》，流传于唐宋，明朝政府将广西承宣布政使司确立为行政区域，在官方文书中正式定名为"八桂"而沿用至今。

二、"八桂"的由来

八桂，即取广西多桂之美。这个称谓的形成，与广西的历史、地理、物产有着密切的联系。在民间，相传有一女子携桂树种子经过广西时，看到当地山清水秀，令人流连忘返，故洒落八颗桂子，使得广西境内桂树成林，因此传为"八桂"。这一传说中"八桂"的由来明确指向了广西丰富的桂树资源。

桂树是广西物产的代表，也反映了广西文化的特征与内涵。广西的桂树有两种类别：一是药用的玉桂，是古代地方官向朝廷进贡的珍贵之物；二是花木，俗称"桂花"。这两种植物遍及广西各地。据晋代《南方草木状》记载："桂出合浦，生必以高山之巅，冬夏常青，其类自为林，间无杂树。"唐代《唐本草》也记载："牡桂乃尔雅所云木桂也，叶长尺许，大小枝皮俱名牡桂，出邕州。"南宋名人范成大在《桂海虞衡志》一书中记载："桂，南方奇木，上药也。桂林以地名，地实不产，而出于宾、宜州。"以上文献中的"桂"，都指的是具有药用功能的玉桂，而不是作为花木的桂花。可见，广西简称"桂""八桂"，是因药用的桂树而得名的。秦始皇统一中国，全国划分三十六郡，在岭南设置桂林郡、南海郡、象郡，以广西的特产桂树命名的桂林郡，其地域在今广西境内，治所在今贵港市东。

广西属亚热带气候，适宜桂树的生长，特别是桂东南、桂西地区土山上的桂树大片成林。桂树全身是宝，叶枝可榨油，皮肉可作药材和香料之用。因此，"八桂"是指桂树丛生，这里的"八"字是指桂树多而大之意。明代、清代和民国官方纂修的广西各地县志中均有"八景"胜迹的记载，但其意绝非指八处，而是指多的意思。

泱泱华夏，锦绣中华，齐鲁大地、天府之国、八桂大地等形成了灿烂的中华民族文化。一方水土养一方人，各地简称、别称与各地的历史沿革、地理山川有密切的联系。其中，广西"八桂"之名，以花木为别称，直接展示了广西的自然环境特点——桂树成林，林木资源丰富；同时也体现了广西文化的特点——桂树芳香，宜居宜人。

三、广西的历史沿革

广西地处祖国南疆边陲，是我国神圣领土的一部分。广西历史悠久，早在距今八十万年之前，这片土地上就有原始人类活动的痕迹。广西在我国政治、军事上起过举足轻重的作用，经过历代的演变，形成当今广西的行政区域范围。

根据考古发现，旧石器时代的古人类化石和活动遗址已遍布广西，如距今 5 万年的柳江人，距今 2 万～3 万年的麒麟山人，以及距今 1 万～2 万年的灵山人、白莲洞人等。在广西还发现了大量的新石器时代遗址，分布层次清楚，这说明远古时代的人类已经在广西境内繁衍，并成为广西的原始居民。商朝和周朝，广西与中原地区文化往来逐渐密切，在文献中其被载为百越之地。

秦始皇统一中国后，将今广西区域纳入中央王朝版图，分属桂林郡、象郡。秦朝末年，由于秦王暴政，南海尉赵佗趁乱而起，自称南越武王，割据而建立南越国，今广西大部分地区属南越国辖地。

汉高祖刘邦建立汉朝以来，追认赵佗为南越武王。后因南越国内部分裂，汉武帝得以击败南越国军队，在岭南推行郡县制，设置苍梧、郁林、合浦等郡。同时，汉武帝在岭南地域设置交趾刺史部，治所设在广信县（今广西梧州），统辖岭南各郡县。

唐承隋制，唐太宗时分全国为十道，在五岭以南设置岭南道，以广州刺史充经略使，驻所设在广州，今广东、广西大部分地区属岭南道。咸通三年（862 年），唐懿宗分岭南道为岭南东道和岭南西道，文献中记载，"岭南分二……以广州为岭南东道，以邕州为岭南西道，付之节旗"。今广西大部分地区属岭南西道，治所设在邕州（今广西南宁）。由此可见，广西最早于唐朝成为一级独立行政区域，而且南宁在唐朝时就已成为广西首府，是南方重镇之一。

宋太祖赵匡胤称帝后，在岭南地区设置广南路，今广西大部分区域属广南路。宋太宗至道三年（997 年），广南路分置为广南西路和广南东路，今广西地属广南西路，今广东地属广南东路，后世因此将广东和广西合称为"两广"。宋朝文人周去非在其所撰的《岭外代答》一书中载："广西西南一方，……总广西二十五州，边州十七。"这是"广西"称谓首次被官方记载，"广西"之名正是从广南西路简化而来。

元朝建立以后，元太祖首创行省制，设省、路（府）、州、县四级，将全国分为11 个行省，其中改广南西路为广西两江道宣慰使司，隶属湖广行中书省。至正二十三年（1363 年），分置广西行中书省，治所设在靖江路临桂县（今广西桂林），建成广西省，这是广西独立设省的开始，并奠定了今广西政区的基础。元朝在羁縻制度的基础上，正式建立土司制度，广西行省也推行了土司制度，委任当地民族首领为地方官员治理地方。

明太祖推翻元朝统治，建立大明王朝，在全国废行省之名，改设司、府（州）、县

（州）三级区域制。全国分为 13 个布政使司，其中改广西行省为广西承宣布政使司，治所设在桂林府（今广西桂林）。

清朝时期，推行省、府（直隶厅）、州（直隶州）、县四级行政区划，改广西承宣布政使司为广西省，省会驻桂林府（今广西桂林）。

1911 年 10 月，辛亥革命结束了统治中国 2000 多年的君主专制制度。同年 11 月 17 日，在广西革命党人的努力下，广西宣布独立。但胜利果实被军阀陆荣廷篡夺，成立都督府，陆荣廷任广西都督，形成独据一方的旧桂系军事集团。1913 年，陆荣廷将省会由桂林迁往南宁。

1921 年，孙中山发动援桂讨陆战争，瓦解旧桂系，成立由马君武为主席的省政府，但省政府的实权被广东军阀陈炯明所控制。1922 年夏，陈炯明命粤军主力撤出广西，马君武去职，广西陷入自治军之乱。此时，以李宗仁为首的旧桂系军官借助广东革命阵营的力量，乘机形成新桂系集团。1925 年，新桂系集团逐个击破旧桂系势力，彻底瓦解旧桂系，执掌广西大权，从此进入新桂系军阀统治时期。1936 年，李宗仁、白崇禧等人将广西省会从南宁迁至桂林。

抗日战争全面爆发后，广西于 1939 年和 1944—1945 年两次被日军大规模入侵，大部分地区沦陷，中心城市和交通干线地区遭到疯狂劫掠，经济凋敝。抗战胜利后，新桂系集团追随蒋介石发动反共内战，在广西实行"三征"暴政，加强军事统治，社会矛盾迅速激化。中共广西各级组织在白色恐怖下坚持领导开展敌后武装斗争，游击战争扩展到 97 个县。1949 年 11 月 7 日，人民解放军发起解放广西战役。在中共广西地方组织的配合下，人民解放军于 1949 年 12 月 11 日将红旗插上镇南关，标志着广西全境解放。

四、广西的世居民族

在漫长的历史发展过程中，生活在广西境内的土著居民历经分化或融合，逐渐形成今天广西多民族团结聚居的格局。

先秦时期，广西的主要居民被称为西瓯、骆越，他们是壮侗语族的先民。自秦朝统一岭南后，大批汉族从中原地区迁入包括广西在内的岭南地区，进一步加强了汉族与岭南西瓯、骆越的融合，岭南各族以乌浒、俚、僚、俹、僮等称呼出现。

1949 年中华人民共和国成立后，消灭了民族压迫，实现了各民族政治上的平等。广西发展成为我国少数民族人口最多的省区，生活着壮、汉、瑶、苗、侗、仫佬、毛南、回、京、彝、水、仡佬等 12 个世居民族，还有其他 44 个民族。

（1）壮族。古代多称为"僮"，这一称呼始见于宋代，被认为是西瓯、骆越人的族裔。壮族是广西也是中国人口最多的少数民族。在中华人民共和国成立以来的民族识别中，将历史上的"布壮""布土""布曼""布傣""布衣""布雅伊"等不同称谓的族群统一称为僮族。但是,"僮"的含义容易引起误会,于是在1965年10月12日,根据周恩来总理的提议,经国务院正式批准,把"僮族"改为"壮族"。2020年年末,广西壮族户籍人口有1572.2万人,占自治区总人口的31.36%,主要聚居在南宁、柳州、崇左、百色、河池、来宾6市。靖西市是壮族人口比例最高的县级行政区,达到99.7%。

(2)汉族。自秦朝统一岭南以来,大批汉族人从中原地区迁入岭南,是汉族迁入广西的开始。之后历朝历代,由于北方战乱不休,南方相对稳定,中原大量汉族南迁进入广西,到清末民国初期,广西少数民族人口与汉族的比例已成对半分之势。2020年,广西汉族人口有3131.88万人,占广西常住人口的62.48%。

(3)瑶族。自宋代开始,集中在湖南一带的瑶族先民逐渐向岭南迁徙,并在清代开始大批南迁,形成"岭南无山不有瑶"的大杂居、小聚居的局面。2020年年末,广西瑶族人口有213.1万人,占广西总人口的3.7%,主要居住在金秀、都安、巴马、大化、富川、恭城6个瑶族自治县。

(4)苗族。苗族与瑶族为同源民族。宋代时,苗族先民自湘西和黔东的"五溪"地区陆续迁到贵州南部、云南西南部和广西北部地区。在广西,他们最初迁到今融水苗族自治县境内的元宝山周围。2020年年末,广西苗族人口有65.2万人,占广西总人口的1.1%,主要分布在融水苗族自治县和隆林各族自治县、龙胜各族自治县、三江侗族自治县、南丹县、环江毛南族自治县、资源县等,其中融水苗族自治县的苗族人口最多,约占广西苗族人口的40%。

(5)侗族。侗族由宋代"仡伶"人发展而来,道光《龙胜厅志·风俗》说"伶与侗同"。2020年年末,广西侗族人口有42万人,占广西总人口的0.7%,主要居住在三江、龙胜、融水3个自治县,其中三江侗族自治县侗族人口最多。

(6)仫佬族。仫佬族在历史上又被称为"木老""木娄""姆佬",传说他们由外地迁入,因与当地土著"僚"人妇女通婚,语言发生变化,将母亲称为"姆佬"。元代时,仫佬族逐渐从"僚"族群中分化出来,在明代时以罗城为中心,逐渐形成如今的仫佬族。2020年年末,广西仫佬族人口约有23万人,占广西总人口的0.4%,主要居住在罗城仫佬族自治县,散居于宜州、忻城、环江、融水等县(区)。

(7)毛南族。毛南族曾称为"毛难"族,据传他们的祖先是从湖南、山东、福建等地迁来的汉族与当地土著"僚"人妇女通婚而形成,明代时在"茅滩"(或写成"茆滩""茅滩""冒南""毛难")这一地区逐渐发展成为一个新的族群。1986年,经国务院批准,由"毛难"族改为"毛南"族。2020年年末,广西毛南族人口有9.5万人,占广西总人口的0.17%,主要聚居在环江毛南族自治县。

(8)回族。至元三年(1337年),波斯人伯笃鲁丁从金陵(今南京)到广西任粤西廉副使,其后代定居桂林,改为白姓,此后子孙繁衍,逐渐分散到临桂、永福、灵川等地居住。其他各姓回族,也在元、明、清时代,先后从河北、山东、河南、陕西、江苏、湖南、云南等地迁来。或是从政，或是经商迁来桂林定居。2020年年末，广西回族人口有4.06万人，占广西总人口的0.07%，主要居住在桂林、柳州、南宁、百色等市及临桂、灵川、鹿寨、永福等县。

（9）京族。明朝时，因越南统治阶级的压迫和剥削，自正德年间（1506—1521年）陆续从越南涂山等地迁到今防城港市发展而来。2020年年末，广西京族人口有3.2万人，约占广西总人口的0.056%，主要居住在东兴市江平镇。

（10）彝族。一般认为，广西境内彝族分别于不同时期迁入，隆林各族自治县德峨一带的彝族，传说早在唐宋时期从云南的东川迁来，先到宣城、曲靖（均属云南）两地，然后分两支，一支经贵州的罗平、兴义，渡南盘江进入隆林；另一支则继续往东，经贵州的兴仁、安龙、册亨，渡南盘江进入今田林县旧州一带，到明代才迁到隆林。另一个说法是明末清初参加李自成领导的农民起义失败后，经云南富宁迁入广西百色、凌云，最后进入隆林德峨。那坡县城厢境内者祥、达腊、念毕等村的彝族，有说是从四川迁来，有说是从云南迁来，至于迁来的时间，有说是三国时期，有说是唐宋时期，也有说是明代及清朝乾隆年间。2020年年末，广西彝族人口有1.5万人，占广西总人口的0.026%，主要居住在隆林各族自治县和西林、田林、那坡等县。

（11）水族。一般认为，水族是明代时在"抚水州蛮"和"环州蛮"的基础上形成的族群，后来一部分迁去贵州，或融合于壮族。今广西境内的水族，有一部分是在清代末年和民国时期由贵州迁入。2020年年末，广西水族有2万多人，占广西总人口的0.036%，主要散居在南丹、宜州、融水、环江、都安、兴安、金城江等县（区）。

（12）仡佬族。仡佬族于清代从贵州迁入今隆林各族自治县一带。2020年年末，广西仡佬族有5600多人，占广西总人口的0.01%，主要居住在隆林各族自治县及田林、西林等县。

截至2021年，广西共有12个民族自治县，分别是龙胜各族自治县、金秀瑶族自治县、融水苗族自治县、三江侗族自治县、隆林各族自治县、都安瑶族自治县、巴马瑶族自治县、富川瑶族自治县、罗城仫佬族自治县、环江毛南族自治县、大化瑶族自治县、恭城瑶族自治县。自治区人民政府还先后批准在苗族、瑶族人口较为集中的西林县和凌云县从1992年起，资源县从1995年起享受自治县待遇。2021年年末，广西设有民族乡59个，其中瑶族乡47个，苗族乡8个，瑶族苗族乡、回族乡、侗族乡、仫佬族乡各1个。

世居广西的12个民族除回族专用汉语外，其他少数民族均有自己的语言并都在使用，分别是壮语、瑶语、苗语、侗语、仫佬语、毛南语、京语、彝语、水语、仡佬语。其中，壮语、瑶语、苗语、彝语还有各自的方言土语。

2021年4月，习近平总书记在广西视察时指出："广西是全国民族团结进步示范区，要继续发挥好示范带动作用。"广西八桂大地见证了民族团结之花的绽放和壮美，中华民族共同体意识在广西各族群众心中生根发芽。

五、走进新时代的广西

　　1949年10月，中华人民共和国成立。1949年12月11日，广西全境解放。1950年2月，广西省人民政府在南宁成立。1957年7月15日，第一届全国人民代表大会第四次会议通过关于广西僮族自治区成立的决议。1958年3月5日，广西僮族自治区第一届人民代表大会第一次会议召开，宣告广西僮族自治区成立，贺龙副总理代表党中央、国务院在大会上祝词，掀开了八桂大地发展新的一页。1965年，经国务院批准，广西僮族自治区更名为广西壮族自治区，首府设在南宁。1978年，自治区党委根据1929年12月11日邓小平、张云逸等领导百色起义和1949年12月11日中国人民解放军把五星红旗插上镇南关的历史，将广西壮族自治区成立纪念与百色起义、广西全境解放纪念相结合，经报党中央、国务院批准，将每年的12月11日定为自治区成立纪念日。

　　自中华人民共和国成立以来，自治区各地市县略有增减或合并更名，截至2021年年末，广西壮族自治区行政区为14个设区市，10个县级市，60个县（含12个民族自治县），41个市辖区，806个镇，312个乡（含59个民族乡），133个街道，首府为南宁市。2021年年末，广西户籍总人口为5733万人，常住人口5037万人，其中城镇人口2774.6万人，占常住人口比重（常住人口城镇化率）为55.08%。

　　改革开放以来，广西进入民族团结、经济社会快速发展的新时代。广西沿海沿江沿边，具有独特的区位优势。随着"一带一路"建设的推进，广西在国家对外开放大格局中的地位更加凸显。党的十八大以来，习近平总书记多次对广西工作作出重要指示批示，赋予广西"构建面向东盟的国际大通道""打造西南中南地区开放发展新的战略支点""形成21世纪海上丝绸之路和丝绸之路经济带有机衔接的重要门户"三大定位。2017年4月，习近平总书记在考察广西期间提出"五个扎实"新要求：扎实推动经济持续健康发展、扎实推进现代特色农业建设、扎实推进民生建设和脱贫攻坚、扎实推进生态环境保护建设、扎实建设坚强有力的领导班子。2018年12月，习近平总书记为广西壮族自治区成立60周年的题词"建设壮美广西 共圆复兴梦想"，充分体现了以习近平同志为核心的党中央对广西的高度重视和亲切关怀。2021年4月，习近平总书记要求广西"在推动边疆民族地区高质量发展上闯出新路子，在服务和融入新发展格局上展现新作为，在推动绿色发展上迈出新步伐，在巩固发展民族团结、社会稳定、边疆安宁上彰显新担当，建设新时代中国特色社会主义壮美广西"。2022年10月党的二十大期间，习近平总书记在参加广西代表团讨论时发表重要讲话，要求广西在推动边疆民族地区高质量发展上展现更大作为，在服务和融入新发展格局上取得更大突破，在推动绿色发展上实现更大进展，在维护国家安全上作出更大贡献，在推进全面从严治党上取得更大成效。

　　开局定向，起锚扬帆。进入新发展阶段，广西以习近平总书记的重要指示精神作为根本遵循，不断提高准确把握新发展阶段、抢抓用好新发展机遇、深入贯彻新发展理念、加快融入新发展格局的能力水平，咬定青山不放松，脚踏实地加油干，壮大"工业树"、繁茂"产业林"，打好工业振兴这场攻坚硬仗，把高质量发展的宏伟蓝图变为美好现实，奋力谱写新时代广西发展新篇章。

 **学必有问**

《壮美广西》纪录片

1. 广西有哪些简称和别称？
2. 广西历史沿革是怎样的？
3. 广西壮族自治区是什么时候成立的？

文化大使·我为广西文化代言

【任务描述】

请认真阅读任务情境，分组完成所负责地区的历史沿革展示。

截至2021年年末，广西壮族自治区行政区划为14个设区市，分别为南宁、柳州、桂林、梧州、北海、防城港、钦州、贵港、玉林、百色、贺州、河池、来宾、崇左，各市历史发展各有不同。目前，学校正在开展"桂港澳青少年交流计划"，为了进一步向港澳青少年展示广西历史文化，计划对14个设区市的历史沿革进行展示。

全班分为7个小组，每个小组负责2个设区市的历史沿革梳理和PPT汇报展示。

【任务分析】

各地的简称、别称和历史沿革、地理山川有着密切的关系，梳理其历史沿革有助于帮助学生进一步了解广西地理和历史文化。

【任务要求】

步骤	要求
1. 组建任务小组	组建7个任务小组，每组人数根据班级实际人数情况确定，每组指定1名小组长。小组长负责本组工作的统筹协调和数据汇总提交，明确小组成员职责分工及数据报送时限
2. 分析任务情境	以抽签方式确定每组负责的2个设区市，小组研讨任务情境
3. 落实工作任务	完成所负责的2个设区市历史沿革资料及PPT汇报设计
4. 成果汇报	小组代表上台介绍本组工作情况及工作成果，教师记录情况并进行点评
	现场投票决定成果排名

【任务提醒】

1. 可利用地方志、广西地情网等查阅资料，收集所负责的2个设区市的历史沿革等内容。

第一讲

桂
溯源

2．某市历史沿革汇报应包含如下内容：某市的简称、别称及其由来，某市从商代至清代以来的行政区划设置，某市主要族群的发展，某市在近现代发展中取得的成就。

（余下内容可简单介绍本组工作其他情况，如发现该市历史发展有什么特点或有趣的现象，有什么收获和体会，遇到什么困难和问题，意见和建议等。）

【任务测评】

任务完成情况和展示环节的评分表

任务编号	1		任务名称		广西各设区市历史沿革展示	
学生姓名		组别		组内职务		
评量项目			自评	小组评分		教师评分
课堂表现	学习态度（15分）					
	沟通合作（15分）					
小组任务	展示内容（20分）					
	展示创意（20分）					
	PPT 设计（15分）					
	展示仪表仪态（15分）					
评分结果	小计					
	总分					
学生签字		年　月　日	教师签字			年　月　日

评分标准						
项目		A	B	C	D	E
课堂表现	学习态度（15分）	13～15分	10～12分	7～9分	4～6分	0～3分
		在积极主动、虚心求教、自主学习、细致严谨方面表现优秀，令师生称赞	在积极主动、虚心求教、自主学习、细致严谨方面表现良好	在积极主动、虚心求教、自主学习、细致严谨方面表现较好	在积极主动、虚心求教、自主学习、细致严谨方面表现尚可	在积极主动、虚心求教、自主学习、细致严谨方面均有待加强
	沟通合作（15分）	13～15分	10～12分	7～9分	4～6分	0～3分
		在师生之间具有很好的沟通能力，在小组学习中具有很强的团队合作能力	在师生之间具有良好的沟通能力，在小组学习中具有良好的团队合作能力	在师生之间具有较好的沟通能力，在小组学习中具有较好的团队合作能力	在师生之间具有一定的沟通能力，在小组学习中能够参与团队合作	在师生之间沟通能力较弱，在小组学习中参与团队合作较弱

评分标准					
项目	A	B	C	D	E
展示内容（20分）	18～20分	14～17分	10～13分	5～9分	0～4分
	能全面展示有关设区市的简称、别称和各地的历史沿革、地理山川等信息，重点突出，观点明确，表达准确	能较全面展示有关设区市的简称、别称和各地的历史沿革、地理山川等信息，重点突出，观点明确，表达准确	能展示有关设区市的简称、别称和各地的历史沿革、地理山川等信息，表达较准确	能展示有关设区市的简称、别称和各地的历史沿革、地理山川等信息	展示未涉及有关设区市的简称、别称和各地的历史沿革、地理山川等信息
展示创意（20分）	18～20分	14～17分	10～13分	5～9分	0～4分
	展示完整，富有设计感，创意新颖，能合理使用艺术性手法突出有关设区市历史沿革等信息，展示有吸引力	展示完整，有创意，能合理使用艺术性手法突出有关设区市历史沿革等信息，展示有吸引力	展示较完整，有一定创意，能使用艺术性手法突出有关设区市历史沿革等信息，展示较有吸引力	展示有一定创意，能使用艺术性手法突出有关设区市历史沿革等信息	展示表达设计无创意
PPT设计（15分）	13～15分	10～12分	7～9分	4～6分	0～3分
	能够恰当运用PPT动画、音乐、视频、图片等素材，展示效果好，PPT长短适宜，与任务主题吻合，有说服力	能较好运用PPT动画、音乐、视频、图片等素材，展示效果好，PPT长短适宜，与任务主题吻合，有说服力	能运用音乐、视频、图片等素材，PPT长短适宜，与任务主题吻合，较有说服力	能运用音乐、视频、图片等素材，PPT长短适宜，与任务主题较吻合	PPT素材等运用与任务主题吻合度不高
展示仪表仪态（15分）	13～15分	10～12分	7～9分	4～6分	0～3分
	衣着整洁，仪表得体；举止大方，仪态自然，肢体语言运用得当，能够较好、充分地展示当代大学生朝气蓬勃的精神风貌	衣着整洁，仪表得体；举止大方，仪态自然，肢体语言运用得当，能够展示当代大学生精神风貌	衣着整洁，仪表得体；举止大方，仪态自然，肢体语言运用得当，比较能展示当代大学生精神风貌	衣着整洁，仪表得体；举止大方，仪态较自然，肢体语言运用较为得当	衣着较整洁，仪表较得体，仪态不够自然，肢体语言运用不当

（小组任务）

第一讲

八桂溯源

第二讲

稻作文化

考考你

在广西，很多地名都以"那"字开头，比如那坡、那马、那雷、那楼、那满……你知道原因吗？"那"是什么意思？

教学目标

知识目标

了解"那"字在壮语中的特殊含义，理解稻作文化的深层内涵及其对广西文化的深远影响。

思政目标

了解稻作文化与中华民族文化"多元一体"的特征，增强文化自信，铸牢中华民族共同体意识。

专题点击

稻作文化作为农业文化的重要分支，是以稻作为主要生产活动的社会群体物质财富和精神财富的总和。广西是稻作文化的发祥地之一，有着悠久的稻作文化历史和独特的稻作文化习俗。壮侗语族群把水稻田叫作"那"，大量含有"那"字的地名，是稻作文化的标志性特征之一。据不完全统计，广西境内以"那"命名的村寨超过 1200 个，其中又以左江、右江和邕江流域最为密集。这个"那"字有什么特殊含义？为什么广西人民对它情有独钟？

一、别具一格的"那"地名

我国两广、云南等地，有许多含"那"字的地名。最早注意到这类地名的是明末清初著名学者屈大均,他在《广东新语》中指出:"自阳春至高雷、廉琼地名多曰那某、罗某、多某……"

王明富、覃乃昌、丘振声等当代专家学者对"那"地名均有所研究。张声震先生主编的《广西壮语地名选集》中收录了"那"地名872个。游汝杰先生经过考查,统计出含"那"字地名分布地区及数量:在我国广西有1200多处,云南有170多处,广东有30多处;在国外,越南有60多处,老挝有30多处,泰国有2处,缅甸有3处。游汝杰先生据此绘制出了《壮族含"那"字地名分布图》,并从语言学的角度对"那"地名进行了分析考证。

从"那"地名的数量上看,广西无疑占据绝对优势。近年来,广西地方志办公室采取抽样调查的方法,从广西111个县级行政区中随机抽选30个县市的地名志,统计出现含"那"字的地名多达2120个,通过分析30个县市含"那"字地名的空间分布情况,发现了一个有趣的现象:"那"字地名的分布与壮族人口的分布基本一致,大体上呈正相关。壮族人口分布密集的地区"那"字地名的密度也高,壮族人口分布稀疏的地区"那"字地名的密度也低,说明"那"地名与壮族人民的生产生活有着必然的联系。

"那"地名的特点是以各类田的俗称为标志,采用类名加专名的办法,构成以"那"起头的"齐头式"地名,因受稻田的规模所限,"那"地名一般用于小村镇,如那马、那板、那洪、那桐等,只有极少数用于县级行政区域,如百色市那坡县。

一般地说,地名在最初命名时跟地理环境和历史条件有关,具体含义见表2-1。

表2-1 含"那"字地名含义

地名	含义	地名	含义
那楼	我们的田	那翁	滥泥田
那班、那曼、那板	村寨田	那量	干旱田
那笔	养鸭田	那雷	土岭田
那马	养马田	那力	长形田
那怀	养牛田	那满	圆形田
那昌、那掌	工匠田	那六	水车(灌溉)的田
那达	河边田	那官	官田
那波、那沛	泉边田	那兵	蚂蟥多的田
那江	地处中间的田	那桃	旁边长桃树的田
那定	旁边有水塘的田	那弄	石山间平地的田
那林	以水笕灌溉的田	那旺	横在村前的田
那少、那谢	分给女儿的田	那练	旁边长苦楝树的田

壮侗语民族中称水田(稻田)为"那"。由此可见,壮族地名实质上是壮族人民借以识别和称谓居地的地理实体的一种语言代号。壮族地名的形成和演化,除了与壮族群

众居住地域的地理环境、地质、地貌、物产等有关，还同壮族群众在不同历史时期的政治、经济生活及其风俗、信仰、心理等文化活动有着密切的联系。这种"齐头式"地名，有的表示田的用途，有的表示田的归属，有的表示田的外形，有的表示田的地理位置，等等。这些名称所体现的含义，都是生产力发展、私有制产生及国家制度发展到一定程度的产物。

二、历史悠久的稻作文化

广西出土的与稻作文化
相关的文物

早在 80 多万年前，百色盆地便已有古人类活动，一系列的考古发现证明壮族是华南——珠江流域的土著居民，这些古人类（至少是其中的一部分）是他们的祖先。关于壮族先民的考古发现见表 2-2。

表 2-2　关于广西史前遗址的考古发现

考古发现	对应时期
百色盆地发现古人类制造的手斧等大型石器	距今 80 多万年以前
广东曲江发现"马坝人"化石	距今约 100000 万年，旧石器时代中期
广西柳江县新兴农场通天岩发现"柳江人"化石	距今约 50000 年，旧石器时代晚期
来宾县麒麟山发现"麒麟山人"化石	距今 20000～30000 年，旧石器时代晚期
桂林市郊甑皮岩洞穴发现人类骨骼和生活遗址	距今约 1 万年，新石器时代早期
南宁市邕宁区发现顶蛳山遗址，出土了大批石斧、石锛、石凿、石锤、石网坠等石器，蚌刀、骨锛等蚌器、骨器和釜、罐、鼎等陶器，称为"顶蛳山文化"	距今约 7000～8000 年，新石器时代中期
隆安县乔建镇稻神山发现古骆越最大的稻作文化祭祀遗址群	距今 5000 多年
隆安县、扶绥县、南宁市城区等地发现大石铲遗址	距今 4000～5000 年

壮族先民适应岭南的自然地理环境和气候特点，把野生稻驯化为栽培稻，是我国最早创造稻作文明的民族之一。壮族到底什么时候开始进入稻作文明？关于这个问题，专家们分别从考古学、语言学、遗传学的角度进行了论证。在桂林市郊甑皮岩、南宁市邕宁区顶蛳山两处遗址发现了用于加工和炊煮谷类食物的石器，距今约 9000 年以上，说明这个时期壮族地区的水稻种植已经达到一定水平。有关稻词的底层词出于壮族（古越族）的音译，以及"那"（水田）字地名在左江、右江和邕江流域的密集分布，为壮族聚居地区栽培稻起源提供了佐证。

稻作文化是中华优秀传统文化的重要组成部分。广西地处世界稻作文化圈，世居的壮、汉、瑶、苗、侗等 12 个世居民族都保留有丰富的传统稻作文化遗存。加强广西稻作文化的研究、挖掘、保护和利用，对于促进各民族交往交流交融，不断构筑中华民族共有精神家园，具有重要意义。

2012年10月3日，以报道全球科技领域最重要突破著称的英国《自然》杂志刊发了中国科学院上海生命科学研究院植物生理生态研究所国家基因研究中心韩斌课题组与中国水稻研究所及日本国立遗传所等单位合作的成果论文《水稻全基因组遗传变异图谱的构建及驯化起源》，证明水稻驯化是从中国南方地区的普通野生稻开始，而广西的普通野生稻与栽培稻的亲缘关系最近，表明广西是全球水稻最初的驯化地。韩斌先生明确指出，这一驯化地就在南宁周边地区，而隆安县的稻作文化遗存证明：这个南宁周边地区就是隆安，并且中心就在稻神山地区。

隆安稻神山位置
示意图等

三、内涵丰富的稻作文化

在长期的实践中，广西人民积累了许多与稻作相关的知识和技能，同时也形成了一些与稻作相关的习俗和传统。稻作生产不仅是一种农业生产活动，还被赋予了许多文化意义，由此衍生出许多与稻作相关的习俗、传统、技艺、民间传说和故事等，反映了人们对自然的理解和对生活的美好愿望。

（一）源于稻作的大石铲文化

1952年，在广西崇左市出土了一件形体硕大、棱角对称、打磨光洁、肩上设有小柄的磨制石器，因当时专家首次见到此类石器，无法确定具体用途，于是将其命名为"有肩石斧"。直至20世纪60—70年代，越南、泰国、老挝、缅甸、柬埔寨等周边国家，以及我国两广、云贵等地陆续出土此类石器，才引起专家的重视。因其器形似铲、器身有肩、可安装把柄而命名为"大石铲"。根据目前的考古发现，广西出土的最古老的有肩石器距今约9000多年，广西南部出土的大石铲大多处于距今4000～6000年的新石器时期。从地理位置来看，出土大石铲的区域主要分布在红水河以南，其中以隆安、扶绥、邕宁等县（区）分布最为密集，目前采集到的标本数多达1200多件，而且在地理上也连成一片。以此为中心地带向四周辐射，距中心地带越远的区域，出土大石铲的数量越少。

大石铲是在前期的有肩石斧的基础上，为适应本地区原始农业发展的需要而制作的一种新型农业生产工具。这些大石铲，形制上有直边型、束腰型、袖衫型的差别；材质上有砂质页岩、板岩、石灰岩，甚至还有玉质的。在规格上差别很大，最小的仅几厘米长，几两重；最大的长达70余厘米，重几十斤。很显然，有些大石铲（图2-1）并不适合用于耕作，那么它们在所处的年代中又具备什么样的功能？

第二讲

稻作

文化

图 2-1　楔形双肩大石铲（藏于广西壮族自治区博物馆，尺寸：长 66.7 厘米，
宽 27.2 厘米，厚 1.9 厘米；年代：新石器时代；来源：隆安县大龙潭采集）

早期出现的石铲，短柄、直腰，形体较小，刃部有挖掘痕迹，应主要用于农业生产，这时候的石铲为手持操作。随后出现的石铲，长柄、束腰，加工技术明显提高，更有利于与木柄接合，捆绑固定，这时候的石铲仍然可用于耕作。再往后发展的石铲，工艺更为精致，铲刃边缘上极少发现使用痕迹，但部分文物留有祭祀痕迹。因此专家推断，此时的石铲已从生产工具中分化出来，成为一种祭祀或者象征权力的礼器。

（二）便于稻作的民居文化

广西境内分布着大量的干栏式民居。这种民居在长期的历史发展过程中，形式上有所变化，但一直保留着三种主要特征。一是结构布局上以两层建筑为主，上层分隔成门楼、堂屋、卧室等不同功能的空间，作为人们居住、生活的场所；下层一般以木材圈围，中间不加隔断，作为饲养牲畜、储藏粪肥、堆放杂物的场所。二是在建筑材料上以木材为主，偶尔也有以竹子为主或竹木混合的结构。三是人们聚群而居，形成村寨，大都建在依山傍水、靠近稻田的地方。

干栏式民居是广西传统文化的重要表征，凝聚着广西先民在长期的生产、生活实践中积累下来的智慧和经验，其起源、发展与广西各民族农业生产的发展有着密切的联系。

壮族干栏式民居

据专家考证，广西境内干栏式民居有着悠久的历史，在合浦县、平乐县、贵港市、梧州市城区、钟山县、兴安县、桂林市城区、西林、都安瑶族自治县等地发掘的秦汉时期墓葬，出土文物中有不少干栏式建筑模型的陶屋、陶仓、铜仓。从远古时期流传下来的壮族创世史诗《布洛陀经诗》中有关于"干栏"原始建筑方式的描述："备放造水车，山屋造房屋……那时没有树木，那时没有铁和钢。在高高的山上砍树，巢氏王把树枝弯下相勾连。他用木签来打榫，他将茅草盖在屋上面，人在下边居住……立四竿为柱，上覆茅草，有屋檐。"在壮族的神话传说中，布洛陀是壮族的创世始祖，他创造了谷种，并教会人民耕种，反映了壮族先民摆脱原始狩猎与采集，从食物的采集者变成食物的生产者，从风餐露宿、茹毛饮血的原始生活进入建造房屋、村落聚居的农耕生活，这是壮族发展历史上的一个重大飞跃。

建筑形式与农业生产密切相关，稻作生产的发展使固定居所、相互协作成为必然要求，于是壮族先民建造坚固耐用的房屋且聚群而居形成村寨，这样的村寨一般坐落于依山傍水、向阳开阔的田峒旁边，有利于人们开展稻作生产。每栋房屋第一层主要用于圈养猪、牛等牲畜，可放置农具、储藏粪肥，所存放的基本都是农业生产资源；第二层设有晒台、粮仓与火塘，主要功能便是晾晒、存放与烹饪粮食，尤其是晒台的设计充分考虑了广西的气候条件，能够实现空气上下流通，既避免了潮湿的地气影响，又保证了充足的日照时间。由此可见干栏式民居结构严密、功能分区明确。

（三）依于稻作的饮食文化

广西邕宁、武鸣、扶绥等县（区）以及横州市，沿邕江及其上游左江、右江两岸出土了大量新石器时代的石杵、石磨、石锤、陶罐等文物，经专家考证，这些器具主要用于稻米的加工和烹饪，意味着广西人民早在9000多年前便开始以稻米为食。相关史料表明，广西人民在先秦时期便已过上"饭稻羹鱼"的生活。随着农业生产的发展，该地区水稻种植面积不断扩大，稻谷产量不断提高，唐宋时期的稻谷产量已经超出本土需求，余粮还可外运出售。到明清时期，广西人民的饮食结构发生了变化，形成以稻米为主，玉米、红薯等杂粮为辅的主食结构。

广西的稻谷品种丰富多样，按照稻米的黏性分为粳米和糯米两大类，并根据两类稻米的不同特性分别进行加工食用。粳米黏性不强，一般做成饭、粥或米粉，是人们日常食用的主食;糯米黏性较强，一般做成糍粑、粽子、汤圆、油团、五色饭和其他各类小吃。

明清时期，玉米、红薯、芋头等杂粮也成为广西人民主食的重要组成部分。玉米可采用蒸、煮、烤、炒等方式加工，或煮成粥以供食用。红薯、芋头等块茎食物则采用蒸、煮、烤、煨等方式加工，或制成粉条以供食用。

广西人对酒情有独钟，所饮之酒一般为粮食酒，多以大米、糯米、玉米、红薯等为主料酿制而成。酒在广西人民的日常生活和社会交往中扮演着重要角色，至今仍有不少地方保留着饮"交匙酒"的习俗。多人围桌同饮时，往一大碗中倒满酒，里面放置一两个汤匙，喝酒时拿汤匙舀酒互喂，寓意不分彼此、同甘共苦。通过这种喝酒方式，促进交流，增进情感。

（四）美于稻作的壮锦文化

稻作生产的发展，带动了棉纺织业及服饰加工业的发展。广西壮族地区出土了大量的骨针、石轮、陶轮、陶网坠等石器时代文物，说明这个时期的壮族先民已经从以树皮、树叶、兽皮缝制衣服的阶段发展到植物纤维织布缝衣的阶段。随着生产力水平的提高，人们对服饰的需求从单一的遮蔽身体向多元化发展，纺织原料从天然材料发展到人工生产，衣服面料的品种越来越丰富，制作工艺越来越复杂，纹饰图案越来越精美，经过长期的发展和演变，形成了极富壮族特色的纺织工艺——壮锦。

壮锦源于宋代盛于清代，是壮族人民创造的传统手工织锦工艺。制作时先用棉线或麻线织成布料的基础层，再用彩丝在基础层布料上织出各种各样的图案，并且正反两面对称编织，完全包裹住基础层布料。

壮锦美观大方、厚实耐用，常用于制作服装、床上用品、室内软饰等，如今更是为文创产品提供了新的思路，被制作成壁挂、箱包、镜框等工艺品，深受各族人民的喜爱。壮锦是我国"四大名锦"之一，是壮族乃至中华民族的文化瑰宝。

壮锦具有独特的民族风格和浓厚的民族特色，无论是材料，还是用途，都能充分体现出壮族人勤劳、聪明、朴素、开朗的性格，以及对美好生活的向往，反映了民族风情、民族审美、图腾崇拜等文化内涵。其主要特征是图案生动、主题宽广、结构严谨、色彩丰富，常以黑、白、红、黄、蓝、紫为主色，染料取材于天然植物，健康环保。壮锦图案种类繁多，常采用花卉、动物、方形、回形、圆形、八角形、云雷纹、万字纹等，如图 2-2 所示。这些纹饰图案是个体与群体无意识约定俗成的结果，体现了壮族对"天、地、人"和谐关系的认知，是壮族人民艺术、审美、文化创造的集合体，不仅具有极强的实用性，还富含深厚的文化底蕴。2006 年，壮族织锦工艺入选第一批国家级非物质文化遗产名录。

图 2-2　壮锦纹饰图案

（五）乐于稻作的节日文化

传统节日凝聚着一个民族的集体记忆，在节日中人们通常遵循某些固定的仪式和习惯，而这些仪式和习惯对民族文化心理、宗教信仰、伦理价值观和各种礼仪起着规范和引导的作用，成为民族认同的稳固基础。壮族作为稻作民族，其饮食、思想、宗教、礼仪都深受稻作文化影响。其中作为民俗活化石的壮族节日更是有着丰富的稻作文化内涵。

稻作农业受时令、气候影响较大，依时而作的农事活动张弛有度，久而久之，便形成了与稻作活动密切相关的节日习俗。在稻作文化形成的早期，一般人们只在播种、收获的时节表达对丰收的愿望和喜悦，经过长期发展，稻作节日的内容越来越丰富，变成月月有节，季季有节，逢节必过，过节必祭。围绕整个稻作生产过程，从选秧、育秧、栽秧、祈雨、耘田、除虫到收割、归仓、过年，每一个阶段都形成一定仪式，并产生相应的祭祀祈祝礼仪，形成了完整的稻作文化节日体系。随着生产力水平的提高，一些节日习俗也在不断地发展、演变，有的因失去赖以存续的现实基础而消失，有的仅存形式或象征性内容。

在广西，衍生于稻作文化的壮族传统节日贯穿了农业生产的各个阶段。以稻作文化发源地之一的隆安县为例，在备耕阶段有二月社日节、三月三歌圩节，在播种阶段有四月初八农具节、牛王节，在田间管理阶段有六月初六芒那节、七月十四鬼节，在收割阶段有八月十五稻花节，在归仓阶段有十月十仓神节、正月初二报神节。

如果说粳米是壮族人民日常主食的"主角"，那么糯米便是壮族节日饮食中的"主角"，壮族人民在节日中常用糯米制作成五色糯米饭、糍粑、粽子、汤圆、米花、甜酒和其他各类小吃。壮族传统节日中的糯食，不仅仅作为果腹食物，还被人们根据形状类比、名称谐音、口感联想等赋予"高升""团圆""吉祥如意""五谷丰登""多子多福"等美好寓意。

稻作文化是农耕文明的产物，在漫长的历史发展过程中，以其谦恭礼让的处世准则，人与人、人与自然和谐相处的生态发展观念为基础，随着时代而发展，其核心思想与当今我国"创新、协调、绿色、开放、共享"的五大发展理念相契合，它所倡导的天地人相互亲和、相互依存的质朴的生态自然观与当今提倡的"绿水青山就是金山银山"的习近平生态文明思想相一致，这是稻作文化获得新动力、实现新发展的思想基础。

学必有问

1. 广西的"那"地名反映壮族先民怎样的生产生活方式？
2. 稻作文化在日常生活中主要有哪些表现形式？

文化大使·我为广西文化代言

【任务描述】

请认真阅读任务情境，完成所负责区域地名的收集。

学校与"那"文化之乡——隆安县为结对帮扶单位，为加强大学生地情教育，发挥学校人才资源优势，打造"那"文化品牌，助力乡村振兴，校团委与隆安团县委联合举办"那"文化展示会。为做好前期筹备工作，需收集设区市的"那"地名。

请分 14 个小组完成，每个小组负责广西两个设区市范围内"那"地名的收集，以抽签方式确定每组负责的区域。

【任务分析】

在古壮语中"那""纳""南"字均有"田"的意思，因此"那"地名收集包括以下 3 项工作：

（1）收集所负责设区市范围内以"那""纳""南"字开头的地名。

（2）注明所收集地名的含义，如"那马"的含义是养马田。

（3）需要上交的材料包括"'那'地名收集情况表"和"'那'地名收集工作小结"。

【任务要求】

步骤	要求
1. 组建任务小组	组建 14 个任务小组，每组人数根据班级实际人数情况确定
	确定小组长
2. 任务情境分析	小组研讨任务情境，分析所负责地区行政区划情况
	明确小组成员职责及数据报送时限
3. 成果汇报	小组代表上台介绍本组工作情况及工作成果，教师记录情况并进行点评
	现场投票决定成果排名

【任务提醒】

1. 可利用地图软件或学校图书馆收藏的地方志排查地名，有些村屯较小，默认尺寸无法显示地名，需将所在区域放大后方可见。

2. "那"地名收集情况表可参考下述格式制作。

第 × 组"那"地名收集情况表

地名	含义	备注
那马	养马田	表示用途

3."那"地名收集工作小结可参考下述格式。

第 × 组共有组员 × 名，所负责收集的区域为 ×× 市和 ×× 市，涉及 × 个县 × 个城区。本次活动共收集到那地名 × 个，其中含"那"字地名 × 个，含"纳"字地名 × 个，含"南"字地名 × 个。"那"字地名数量最多的是 ×× 县（或 ×× 区），共收集到 × 个；数量最少的是 ×× 县（或 ×× 区），只有 × 个。

（余下内容可简单介绍本组工作其他情况，如发现地名分布有什么特点或有趣的现象，有什么收获和体会，遇到什么困难和问题，意见和建议等。）

【任务测评】

任务完成情况和展示环节的评分表

任务编号		2		任务名称	收集"那"地名	
学生姓名			组别		组内职务	
评量项目				自评	小组评分	教师评分
课堂表现	学习态度（15分）					
	沟通合作（15分）					
	当众发言（10分）					
内容质量	材料丰富（15分）					
	八桂文化呈现（15分）					
	见解独到（15分）					
	格式规范（15分）					
评分结果	小计					
	总分					
学生签字		年 月 日		教师签字		年 月 日

评分标准					
项目	A	B	C	D	E
学习态度（15分）	13～15分	9～12分	6～8分	3～5分	0～2分
	在积极主动、虚心求教、自主学习、细致严谨方面表现优秀，令师生称赞	在积极主动、虚心求教、自主学习、细致严谨方面表现良好	在积极主动、虚心求教、自主学习、细致严谨方面表现较好	在积极主动、虚心求教、自主学习、细致严谨方面表现尚可	在积极主动、虚心求教、自主学习、细致严谨方面均有待加强
沟通合作（15分）	13～15分	9～12分	6～8分	3～5分	0～2分
	在师生之间具有很好的沟通能力，在小组学习中具有很强的团队合作能力	在师生之间具有良好的沟通能力，在小组学习中具有良好的团队合作能力	在师生之间具有较好的沟通能力，在小组学习中具有较好的团队合作能力	在师生之间具有一定的沟通能力，在小组学习中能够参与团队合作	在师生之间沟通能力较弱，在小组学习中参与团队合作较弱
当众发言（10分）	9～10分	7～8分	4～6分	2～3分	0～1分
	积极踊跃参与小组研讨，并代表小组回答问题，且表达清晰准确	比较积极踊跃参与小组研讨，并代表小组回答问题	能够主动参与小组研讨	能够参与小组研讨	不能参与小组研讨
材料丰富（15分）	13～15分	9～12分	6～8分	3～5分	0～2分
	能通过3种以上途径搜集地名，数据齐全，地名含义正确	能通过2种以上途径搜集地名，数据基本齐全，地名含义基本正确	能通过2种以上途径搜集地名，数据超过半数，地名含义大都正确	能通过1种以上途径搜集地名，能写出一些数据，有地名含义	材料内容缺失较多，质量较差
八桂文化呈现（15分）	13～15分	9～12分	6～8分	3～5分	0～2分
	地名能反映"那"文化内涵，充分呈现八桂历史人文知识	地名基本能反映"那"文化内涵，基本能呈现八桂历史人文知识	大多数地名能反映"那"文化内涵，可以呈现八桂历史人文知识	部分地名能反映"那"文化内涵，偶尔呈现八桂历史人文知识	地名基本不能呈现八桂文化和相关历史人文知识

注：最左侧纵向分类为"课堂表现"（对应学习态度、沟通合作、当众发言）和"内容质量"（对应材料丰富、八桂文化呈现）。

评分标准					
项目	A	B	C	D	E
内容质量 见解独到（15分）	13～15分	9～12分	6～8分	3～5分	0～2分
	能够结合所收集地名总结出规律，所提出的见解有独到之处，引发深层次思考	能够结合所收集地名总结出规律，所提出的见解有较大的启发作用	能够结合所收集地名总结出规律，所提出的见解有一些启发作用	能够提出自己的见解	不能提出自己的见解
格式规范（15分）	13～15分	9～12分	6～8分	3～5分	0～2分
	符合模板格式，要素齐全	基本符合模板格式，要素基本齐全	基本符合模板格式，具备大多数要素	能参考模板格式，具备一些要素	基本不符合模板格式

第三讲

文化名人

考考你

"柳州柳刺史，种柳柳江边。谈笑为故事，推移成昔年。垂阴当覆地，耸干会参天。好作思人树，惭无惠化传。"你知道这首《种柳戏题》是谁写的吗？诗中的"柳刺史"叫什么名字？他在柳州为官有哪些政绩？

教学目标

知识目标

了解各时期桂籍及寓桂具有代表性的历史文化名人，从他们修身、治学、为文、从政等方面汲取智慧，增长见识，提高修养。

思政目标

通过学习广西历史文化名人的事迹，领悟广西历史长河中先辈们奋发图强、建设壮美广西的精神，赓续历史文脉，激发学生和爱国爱乡情怀。

专题点击

提到广西，人们首先想到的是秀丽的自然风光、淳朴善良的劳动人民。这里山清水秀、物产丰富，历朝历代有识之士在漫长的历史发展进程中因为与勤劳勇敢的广西人民一同创造了丰富的物质文明和精神文明而名留青史；同时，这片神奇的土地也吸引了大批外来的文人墨客，他们因各种原因与广西结缘并永远联系在一起。历代桂籍及寓桂历史文化名人共同铸就了广西文化发展的历史脉络，为广西贡献了璀璨的文化遗产。

一、桂籍文化名人

广西地处岭南地区，在中国古代很长一段时间内被当作谪官流放之地。但是，在这片八桂大地上，文化的脉搏从未断裂，一代代广西文化名人用他们的作品与故事，以文化基因的形态薪火相传。

早在西汉时期，陈钦以儒家经学思想在这里播撒文化的种子，其后的陈元、曹唐、赵观文、冯京、蒋冕、石涛、陈宏谋、陈继昌等历史文化名人又为不同时期广西的文化建设添砖加瓦。

1. 陈钦：岭南经学研究第一人

陈钦（？—公元15年），西汉经学家，字子佚，世居交州苍梧郡广信县，即今广西梧州市及广东封开县南一带。他被认为是岭南第一位在学术上有重大成就的经学家。

经学即儒学，从西汉中期到唐宋乃至明清，一直处于学术研究的主流地位。陈钦自幼熟习"五经"，北上求学拜于经学大师贾护门下。他博采众家之长，有独特见解。早年通过察举被举荐为刺史，后进京城，被任命为"五经博士"，即教授五经的学官。他的学生里有两位非常重要的人物：汉平帝和王莽。称帝前的王莽曾热衷于古文经学，陈钦就做过王莽的老师，向王莽传授古文经学推崇的《左氏春秋》。王莽称帝后，古文经学由私学上升为官学。陈钦虽然当过王莽的老师，但最终也被王莽迫害下狱，在狱中愤然自杀，终年六十余岁。

陈钦解说经文有独到之处。他写的《陈氏春秋》是岭南第一本经学著作，他的学识、知名度与大博学家、光禄大夫刘向之子、西汉古文经学的开创者刘歆齐名，成为当时全国的古文经学权威之一。徐松石先生在其专著《粤江人民史》一书中提出"岭南经学，实以二陈（陈钦、陈元）为始"的论点，指出陈钦及其儿子陈元是岭南学术界的拓荒者。

作为岭南经学的"宗儒"，陈钦对《左氏春秋》的研究具有重大的史学与文学价值，为古文经学正统地位的确立和继续发展作出了巨大贡献，今广西梧州市及广东封开县仍保存有陈钦墓及将军祠。

2. 陈元：岭南经学文化的弘扬者

陈元，陈钦之子，生卒年不详，字长孙，西汉苍梧郡广信人。他一生秉公执法，勤于朝政，颇得汉光武帝重用。他对《左氏春秋》的研究深入细致，以考据学的方法，通过大量材料的比对来开展研究工作。其著有《左氏同异》一书，为研究《左氏春秋》文本提供了依据及研究材料。

东汉初年，古文经学与今文经学进行激烈的论争，古文经学推崇《左氏春秋》，今文经学尊崇《春秋公羊传》和《春秋谷梁传》，陈元作为有影响的大儒，身处其中。建武四年（公元28年）正月，为讨论是否增设传授古文经学的博士，光武帝召集公卿、大夫、博士数人聚会于云台。博士范升极力反对，并给出了三条理由：第一，如增立《左氏春秋》，那么其他旁门左道的经典传人势必要求立于官学，此口一开，难免影响官学；第二，《左氏春秋》原本难以确认，流传的版本不同，范本难以统一，不如不学；第三，东汉初建，百废待兴，如今的四书五经教育尚且没有足够的弟子学生，再立《左氏春秋》等古文经典，绝非当务之急。此外，范升又上奏指出《左氏春秋》有十四处谬误。

针对范升的指责，陈元上书予以驳斥。范晔《后汉书·陈元传》全文收录了陈元反驳范升的《上疏难范升奏左氏不宜立博士》。这是陈元传世仅有的两篇文章之一，也是历史上由岭南籍人士撰写的、有史可查的最早的政论文字。文中，陈元据理驳斥，主

第三讲 文化 名人

张学术应鼓励异说并立，取长补短❶。他还举出汉宣帝不顾汉武帝有"不得受《春秋谷梁传》"之诏而学《春秋谷梁传》的例子，论证"先帝后帝各有所立"，以此说明光武帝立学的必要性。

在政治上，陈元秉公直言，常有奏议，先后被任命为司空李通府和司徒欧阳歙府的幕僚，提出以简为要的政治主张。后来，司空李通因年老多病辞官，"左氏春秋学"因失去权臣李通的支持，加上反对派再次谏责遭到废置，陈元最终托病辞官回乡，晚年在家乡继续研究《左氏春秋》并大兴讲学，直至病故。

作为汉代最重要的经学家之一，陈元深受父亲的治学影响，因致力发展东汉古文经学为后人所肯定。清代所编的《广东通志》《广西通志》，在"儒林传"中把陈元放在第一位，评价很高，称"陈元独能以经学振起一时，诚岭海之儒宗也"，称颂他为岭南经学文化的弘扬者。

3. 曹唐：《全唐诗》收录诗歌最多的广西诗人

曹唐，字尧宾，广西临桂县（今桂林）人，生卒年不详，是晚唐时期一位重要的诗人。他善于写游仙诗且数量巨大，被后人誉为晚唐诗坛的"奇葩"。

曹唐做过道士，后于唐宣宗大中年间还俗，参加科举考试，官至诸府从事。曹唐游历各地名山大川，擅长写诗，其中游仙诗是曹唐现存诗歌作品中数量最多的一种类型，现留存两卷，共115首。他的游仙诗别开一派，不再使用五言古诗的体裁，而使用当时更广为接受的七言律诗和七言绝句，不仅在当时影响很大，对后世影响也非常深远。他的游仙诗以神话传说、故事为题材，分题吟咏而成，采用浪漫主义的手法演绎古代仙道传说，借仙境而写人间真情。

曹唐的诗想象力丰富，情感真挚，是《全唐诗》中收录诗歌最多的广西诗人。

4. 赵观文：广西最早的状元

赵观文，广西桂林（今桂林市郊桥头村）人，生卒年不详。乾宁二年（895年），他成为广西历史上第一位状元。

赵观文以状元入仕，官翰林院侍讲。起初，赵观文仕途非常平顺，唐昭宗在殿选阅卷时对他颇为赏识，称其为"名实相符之士，艺文俱美之人"并赐官。

赵观文为人正直，当时朝堂局势混乱，权臣奸佞当道，他不满于刘季述等权臣的专横，也不屑与奸臣崔胤为伍。虽然唐昭宗仍对他颇为关注，但赵观文深感于官场尔虞我诈、暗斗明争，为明哲保身，他选择托病辞官归隐山林，最终终老于故里。

作为科考状元，赵观文回乡后深受敬佩。唐桂州长史朱韬新建尧舜祠竣工时，特邀他编撰《桂林新修尧舜祠祭器碑》。《桂林风土记》载，唐人因赵观文状元及第，改坊名为进贤坊。其辞世后，被尊为"桂州五贤"之一，并建"五贤祠"纪念。现在，桂林芦笛岩景区前的小广场上立有赵观文的雕像（图3-1），作为桂林的历史文化标识之一。

---

❶ 陈元反驳范升："若先帝所行而后主必行者，则盘庚不当迁于殷，周公不当营洛邑，陛下不当都山东也。"

赵观文雕像

图 3-1　赵观文雕像

5. 冯京：广西第一位"三元及第"状元

冯京（1021—1094 年），字当世，生于宜州龙水，15 岁随父母迁居藤州（今广西藤县），几年后又落籍鄂州。宋仁宗皇祐元年（1049 年）己丑科状元，是宋朝最后一位"三元及第"的状元，也是广西第一位"三元及第"的状元。

冯京从小天资聪颖，好学上进。宋庆历八年（1048 年），冯京在鄂州应乡试，名列第一，为解元；次年礼部会试，又名列第一，为会元；后经皇帝殿试，再列第一，为状元，连中三元。

冯京入朝为官后，曾先后知江宁府、知开封府、知太原府。宋神宗登位后，冯京复为翰林学士，改御史中丞。在王安石变法时期反对新政，王安石对此非常不满，但神宗认为冯京可用，任命其为枢密副使，又进为参知政事，随后受牵连，被罢知亳州。宋哲宗即位后，新政被废，冯京再度被起用，拜保宁军节度使、知大名府。后以太子少师一职辞官，于绍圣元年（1094 年）因病去世，享年 74 岁，谥号"文简"。冯京为官清正，爱民如子，美名远扬。

冯京的一生充满传奇，留下许多逸闻，其中以诗答天子问生动有趣，广为流传。一次宫廷中举行宴会，宋仁宗与冯京聊起家乡的情况，冯京绘声绘色地向宋仁宗描述家乡："头戴平天冠，脚踏万年河，左手攀龙角，右手搬骆驼，前院九龙来戏水，后院龙尾通天河，日间千人朝拜，夜里万盏明灯。"皇帝听得饶有兴致，禁不住夸赞宜州是个人杰地灵的好地方。

1996 年，冯京的家乡宜州建成了冯京公园；2015 年，冯京的雕像在公园内落成揭幕。

6. 蒋冕：广西历史上唯一的首辅

蒋冕（1462—1532 年），广西全州人，字敬之，号湘皋，谥文定，明代词人，官至内阁首辅。

蒋冕 15 岁中解元, 25 岁与兄中同榜进士, 历经成化、弘治、正德、嘉靖四朝, 为人正直, 《明史》说他"持正不挠, 有匡弼功"。蒋冕在为官生涯中, 以敢于劝谏、有勇有谋著称。

蒋冕是广西最早有词集传世的词人, 著有《湘皋诗馀》《琼台诗话》等。其中, 《湘皋诗馀》收录词 34 首, 内容丰富, 风格多样, 为明代词坛增添了一抹亮丽色彩, 被称颂为广西词坛的拓荒者。

7. 石涛: 搜尽奇峰打草稿的画家

石涛(1642—1707 年), 生于桂林王府, 是明代靖江王的后裔, 原名朱若极, 清代著名画家。顺治二年(1645 年), 桂林城被清军攻破, 府中仆人将朱若极带走逃至武昌, 削发为僧, 以"石涛"为名, 号大涤子、苦瓜和尚。

石涛从 10 岁开始专心学画, 明朝灭亡后遍游天下长达 40 余年, 丰富的人生阅历给他的艺术创作提供了丰富的养分, 让他的画充满了自然的生机与人世的沧桑。

石涛在当时的画界是革新派人物, 被誉为清代以后中国绘画史上最具独创性的画家。对比当时的宫廷画, 石涛绘画风格恣意自由, 充满生机, 洋溢着造化的性灵, 给当时的画坛带来一阵新风, 开创了中国"黄山派"。他的《山水清音图》《细雨虬松图》《兰竹图》《墨荷图》《竹菊石图》等构图新奇, 都是传世名作。摹古派的领袖人物王原祁赞誉:"海内丹青家不能尽识, 而大江以南, 当推石涛为第一", 可见其绘画艺术造诣之高。

石涛还是一位优秀的艺术理论家, 著有《苦瓜和尚画语录》, 画界常引用其"搜尽奇峰打草稿""借古以开今"等经典之语, 对后世绘画艺术产生了重大影响。

2022 年, 作为第二批桂林文化标识——历史文化雕塑的最后一件作品"石涛雕像"在桂林画院揭幕, 向市民们展示了石涛的艺术形象, 如图 3-2 所示。

石涛雕像

图 3-2　石涛雕像

8. 陈宏谋：清廉俭朴的高官大儒

陈宏谋（1696—1771年），清代名臣，字汝咨，号榕门，原名弘谋，晚年因避乾隆弘历讳改为宏谋，谥文恭。陈宏谋出生于桂林市临桂县四塘乡（今桂林市临桂区四塘乡），是清代广西籍官员中官位最高、任官时间最长、任官历经省份最多的一位清官名臣。无论是为官还是治学，陈宏谋都堪称一代楷模。

雍正元年（1723年），陈宏谋中举，通过会试殿试后步入仕途。他历任翰林院检讨、吏部郎中、扬州知府、江苏按察使、江苏江宁（今南京）布政使等职；此后又先后出任甘肃、江西、陕西、湖北等省巡抚，以及两广、湖广等地总督。陈宏谋特别重视"养民富民"，通过兴建水利等利民措施积极改善当地百姓的生活条件。陈宏谋总计历12省21任，任职期间勤勤恳恳，以质朴勤勉之态在全国各地留下无数功绩，史称"乾隆间论疆吏之贤者，尹继善与陈宏谋其最也"。

然而，就是这样一位高官大儒，也曾一度陷入经济困窘之中。陈宏谋写家书告知家人："今……入不敷出，不得不事事省俭，以俭养廉。"另一封家书写道："食口六十，用度艰难，已有债务不少矣。"其清廉俭朴，令人感动。

乾隆三十六年（1771年），陈宏谋因病上疏请求回乡。同年六月，陈宏谋前往山东省兖州韩庄，病逝于舟中，享年76岁。

陈宏谋学问醇厚，著有《五种遗规》等著作。后人收集整理的《陈宏谋家书》，集中展示了陈宏谋修身、齐家、治国、平天下的传统美德。

9. 陈继昌：最后一位"三元及弟"士子

陈继昌（1791—1856年），广西临桂人，清朝状元，原名守壑，字哲臣，号莲史。他是清代科举考试广西两个"三元及第"之一，也是中国科举史上最后一位"三元及第"士子。

陈继昌是嘉庆十八年（1813年）癸酉科解元，嘉庆二十五年（1820年）庚辰科会元，殿试时抱病应试，嘉庆皇帝批阅他的策论时大为称赞，高中庚辰科一甲头名，一时名重华夏。两广总督阮元为其亲题"三元及第"匾额。

陈继昌高中之后授翰林修撰，后多次外放，先后任山东兖州府知府、直隶保定府知府、直隶通永道、江西按察使、山西布政使、直隶布政使、甘肃布政使、江宁布政使、江苏巡抚，最后在江苏巡抚任上辞官归故里。为官期间，公正廉明，百姓多有称赞。陈继昌亦善于诗文，有诗集传世。

广西灵川有一口千年古井，有陈继昌题词"四方灵泉"几个大字，落款为"三元及第桂林莲史陈继昌敬书"。位于榕湖畔桂林图书馆的榕湖分部大楼左侧有一组石雕，上面雕刻着清代桂林四状元塑像，陈继昌（左一）为清代广西两个"三元及第"士子之一，如图3-3所示。

陈继昌雕像

图 3-3　清代桂林四状元塑像（左一为陈继昌）

二、寓桂文化名人

从南朝颜延之到唐代李商隐、柳宗元，从北宋苏东坡、米芾到明代王守仁、汤显祖、徐霞客，这些文化名人或因被放逐流落广西，或因其他原因主动前来，他们对八桂文化的发展产生了深远影响，与八桂人民群众共同塑造了广西的文化基因。

1. 颜延之：独秀峰下留踪迹

颜延之（384—456年），字延年，琅琊临沂（今属山东）人，与谢灵运、鲍照合称南朝"元嘉三大家"。钟嵘《诗品》称其诗作为"错彩镂金"，其文学成就可见一斑。

颜延之是较早到桂林为官的寓桂文化名人。作为世家子弟的颜延之由于为人正直，南朝宋文帝元嘉元年（424年）因触怒权贵受到排挤，被朝廷外派到桂林担任郡守。

在桂林任职期间，颜延之留下了许多历史遗迹，尤其以"颜公读书岩"最为著名。有一个传闻：颜延之自幼"好读书，无所不览"，有一天，颜延之在官邸附近的桂林独秀峰散步，偶然间发现了一个山洞，洞里石头形似桌、椅、窗，家中应有的都一应俱全，这是大自然的鬼斧神工。颜延之非常兴奋，叫人扫清了来山洞的路，并常常在这里读书，后人就把这个山洞叫作"颜公读书岩"，如图3-4所示。

另一个传闻是"飞来石"，据说颜延之卸任后，欲将桂林一块长近三丈的奇石用船载回去。船只经过洞庭湖时，忽然雷雨大作，小船眼看要倾覆。此时，只听一声异响，乌云忽然散去，雨过天晴，之后颜延之发现巨石了无踪影。民间传言这块石头当天守着颜延之度过了洞庭的风雨，就飞回了桂林，许多人甚至亲眼看见它落在山中。这就是如今七星岩内那块闻名的"飞来石"。这则民间传说充分体现了桂林人民对这位郡守的拥护爱戴与怀念。

值得一提的是，颜延之生活俭朴，治家极严，写下《庭诰》，以训诫子弟后人，是后世《颜氏家训》的重要思想来源。

独秀峰下颜公读书岩

图 3-4 颜公读书岩

2. 李商隐：桂林风景入《晚晴》

李商隐，字义山，怀州河内（今河南沁阳）人，号玉溪生，又号樊南生，唐代著名诗人。

李商隐从小聪颖绝伦，深受当时东都留守令狐楚赏识。"天意怜幽草，人间重晚晴。"这句千古名句便是他在桂林的寓所里吟出的。

李商隐生活的晚唐，政治环境非常混乱。他于 26 岁凭借令狐楚父子的赏识以进士入朝为官，但一直深陷牛李两党倾轧之中，穷困潦倒。唐宣宗大中元年（847 年）二月，他得到桂管观察使郑亚的赏识，接受郑亚的征召，告别家人，来到了山水如画的桂州。到达桂州不久，便由掌书记提为观察支使。郑亚的信任使得因牛李党争而深受排挤的李商隐获得了片刻喘息。某天傍晚，适逢雨后晚晴，他用难得的愉悦心情写下了《晚晴》一诗：

"深居俯夹城，春去夏犹清。天意怜幽草，人间重晚晴。并添高阁迥，微注小窗明。越鸟巢干后，归飞体更轻。"

诗中，李商隐把自己看作桂林夹城里毫不起眼的小草，久雨之后忽遇晚晴。他感叹"天意"终于重新怜爱于他，得到天子恩泽后又重新焕发生机。

不久后，桂管观察使辖下的昭州（今平乐县）爆发动乱，郑亚派李商隐到昭州代理郡守。昭州政治环境与自然环境都很恶劣。李商隐赴任路上，面对陌生复杂的自然及社会环境不禁感慨万千，写下《昭州》和《异俗二首》，描述了昭州的社会现实，字里行间渗透了对民众的同情。

到任后，李商隐展现出非凡的政治才能。他一面反腐惩贪，整肃官场；一面安抚百姓，恢复和发展农业生产。昭州的社会秩序很快便恢复了，城镇逐步繁荣热闹起来。在李商隐视察民情的过程中，他写下了诗歌《江村题壁》，赞扬了漓江风光恬静优美和

文化

名人

农家朴素热情好客，描绘了一幅怡然自得的画卷。

然而好景不长，郑亚因党争再遭贬谪，被调任循州刺史，李商隐在昭州的政治生涯也随之宣告结束。

尽管李商隐一生坎坷，但面对黑暗的社会现实，他始终怀有政治理想，坚信自己必将为世所用。唐朝时期的平乐县为昭州州府所在地，李商隐短暂的从政经历在昭州留下了不菲的政绩和清丽的诗作。为进一步加强对平乐县历史文化的传承和保护，平乐县在开放的市民公园内建造了高 7.9 米、宽 9.9 米的李商隐雕像，如图 3-5 所示。这不仅是一个瞻仰李商隐、感受古昭州文化的平台，还为八桂本土文化增添了浓厚的人文色彩。

李商隐雕像

图 3-5　李商隐雕像

3.　柳宗元：兴利除弊柳刺史

柳宗元（773—819 年），字子厚，是唐代著名的政治家、文学家、书法家。

柳宗元与广西的渊源起源于"永贞革新"的失败，柳宗元与刘禹锡等七位革新派人士遭贬边州。柳宗元先被贬邵州（今湖南邵阳）任刺史，再被贬永州任司马，元和十年（815 年）被发配到荒远的柳州任刺史。

柳宗元初到柳州，心中苦楚自不必说，这在他的《登柳州城楼寄漳汀封连四州》一诗中表现得淋漓尽致：

"城上高楼接大荒，海天愁思正茫茫。惊风乱飐芙蓉水，密雨斜侵薜荔墙。岭树重遮千里目，江流曲似九回肠。共来百越文身地，犹自音书滞一乡。"

可是，当柳宗元深入民间接触到勤劳、淳朴的柳州人民，了解当地民众的困苦生活之后，一种强烈的责任感油然而生。随后，在柳州任职的四年里，柳宗元以超凡的政治才能和对人民群众的悲悯关怀，兴利除弊，植树造林，改造环境，传教办学。

柳宗元在任职的四年时间里将柳州的山水民情写入自己的诗篇。这一时期，他写作诗文近百篇，篇篇都是对柳州山水的爱与对国事民生的关心。元和十四年（819年），柳宗元病逝于柳州，享年47岁。柳州人民悲痛不已，长街相送。为纪念柳宗元，柳州人民尊称他为"柳柳州"，表达了柳州人民对他的热爱，希望以柳州的名字永远怀念他。柳宗元辞世次年，柳州百姓为他兴建了衣冠墓；长庆二年（822年），又修建罗池庙，即今天柳侯公园里的柳侯祠。柳宗元雕像如图3-6所示。

柳侯公园里的柳侯祠

图3-6　柳宗元雕像

4. 苏轼：合浦长诵东坡诗

苏轼（1037—1101年），字子瞻，号东坡居士，北宋著名文学家、书法家。

苏轼一生仕途不顺，屡遭贬谪，晚年被贬至海南为官时，曾在广西停留、生活过一段时间。至今，合浦、梧州等地仍可寻见他的足迹。

绍圣四年（1097年），已经60岁的苏轼自惠州再被贬谪至儋州（今海南）为官，其弟苏辙也被打发去雷州（今雷州半岛海康境内）安置。四月十七日，苏轼携幼子苏过取道梧州（今广西梧州）奔赴海南。此次流放，路程遥远，年事已高的苏轼心中充满对家人的愧疚和怀念之情。到梧州时，他得知苏辙尚在藤州（今广西藤县），两地相距仅250里地，即作诗一首：

"九疑联绵属衡湘，苍梧独在天一方。孤城吹角烟树里，落月未落江苍茫。幽人拊

文化/名人

枕坐叹息，我行忽至舜所藏。江边父老能说子，白须红颊如君长。莫嫌琼雷隔云海，圣恩尚许遥相望。平生学道真实意，岂与穷达俱存亡。天其以我为箕子，要使此意留要荒。他年谁作舆地志，海南万里真吾乡。"

这是苏轼赴儋州途中在广西境内留下的唯一可考作品。诗中，他慨叹了梧州偏僻的地理位置、苍凉冷清的傍晚景色、舜葬于苍梧的传说。他听见江边的父老说起自己的弟弟，身体很好，两人长得如出一辙。面对苍凉的暮色，他以豁达的口吻安慰弟弟，即便人生不顺，然而双方仍能遥遥相望，以此互相宽慰。

后人为纪念苏轼此次南行，将梧州附近的一座山命名为苏山。

当年五月十一日，苏轼与苏辙相会于藤州。《古今图书集成·方舆汇编·职方典·梧州府郡》记载，藤县县治东边有"流杯桥"，就是苏轼兄弟离别时宴饮之地。

在海南度过了三年后，元符三年（1100年），苏轼获赦，从儋州回到廉州（今广西合浦），作《六月二十日夜渡海》诗记其北归经历：

"参横斗转欲三更，苦雨终风也解晴。云散月明谁点缀？天容海色本澄清。空余鲁叟乘桴意，粗识轩辕奏乐声。九死南荒吾不恨，兹游奇绝冠平生。"

诗中，苏轼表达了自己的冤情得以昭雪，雨过天晴，获赦从海南回归内地的高兴心情，充满了豁达之气。

此次移迁廉州，苏轼还作《廉州龙眼质味殊绝可敌荔支》一诗，将廉州龙眼与广东荔枝进行对比：

"龙眼与荔支，异出同父祖。端如甘与橘，未易相可否。异哉西海滨，琪树罗玄国。累累似桃李，一一流膏乳。坐疑星陨空，又恐珠还浦。图经未尝说，玉食远莫数。独使皴皮生，弄色映调俎。蛮荒非汝辱，幸免妃子污。"

这首诗赞扬了龙眼的美味与美色，更暗讽不同于荔枝这种珍贵水果不至于"沦为"贡品，造成劳民伤财的后果。

八月，朝廷授苏轼舒州（今安徽省安庆市的前身）团练副使，派往永州（今湖南零陵县）安置。苏轼决定留在廉州过完中秋节后再启程。离开廉州前，苏轼写下《留别廉守》一诗：

"编萑以苴猪，瑾涂以涂之。小饼如嚼月，中有酥与饴。悬知合浦人，长诵东坡诗。好在真一酒，为我醉宗资。"

诗中记载了饯行席上具有地方特色的食品——烤猪、小饼，表达了对主人盛情款待的感激。"悬知合浦人，长诵东坡诗"，既是当时情景的真实写照，也得到了历史的应验。今日的合浦人不仅"长诵东坡诗"，还建造了"东坡亭""东坡公园"，以纪念这位文化名人。

苏轼在广西的时间较短，后人为了纪念他，为其修建了不少建筑。除上文提到的苏山、流杯桥、合浦东坡亭外，还有北流的景苏楼、藤县的访苏亭，足见其流风遗韵影响之深。

5. 米芾：米氏自画留还珠

米芾（1051—1107年），初名黻，字元章，号襄阳漫士、海岳外史等。世居太原，迁居襄阳，后定居润州（今江苏镇江），北宋著名书画家。

米芾擅长画人物、山水，书法成就与苏轼、黄庭坚、蔡襄合称"宋四家"。他的书法以草书为主，癫狂灵秀、飘逸不拘，书画风格奇诡独特，性情天真烂漫，被世人称为"米癫"。

世界画坛上留下自画像的画家不少，中国古代画家留下自画像的却不多见。然而，在桂林伏波山还珠洞却留有一幅白描自画像，作品的主人公、绘画者正是米芾。

熙宁六年至八年（1073—1075年），米芾出任广西临桂县县尉。熙宁七年五月，米芾与县令潘景纯一同游览桂林伏波山。在还珠洞内，米芾突发奇想，在还珠洞内的石壁上写下："潘景纯、米芾，熙宁七年五月晦同游。"

还珠洞内的这一题刻是米芾在桂林留下的唯一书法真迹。100余年后，嘉定六年（1213年），方信孺到桂林任职。他在游览伏波山时看到米芾的题字，非常喜欢，流连难舍。于是，他从米芾的子嗣米秀实处借来米芾自画像，刻在还珠洞米芾题字处右边，以示敬仰，并在米芾自画像下方写《宝晋米公画像记》作为纪念。这幅石壁上的画像成为难得的历史研究材料。

米芾自画像高1.2米，宽0.5米，描绘的是米芾走路的姿态。画像上的米芾长袍大袖，头戴高冠，脚踏长靴，身体修长，动作潇洒，一举一动很有"米癫"的风范。有"小米"之称的北宋名画家米友仁（米芾的长子）在米芾自画像的右方题词："先南宫戏作此小像，真迹今归于御府。"如今，归于御府的真迹早已不知去向，但米芾这幅刻在伏波山还珠洞中的自画像仍留存于世，为桂林山水增添了迷人的人文光彩，如图3-7所示。

伏波山还珠洞内米芾
自画像及书法真迹

图3-7　伏波山还珠洞内米芾自画像及书法真迹

6. 王守仁：兴办书院传仁德

王守仁，字伯安，号阳明，浙江余姚人，弘治十二年（1499年）进士，明代中后期著名的哲学家和教育家；因在故乡阳明洞中筑室而居，后又创办阳明书院，号称阳明先生。

王守仁的一生颇为传奇。嘉靖六年（1527年）六月，王守仁奉命兼任两广总督，出征思恩府（今平果县旧州镇）、田州（今田东县祥周乡），十二月又奉命兼任两广巡抚。王阳明经过考察、分析，说服朝廷采纳土流并治策略，前后仅3个月就平定了田州、思恩的祸乱。

作为朝廷命官，王守仁一边行招抚，一边采取军事剿灭的手段。平息思田之乱五个月后，他又以武力征剿八寨、大藤峡起义，平息广西战乱。

王守仁一生的主要精力在办学传道上。他认为长期动乱的原因是没有得到"格物致知"的理论教育。因此，在平定思田之乱后，他在田州设立了思田学校，在南宁创建了敷文学院。他亲自在敷文书院讲学，宣扬"知行合一说""致良说"等心学。

2022年，南宁市将"王阳明在广西展示馆"列为"老南宁·三街两巷"历史文化街区二期工程中的一个重点项目，将王守仁在广西的历史事迹与老南宁邕文化的传承发扬相结合，形成历史载体与历史记忆，进一步提升南宁文化的影响力和辐射力。

7. 汤显祖：涠洲观海梦牡丹

汤显祖（1550—1616年），字义仍，号海若、若士、清远道人，明代戏曲家、文学家，被称为"东方的莎士比亚"。作为江西人的汤显祖，与广西曾有一面之缘。

400多年前，汤显祖曾前往广西涠洲岛。正如历史上许多名家一样，汤显祖此次南奔也是因为贬谪的缘故。万历十九年（1591年），汤显祖被贬为广东徐闻县典史（县令属官，掌收发公文）。赴任途中，他游览了涠洲岛。

在涠洲岛观望日出日落，阳光斜照在与涠洲岛烟波相望的斜阳岛上，景色十分壮观。两岛并称"大小蓬莱"。涠洲岛气候宜人，盛产珍珠。汤显祖登上涠洲岛后，不仅观看了海上日出日落的壮观场景，还目睹了涠洲岛上居民的生活，体会到珠民生活的不易，感慨万千，写下了《阳江避热入海，至涠洲，夜看珠池作，寄郭廉州》的五言排律。诗文描述了当时珠民贫困痛苦的生活，以尖锐的笔触表达了对搜刮民脂民膏的明神宗及其近臣劣行的深恶痛绝。400余年后，这首诗与汤显祖涠洲岛观海的故事仍然在广西大地上流传。

贬至徐闻，是汤显祖人生的一个转折点。早期的汤显祖生活平顺，经此一贬得以亲历民间疾苦，对他日后的创作产生了巨大的影响。汤显祖一边游历，一边收集了文学创作的素材。广西人蒋遵箴更成为汤显祖日后创作《牡丹亭》的原型。

如今北海涠洲岛鳄鱼山公园内建有一处观景小广场，可以俯瞰南湾，小广场上有一个观景台，即"汤翁台"。汤翁台上汤显祖的雕塑是一尊坐像，手中握一卷书，目光望向远方。这是当地人为纪念当年汤显祖赴徐闻任上游涠洲岛而修建的，一是纪念汤显祖，二是为汤翁来过此地而感到自豪。

8. 徐霞客：高山流水有知音

徐霞客（1586—1641年），名弘祖，字振之，以号霞客名世，是明代旅行家、地理学家、文学家。

徐霞客从22岁开始出游，30余年间足迹遍及华夏大地，并将自己所见所感所考写成了名扬四海的《徐霞客游记》。其中游历广西而写的《粤西游日记》占了这部60余万字文学、地理学巨著的三分之一篇幅。

崇祯十年（1637年）闰四月，徐霞客由湖南进入广西。他踏遍桂北，游览了如今的全州、兴安、阳朔、永福、柳州等地，直至1638年才从南丹入贵州。

徐霞客用活灵活现的笔法，把岭南的山水草木、瑰奇地形都写在了《徐霞客游记》中。作为一位卓越的地理学家，徐霞客不仅游览广西美景，更致力研究这些自然景观的形成原因。通过古籍考证和亲身实践研究广西的独特地形——喀斯特地貌。他是中国古代可考的第一位研究广西喀斯特地貌的地理学家，对广西喀斯特地貌的特征，如溶洞、石钟乳、伏流等的成因，都作了细致的分析及科学的解释。"粤西之山，有纯石者，有间石者，各自分行独挺，不相混杂……粤山惟石，故多有穿穴之流，而水悉澄清。"他对广西的考察记叙体现了科学精神和艺术魅力。

三、历史文化名人资源开发与利用

历史文化名人是重要的历史文化遗产，也是重要的文化旅游产业资源。加强对广西历史文化名人的研究，有利于梳理地方文化的发展脉络，挖掘地方文化发展特色，彰显广西优秀传统文化魅力，促进地方经济社会发展。

广西历史文化名人资源丰富，形式多样，既有精神形态的无形文化资源，包括历史文化名人的事迹、学说、精神、思想，以及与之相关的逸闻、传说、故事等；又有物化形态的有形文化资源，比如与名人相关的纪念场所、纪念建筑、名人笔下的山川风貌，以及与名人相关的景观、历史遗物、故居、游历地，等等。这些历史文化名人留下的印记，有些已被开发利用，有些还有待进一步挖掘开发。

广西历史文化名人彰显出了中华民族精神风貌，他们积淀和孕育形成的特有人文精神品质，既是中华民族精神在广西历史发展中的具体表现，也是广西历代人民良好精神风貌的结晶，为全面建设新时代壮美广西提供了强大的精神支撑。

广西丰富的历史文化名人资源具有极大的开发价值和市场前景，应加大对名人故居和相关历史遗迹遗存的保护力度，进一步提升历史文化名人博物馆、纪念馆、文化馆公共文化设施的建设，持续加大历史文化保护力度，进一步深入挖掘广西历史文化名人资源的内涵，多层次、全方位挖掘历史文化名人故事、精神内涵和文化价值，加大对广西历史文化名人资源的开发利用，讲好广西历史文化名人故事，传递广西历史文化名人正能量，为奋力开创新时代壮美广西建设新局面凝聚力量。

学必有问

1. 在桂籍和寓桂的历史文化名人中，给你留下最深刻印象的是谁？为什么？
2. 柳宗元为什么又被称为"柳柳州"？
3. 王守仁在平定广西叛乱后开展了哪些办学传道活动？

文化大使·我为广西文化代言

【任务描述】

请认真阅读任务情境，完成广西历史文化名人事迹的收集。

八桂大地人杰地灵，人才辈出。为加强学生对广西历史文化名人的了解，学校决定开展"追寻名人足迹，弘扬八桂文化——广西历史文化名人事迹大家谈"主题演讲活动。

此次主题演讲活动全班分成 7 个小组，每个小组分别收集一处广西历史文化名人事迹，通过实地走访或查阅资料等方式深入了解历史文化名人故事，通过演讲的形式与大家分享名人事迹。

7 个小组以抽签方式确定每组走访的文化遗址：

足迹一：王守仁——王阳明在广西展示馆

足迹二：柳宗元——柳州柳侯公园柳侯祠

足迹三：颜延之——独秀峰下读书岩

足迹四：苏轼——合浦东坡亭

足迹五：徐霞客——涠洲岛翁公台

足迹六：冯京——宜州冯京公园

足迹七：陈继昌——桂林王城

【任务分析】

各小组可以通过实地走访、参观名人文化遗址、到图书室翻阅书报、查阅收集资料等途径进一步加深对相关历史文化名人的了解和认识。

本次任务最终呈现的作品是一次演讲活动，各小组除了了解文化名人的主要事迹外，还要进一步分析、评价文化名人对广西发展产生的影响，从而达到"我为广西代言"的效果。

【任务要求】

步骤	要求
1. 组建任务小组	组建 7 个任务小组，每组人数根据班级实际人数确定，每个小组指定 1 名小组长。小组长负责本组工作的统筹协调及各项调查数据汇总提交，明确小组成员职责及材料报送时限
2. 分析任务情境	小组研讨任务情境，分析所负责走访地点的历史文化名人故事的文化内涵
3. 落实工作任务	走访参观名人文化遗址或查阅相关资料，完成"广西文化名人简表"
	通过"广西文化名人简表"，整理完成一篇文化名人事迹简介
4. 成果汇报	班级开展"追寻名人足迹，弘扬八桂文化——广西历史文化名人事迹大家谈"主题演讲活动，小组代表上台演讲
	教师记录情况并作点评
	现场投票决定成果排名

【任务提醒】

1. 可利用周末或节假日到名人故居等文化遗址参观，通过实地走访、参观图片展、向当地群众了解等方式收集名人事迹；如无法亲自到访当地，可以通过电话、网络等途径采访当地朋友或亲戚，尽可能获取第一手原始资料，再通过图书馆查阅资料等方式完成历史文化名人事迹介绍。

2. "广西历史文化名人简表"可参考下述格式制作。

第 × 组　广西历史文化名人简表

文化名人：王守仁
文化遗址地点：王阳明在广西展示馆

人物	
籍贯	
主要成就	
事迹一	
事迹二	

3. 《文化名人事迹简介》可参考下例。

例文：

李四光（1889—1971 年），中国地质学家、地质力学的创始人，他是发现我国第四纪冰川遗迹的第一人，并提出了地质力学的构造理论。

李四光自小善于思考。小时候，他常常和朋友去荷塘中采摘莲藕。同行的小伙伴都在嬉戏玩耍，一边采一边闹，没有注意观察莲藕的生长方向，结果采摘的莲藕多不完整。

"磨刀不误砍柴工"，李四光先仔细观察莲藕的生长环境，确定莲藕的位置，不断思考如何采摘完整莲藕。只见他先顺叶踩到藕，再小心地探出藕的方向，然后顺着它生长的走向一点点把莲藕两边的泥土踩去，用手握住莲藕的中部，轻轻地将莲藕拔出水面，最终收获了一根根完整的莲藕。

李四光从小十分懂事。他的父亲是教书先生，收入微薄，母亲以种田为生，日子过得十分清贫。为了减轻家里的负担，他主动承担家务。

李四光学习刻苦努力，曾以第一名的优异成绩进入官办小学堂。在小学堂里他勤奋学习、刻苦钻研，成为一位优等生。14岁时，李四光被保送到日本读大学。在日本深造期间，他对地质学产生了浓厚的兴趣，立志将来探索地质构造的奥秘。

几十年来，李四光潜心研究地质构造，提出了地质力学的构造理论，并将这个理论用于我国石油天然气资源、矿产、预测地震等地质事业中，为中国地质事业写下了光辉的一页。

（可通过两三个事例对名人进行介绍。）

【任务测评】

任务完成情况和展示环节的评分表

任务编号		3		任务名称		广西历史文化名人事迹大家谈主题演讲活动	
学生姓名			组别			组内职务	
评量项目			自评		小组评分		教师评分
课堂表现	学习态度（15分）						
	沟通合作（15分）						
	当众发言（15分）						
材料搜集与整理	简表制作（15分）						
	简介写作（20分）						
主题演讲	演讲效果（20分）						
评分结果	小计						
	总分						
学生签字			年　月　日		教师签字		年　月　日
评分标准							
项目		A	B	C	D	E
课堂表现	学习态度（15分）	13～15分	9～12分	6～8分	3～5分	0～2分
		在积极主动、虚心求教、自主学习、细致严谨方面表现优秀，令师生称赞	在积极主动、虚心求教、自主学习、细致严谨方面表现良好	在积极主动、虚心求教、自主学习、细致严谨方面表现较好	在积极主动、虚心求教、自主学习、细致严谨方面表现尚可	在积极主动、虚心求教、自主学习、细致严谨方面均有待加强

评分标准					
项目		A	B	C	D	E
课堂表现	沟通合作（15分）	13～15分 在师生之间具有很好的沟通能力，在小组学习中具有很强的团队合作能力	9～12分 在师生之间具有良好的沟通能力，在小组学习中具有良好的团队合作能力	6～8分 在师生之间具有较好的沟通能力，在小组学习中具有较好的团队合作能力	3～5分 在师生之间具有一定的沟通能力，在小组学习中能够参与团队合作	0～2分 在师生之间沟通能力较弱，在小组学习中参与团队合作较弱
	当众发言（15分）	13～15分 积极踊跃参与小组研讨，并代表小组回答问题，且表达清晰准确	9～12分 比较积极踊跃参与小组研讨，并代表小组回答问题	6～8分 能够主动参与小组研讨	3～5分 能够参与小组研讨	0～2分 不能参与小组研讨
材料搜集与整理	简表制作（15分）	13～15分 内容丰富，格式规范，能记录4～5个文化名人的主要事迹	9～12分 内容丰富，格式规范，能记录3～4个文化名人的主要事迹	6～8分 内容较丰富，格式规范，能记录2～3个文化名人的主要事迹	3～5分 格式规范，能记录1～2个文化名人的主要事迹	0～2分 格式不规范，未能完成文化名人的主要事迹搜集工作
	简介写作（20分）	16～20分 文字流畅，材料翔实，能通过2～3个事例介绍文化名人的主要事迹，并能分析、评价文化名人对广西发展产生的影响	12～15分 文字流畅，材料较翔实，能通过1～2个事例介绍文化名人的主要事迹，能简单分析文化名人对广西发展产生的影响	8～11分 文字较流畅，能通过1～2个事例介绍文化名人的主要事迹，并能简单表述文化名人与广西发展的关系	4～7分 文字较流畅，能通过1～2个事例介绍文化名人的主要事迹	0～3分 文字不够流畅，文化名人的主要事迹记述不清
主题演讲	演讲效果（20分）	16～20分 能够恰当使用有声语言、态势等演讲技巧脱稿演讲，充分吸引听众注意力	12～15分 能够使用有声语言、态势等演讲技巧脱稿演讲，并吸引听众注意力	8～11分 能够凭借演讲稿完成演讲，并吸引听众注意力	4～7分 能够凭借演讲稿完成演讲	0～3分 未能完成演讲

第三讲

文化

名人

模块二

物质文化

第四讲

服饰文化

考考你

一方水土一种衣，广西世居民族的服饰绚丽多彩、千姿百态、各具特色。你能分辨出图 4-1 中的四套民族服饰是广西哪个世居民族的吗？这些服饰反映了民族聚居地怎样的地理环境和劳作特点？

图 4-1　广西世居民族服饰（摄于广西民族博物馆）

教学目标

知识目标

了解广西世居民族传统服饰的款式、色彩、图案纹样、材质、发展演变，感受广西世居民族丰富多彩的服饰文化，加深对广西世居民族服饰文化的认识。

思政目标

通过服饰文化了解广西世居民族的历史、文化以及独特的生活方式、民俗习惯和审美情趣，增强文化自信，提升民族自豪感，树立传承中华优秀传统文化的意识。

专题点击

广西地处祖国南疆，南北跨越 6 个纬度，东西跨越近 8 个经度，拥有独特复杂的地形地貌、优越多样的气候条件、品类繁多的植物种类。

俗话说："一方水土一种衣。"生活在八桂大地的壮族、汉族、瑶族、苗族、侗族、仫佬族等 12 个世居民族先民，在先秦时期属于岭南一带的西瓯方国和骆越方国。当时人们的服装简易，款式为实用的短袖、短衣、短裤，多以羽毛为饰，材质以麻葛、蕉等野生植物粗纤维织布为主。花山壁画中左江流域扶绥巴赖山与崇左楞庙的崖壁画中就有当时羽人的形象（图 4-2），西林县出土的石寨山型 280 号铜鼓羽人人物纹样即来源于此。这样的服饰特点很好地适应了气候湿热的地理环境特点，以及稻作生产、螺蚌鱼虾捕捞等劳作的需要。秦代后，12 个世居民族历经朝代更迭，为了满足生活、生产需要，逐步迁徙、聚居在八桂大地的不同地域。

扫码看原图

图 4-2　花山壁画中的羽人形象（摄于广西民族博物馆）

为了适应聚居地山岭连绵、山体庞大、岭谷相间、地形复杂等因素，八桂大地上的世居民族形成了独特的生活方式、风俗习惯、审美情趣、历史文化等，与之相对应的民族传统服装则充分展现了各民族的传统文化和地域文化，成为承载八桂民族文化与民族精神的"无字史书"，是广西非物质文化遗产的重要组成部分。据统计，截至 2022 年，与广西世居民族服饰相关的项目中，有 3 项被列入国家级非物质文化遗产名录，26 项被列入自治区级非物质文化遗产名录。

一、千姿百态的广西世居民族传统服装样式

广西山多地少，地形复杂，南北不同，东西有别，气候的地域差别十分明显。桂北夏热冬冷，四季分明，属于中亚热带气候；桂南夏季长冬季短或者全年无冬，属南亚热带气候；北部湾沿岸及附近海岛终年暖热，具有边缘热带或热带季候风特色。不同的地理气候条件，使得生活在不同地域的世居居民采用不同的生活劳作方式，各民族服装样式呈现出独特的地域性与多样性，生活在不同地域的同一民族服装样式也各有特色。广西世居民族传统服装样式主要差别见表 4-1。

服饰/文化

表 4-1　广西世居民族传统服装样式主要差别

序号	民族	服饰质地	男子服饰	女子服饰
1	壮族	棉布、自织土布、壮锦	对襟短衫、大襟短衫、长袍、长裤	上衣（对襟短衣／无领右衽／立领右衽）下裤；上衣（对襟立领／交领右衽）下裙，裙内穿裤；长袍（短立领右衽大襟衣）下裤
2	汉族	棉布	唐装、右衽大襟衣、小襟衣、立领对襟衣、黑布长裤	唐装、大襟衫、立领右衽衣、宽筒裤、长裙；镶边围裙；青色头帕"板巾"、黑布头帕
3	瑶族	蓝靛染黑土布、瑶锦	上衣（对襟／交领／右衽）下长裤；上短衣下灯笼裤；瑶锦头巾、绑腿	上衣（右衽／对襟／交领／无领／长衫）下裤；上衣下裤、围裙；上衣下裙；短衣（右衽／贯头衣）短裙；披肩、绑腿
4	苗族	自织土布、亮布、青麻布	上衣（对襟／大襟／短衫／长袍）长裤；冬天裹脚绑腿	上短衣（无领无扣对襟／左衽）下短裤、百褶裙；上衣（无扣交领右衽／立领右衽大襟衣／无领对襟短上衣／贯头衣）下裙（长裙／及膝裙／百褶中长裙）；脚套、绑腿
5	侗族	侗布、亮布	上衣（立领对襟）下长裤；亮布头巾、绑腿	上衣（无领左衽短衣／无领对襟短衣内搭花肚兜／对襟交领）下裙（及膝百褶裙／围裙／）；上衣（无领左衽短衣／）下裤；绑腿
6	仫佬族	自织土布	上衣（立领对襟）下裤；黑色／蓝色头巾	上衣（立领窄右衽大襟）下裤；围裙
7	京族	布、纱、丝绸	上衣（立领对襟／右衽盘扣短衣）下裤	上衣（无领窄袖紧身开襟／高开叉长至小腿肚）下裤（白色）
8	彝族	棉布	上衣（立领对襟窄袖短衣／右衽／立领右衽大襟）下裤（宽筒）；包头巾"兹贴"；批氅"擦尔瓦"	上衣（右衽大襟）下裙；上衣（对襟／大襟）下裤（平膝宽筒）
9	水族	棉布、绸缎	上衣（立领对襟／无领对襟）下裤	长衣长裤；围腰
10	仡佬族	棉布	上衣（立领对襟盘扣）下裤	上衣（立领大襟半长衫／立领右衽大襟衣）下裤；上衣（立领对襟／右衽大襟衫）下裙（裙前加蔽膝）
11	毛南族	棉布	上衣（立领琵琶襟）下裤	上衣（立领右衽大襟衣）下裤；花竹帽
12	回族	棉布	大衣长袍长裤；大领皮袄长裤；无檐圆帽	大襟衣；盖头

（一）不同世居民族服装样式各有千秋

1. 聚居在平坝地区世居民族服装样式

聚居在平坝地区的世居民族，如侗族、仫佬族、毛南族等，以稻作农业为主要经济生产方式，一年四季人们都需要下地劳作。这些地区的男女服装多为上衣下裤样式，裤子的裤筒一般比较宽大。女子服装还有上衣下裙样式，裙长仅至膝盖，冬天配绑腿。不同地区的民族服装也有各自不同的特色。

（1）侗族。三江、八江、良口等地的侗族男子穿白色长裤，绑黑色绑腿，绑腿上部翻下一块三角形布片，布片上绣太阳纹；女子上衣一般为黑色或蓝色无领左衽或对襟短衣，两侧开衩，下穿黑色长裤。三江、八江侗族服饰如图4-3所示。三江、融水、龙胜等侗族女子服饰款式为上衣下裙式，上衣为蓝色或黑色、无领、对襟短衣，内搭花肚兜，衣襟、袖口有绣花装饰，下着至膝盖蓝色或黑色百褶裙，裙边镶有刺绣围边，系绑腿。

扫码看原图

图4-3 三江、八江侗族男子服饰（左）和女子服饰（右）（摄于广西民族博物馆）

（2）仫佬族。仫佬族主要居住在罗城仫佬族自治县，散居于宜州、忻城、环江、融水等县（区）。男女都穿着自织自染的青色土布制成的衣裤，如图4-4所示。男子通常上着黑色或深蓝色立领对襟衣，盘扣，下着黑色或深蓝色长裤，头裹黑色或深蓝色头巾。女子上衣多为黑色立领、窄袖、右衽、大襟，襟边、袖口镶嵌蓝色的宽边和两条细边装饰，袖口上端再镶1～2条窄花边；下着黑色长裤，裤脚镶有一宽一窄的蓝边；头戴帽子或包头巾，款式多样。已婚女子腰系青色围裙，围裙腰带刺绣图案，围裙上缝制有一贴兜，方便劳作时放一些物品。

扫码看原图

图4-4 罗城仫佬族传统男子服饰（右）和女子服饰（左）（摄于广西民族博物馆）

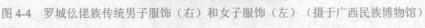

第四讲

服饰／文化

47

（3）毛南族。毛南族主要居住在环江、都安、南丹等地。男子通常着黑色立领上衣，下穿宽筒长裤，劳作时扎绑腿；女子多穿右襟蓝黑布上衣，下着宽筒蓝黑布长裤，衣领、衣襟、袖口、裤脚镶花边和三道阑干，外出时多会戴花竹帽。毛南族服饰如图4-5所示。

扫码看原图

图4-5　毛南族男子服饰（右）和女子服饰（左）（摄于广西民族博物馆）

2. 居住在山区世居民族服装样式

生活在山高路陡、草深林密山区的苗族、瑶族等居民的民族服装多为上衣下裤样式，都会包头巾、绑腿，男子下装的裤裆都较为宽大，便于奔跑。这样的服装样式能够满足山地游耕农业和狩猎的生活需求，保证爬山下坡时不被荆棘草丛割伤皮肤。

（1）苗族。融水苗族服饰如图4-6所示，苗族各支系男子服饰的一般样式为上衣下裤，上穿黑色、蓝色对襟或大襟短衫，有的穿长袍；下穿长裤，束腰带，冬天裹绑脚，用黑色长巾包头。苗族女子服装除了上衣下裤样式，还有上衣下裙样式。例如南丹、月里、上堡地区的中堡苗族女子上衣是前短后长的黑色或蓝色蜡染贯头衣，背部绣几何图案，衣袖纹绣红、黄色几何纹样；下裙是蜡染挑花多节式百褶中长裙，颜色自上而下为黑、蓝白底红花、黄、红、黑，下摆用大红色丝绒绣出菱形纹，裙边黑底挑红花，裙摆宽达六七米，系腰带，绑腿，如图4-7所示。

扫码看原图

图4-6　融水苗族男子服饰（左）和女子服饰（右）（摄于广西民族博物馆）

扫码看原图

图 4-7　南丹中堡苗女子服饰（背面）（摄于广西民族博物馆）

（2）瑶族。八桂大地上的瑶族支系众多，服装样式也因此种类繁多，目前可统计的瑶族服装款式达 100 多种。其中河池南丹县八圩乡、里湖乡等地区居住的瑶族，因男子皆穿白裤，因此得名"白裤瑶"。白裤瑶男子服饰有五大件：白布或蓝布包头巾、青色布腰带、刺绣绑腿、青色（蓝黑）交领短衣、白色紧腿短裤，如图 4-8 所示，男子服饰分便装和盛装。男子上穿交领无扣蓝黑布短衣，长度齐裤头，扎腰带，交领形成 Y 形，衣襟口和袖口镶蓝边；下穿白色土布灯笼裤，即宽裤裆、大裤头、窄裤脚，长度刚好裹住膝盖，裤脚用黑布镶约 3 厘米宽的边，膝盖处用红线绣 5 根宽约 1 厘米、长约 10 厘米、长短不一的红条，形似人的五指。膝盖下用黑或白土布带打绑腿（图 4-9）。

扫码看原图

图 4-8　南丹白裤瑶男子服饰（背面）（摄于广西民族博物馆）

扫码看原图

图 4-9　南丹白裤瑶男装绑腿（摄于贵港民族博物馆）

白裤瑶女子服饰也有五大件：白布或蓝布包头巾、无领无袖无扣短上衣（冬季有右衽有袖衣）、蜡染百褶花裙、腰带和绑腿，如图4-10所示。女子服饰分冬装和夏装。冬装为右衽短衣。夏装为贯头衣，俗称"挂衣"，即胸前背后用两幅约边长约67厘米的正方形布镶拼，在两肩处用10厘米宽的黑布连接，无领无袖，长至裙头，上开一大圆孔，两腋下不缝合，穿时贯头而下，前后两块布自然披落在前胸和后背，在腋下用绳系，颇有贯头衣遗风。挂衣前幅用蓝黑或纯黑布，无装饰，后幅用浅蓝或灰色布，以红、蓝等色线绣一方形图案，多为回纹形、正字形、卍字形等几何纹图案。青年装花纹绣满全幅，老年装仅绣一方形花纹于正中，多为白底红纹，间杂其他颜色，此图案称为"瑶王印"。下身穿齐膝蜡染百褶裙，裙底边缘绣花纹，裙面蜡染图案多是一道道土黄、蓝、红色环形圈，冬天打绑腿（图4-11）。

扫码看原图

图4-10　南丹白裤瑶女子服饰（背面）（摄于广西民族博物馆）

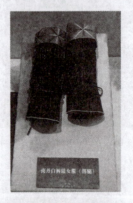

扫码看原图

图4-11　南丹白裤瑶女装绑腿（正面）（摄于贵港民族博物馆）

3. 居住在北部湾地区世居民族服装样式

　　长期生活在北部湾海边的京族是我国唯一的海滨少数民族，也是跨境民族。为了适应海边气候湿热且风大的生态环境和从事渔业下海作业的需求，京族传统服饰使用细薄布料，款式制作简单。薄料服饰被浸湿后容易风干，具有通风透气的特点。

京族男子服饰上衣为黑色立领对襟或右衽盘扣短衣，下穿黑色长裤（图 4-12）。京族女子服饰无领、窄袖、紧身、袒胸开襟上衣，衣襟绣有花边装饰，有扣，长度只到腰部，内穿一块绣有精美图案的菱形遮胸（胸掩），下穿长裤，喜欢佩戴耳环和尖头葵帽。

扫码看原图

图 4-12　东兴京族男子服饰（摄于广西民族博物馆）

"胸掩"，又称"遮胸"，是京族服饰的一大特色。相传在京族迁入中国之前，东汉的伏波将军来到交趾（地域及其文化遗迹位于今越南北部），见到当地妇女跟男人一样袒胸露乳十分不雅，于是便设计"遮胸"赠与京族妇女。从那时起，妇女们便用起了"遮胸"，流传至今。

（二）同一世居民族服装样式因地域差异各有特色

广西地理环境多样，生活在不同地域的同一世居民族服装样式也各不相同。

1. 各地壮族服装样式

根据服装色彩的差异，广西壮族人民可以分为白衣壮、蓝衣壮、青衣壮、黑衣壮、灰衣壮等，本书介绍常见的前四类。

（1）白衣壮。主要生活在广西北部山清水秀、四季分明的桂林龙胜一带。白衣壮女子喜欢上着白色棉布 V 领对襟短衣，襟口下有两组"一"字形盘扣，衣袖口镶花边，露出内里短衫，内穿深蓝色或带花胸兜，内外衬托，淡雅秀丽；下着黑色或深蓝色宽脚长裤，膝盖以下镶有一宽一窄两条花边，颜色为红色或蓝色，十分艳丽；妇女头包印花或提花头巾。白衣壮女子服饰如图 4-13 所示。

扫码看原图

图 4-13　桂林龙胜白衣壮女子服饰（摄于贵港民族博物馆）

（2）蓝衣壮。主要生活在广西的西部、西南和南部地区的百色、崇左、河池、贵港等地。女子服饰以蓝色为基调，有深蓝、浅蓝、白蓝相间等。上衣为蓝色右衽大襟衣，无领或短立领，纽路从领口经过右侧腋下至底边处，纽扣多为布扣。

（3）青衣壮。主要生活在隆林地区。女子上衣非常有特色，内衣与外衣搭配穿着。外衣用青花布缝制，无领、右衽，领口及右侧第一颗布纽扣处镶嵌银铃组成的银花作为装饰；内衣一般采用蓝色或绿色布料缝制，短立领，立领上镶嵌黑色条带；外衣袖子宽、短，镶嵌黑色条带，内衣袖窄、长，镶嵌锯齿形、菱形、三角形的条带图案，图4-14所示。

扫码看原图

图 4-14　隆林青衣壮女子服饰（摄于贵港民族博物馆）

（4）黑衣壮。黑衣壮主要生活在隆林、那坡和大新等地。女子穿着较为原始的裙装式样，上衣下裙、裙内穿裤，即"衣 + 裙 + 裤"。上衣为交领右衽短衣，长度刚好接住裙头，领口包白色花边，下摆左右两侧开衩，两角上收呈弧形；纽路从领口往右腋下开。

裙子为百褶裙，裙腰以厚重的土白麻布缝制，裙摆为靛蓝染色布，裙边为蜡染几何纹样，裙的两端配有两条长短不一的绣带，绣带末端接彩须穗子，制作工艺繁复。女子在裙子内穿宽脚长裤，裤子多为黑色土布。这种服装包括短衣、短裙、长裤，同时配有头巾装饰，犹如层楼迭起，错落有致，在当地俗称"三层楼"。黑衣壮女子服饰基本分为黑色、白色、蓝色三种颜色，女子以黑衣、黑裙为礼服，仅在结婚、赴宴、新年等喜庆活动时和冬季穿着；白衣、白裙、黑裤为日常劳动服；蓝衣、蓝裙、黑裤或蓝衣、黑裙、黑裤等为一般日常装。

那坡地区的黑衣壮女子服装款式为上衣下裙、长裤，全身都采用黑色面料，如图4-15所示。上衣有对襟立领、交领右衽两种款式，布扣一般用红色，胸前、衣边、衣角、袖口等用红色或黄色布条镶边。下着短筒裙，裙里着长裤。

大新、龙州一带的黑衣壮女子服装款式为长袍，内着长裤。长袍为短立领右衽大襟衣，长度至小腿中部，裙内穿着长裤。龙州地区绝大部分的壮族女子长袍从腰部开衩，一般不加装饰。但龙州县彬桥乡和大新地区的壮族女子长袍会有花边、刺绣图案装饰。

扫码看原图

图4-15　那坡黑衣壮女子服饰（左）和男子服饰（右）（摄于广西民族博物馆）

2. 各地瑶族服装样式

瑶族服饰的地方特色更为突出。除了前面介绍的白裤瑶之外，瑶族各支系的服装样式也各有特点。

（1）金秀盘瑶。金秀盘瑶男子服饰为上穿黑色上衣，衣领处镶嵌彩色瑶锦；下穿黑色长裤，裤腿镶布条带纹样，包瑶锦头巾（图4-16）。女子服饰上衣由黑色土布制作，约长60厘米，右衽交领布衣，无领无扣，襟边用红、黄、白、绿等色丝线绣上各种图案纹样，袖口用红色花布镶边；腹部系一块方形绣花围裙；下身穿黑色长裤，用白色腰带缠腰，再用一条约5厘米宽的彩色条纹带将腰带扎紧，条纹带两端有30厘米长的彩穗，扎好后垂于腰的两侧，行走时，穗须飘动，异常美丽；头饰多以白土布缠头，形成上大下小的圆形台，然后再用瑶锦带缠绕在白土布外，在左右两耳上方的锦带上分别垂下9束彩穗，头顶覆盖瑶锦。

扫码看原图

图4-16　金秀盘瑶男子服饰（摄于广西民族博物馆）

（2）贺州盘瑶。贺州盘瑶服饰绚丽多彩。贺州盘瑶又称"尖头瑶"或"大尖头"，因贺州盘瑶女子头饰冒顶为尖头状而得名。男子服饰上衣右衽交襟，织绣彩边，袖口镶

第四讲

服饰/文化

嵌彩色布条，系绣花围裙，扎数条锦带，下穿黑色长裤（图4-17）。贺州盘瑶女子的服饰为上衣下裤，上衣由蓝靛染制土布制作，为右衽交领长衫，领口镶花边，袖口镶彩布条、花边装饰；披肩缀有浓密流苏，绣花镶边；下身穿着黑色长裤，盛装时裤腿处镶彩布条和花边；腰系黑色底布多层镶边的围裙（图4-18）。

扫码看原图　　　　　　　　　　　　扫码看原图

图4-17　贺州盘瑶男子服饰　　　　　图4-18　贺州盘瑶女子服饰
（摄于广西民族博物馆）　　　　　　（摄于广西民族博物馆）

（3）田林盘瑶。田林盘瑶男子服饰上穿褐色立领对襟短衣，下穿黑色长裤，领口、衣襟、口袋、袖口、裤脚口用瑶锦装饰。女子服饰多用蓝靛染黑土布制作，上衣为黑色无领无扣对襟长衫，长度过膝盖，几乎与裤脚平；胸前衣襟刺绣瑶锦，绣有8～12种图案纹样，挂一串红色绒球；袖口用红、黄、蓝、白、黑五色布镶边；后颈部领缘用三角形红、白布镶边，后背挂几十根有玻璃珠串的红色丝穗，或挂一块中间黑、四周蓝的方布披肩，蓝、黑布相接处及方布边缘均镶红、白布条；下穿黑色或蓝色长裤，围黑底镶边围裙，围裙上可刺绣图案纹样；再用一条约2米长的黑布腰带将衣服系紧，腰带两端有挑花图案纹样和长穗；头饰为一条2米长、3厘米宽的缠头黑布，两端绣有红、绿、黄、白相间的彩色纹饰，将黑布巾层层缠绕，在额头前交叉为"人"字形，两端的彩色纹样全露于前额（图4-19）。

扫码看原图

图4-19　田林盘瑶女装（摄于贵港民族博物馆）

（4）红瑶。桂林龙胜、兴安一带的瑶族，因女子穿着红色丝线绣制的红上衣而称为红瑶。红瑶女子的服饰为上衫下裙。红瑶姑娘一般都有两种不同材质的上衣：一种是用织机织出的瑶锦制作而成，另一种是用黑土布制作，在后背、两肩和前襟上刺绣各种图案纹样（图4-20）。下装是蜡染花裙，花裙分为4层：裙腰为白土布，上部裙身为黑土布，中部裙身为蜡染布，下摆用红色、绿色等色彩鲜艳的丝绸缝制；裙子前面无褶皱，后面有细密的褶；裙外围青色围裙，再系彩色织锦腰带，小腿缠黑布绑腿（图4-21）。

图 4-20　龙胜红瑶女装刺绣上衣
（摄于广西民族博物馆）

图 4-21　龙胜红瑶女子服饰
（摄于广西民族博物馆）

红瑶女子的年龄可以从服装上区分出来，未婚女子穿全红刺绣衣或红色织锦衣，艳丽火红；中年女子穿半红半黑色上衣，搭配刺绣，秀美质朴；做了奶奶后的老年妇女穿全黑色上衣，仅在袖口或衣襟处略绣花边，沉着庄重。

二、独树一帜的广西世居民族传统服装图案纹样

广西世居民族传统服饰的图案纹样大多取材于自然界的草木花卉、高山流水、飞禽走兽以及民间神话传说的龙、凤、麒麟等，主要有几何纹样、植物纹样、动物纹样、自然形态纹样、人物纹样等。

服装图案纹样不仅生动地体现了广西世居民族人民的生活情感和聪明才智，展示了他们对生活与自然的热爱，也折射出世居民族的民族心理、民族文化和审美情趣。它如同历史文化长河中的千年之舟，负载和积淀着各民族几千年所形成的灿烂文化。

（一）太阳图腾服饰图案纹样

广西各世居民族服饰中通常会有太阳图腾图案纹样，体现了先民对"万物之神"太阳的崇拜与敬仰。人们通常将太阳抽象、简化为点、圈、圆形，或者使用放射性纹路代表光芒四射的太阳，或将太阳呈现为生动复杂的具象化图案，或使用十字纹、十字纹加圆，以及八角星形作为发光的太阳符号。

例如，侗族服饰上的太阳纹主要以圆形呈现，周围还有线段进行修饰。侗族母亲会

服饰／文化

把"八芒太阳纹"绣在儿童的服饰上,希望太阳之神能够保佑孩子们平安健康成长。壮族、瑶族人民则会将太阳纹装饰在衣襟、裤管上。图 4-22 所示为壮族太阳纹刺绣。

扫码看原图

图 4-22　壮族太阳纹刺绣(摄于广西民族博物馆)

(二)花图腾服饰图案纹样

花图腾是壮族服饰中最常见的图案纹样。壮族人民经过大胆想象与巧妙构思,将桂花、桃花、牡丹花、菊花、木棉花等与蝴蝶、鸟、树等形象,以及几何图、水波纹、太阳纹等组合成灵活多变、种类丰富、灵动流畅、和谐美好的图案纹样,装饰在日常服饰用品中。

壮族人民聚居的广西西南地区,气候温暖湿热,雨水充沛,四季皆有鲜花盛开。花开,通常代表着新生命的孕育,代表着生殖繁衍,"花"对于壮族人民而言成为了寄托族群兴旺发展美好期望的载体。

壮族神话里的创世女神是米洛甲,"米"在壮语里指的是"妈妈"。传说米洛甲从花朵中出生,而壮族先民则是从米洛甲后花园中的花朵转世到人间来的。为了表达对米洛甲的崇敬之情,人们就将各种花的纹样恭敬地绣在儿童的帽子、背带和妇女上衣的胸襟上。花的上部绣有鸟纹样和蝴蝶纹样,象征天;花的下部多绣锯齿形的草纹样,象征地;中心位置为大花,象征繁衍人类的壮族始祖米洛甲。图 4-23 为壮族菱形花卉纹织锦。

扫码看原图

图 4-23　壮族菱形花卉纹织锦(摄于广西民族博物馆)

（三）龙凤图腾服饰图案纹样

龙凤图腾在广西各民族服饰纹样中同样出现得极为频繁，它代表了人们对吉祥如意、平安幸福、繁衍生息的企盼。与汉族传统龙凤图腾造型不同，广西民族服饰上的龙凤图腾通常是根据想象幻化出的形象。

壮族的龙图腾纹样风格别致，有的头部像威武的雄狮，有的头部像慈祥的老人。龙的长须既有龙的形象特征，又像两根蔓延的藤枝，形象简洁朴实又活泼可爱。苗族服饰的龙图腾纹样形态千变万化，有水牛龙、鱼龙、鱼尾龙、蚕龙、叶龙等，憨态可掬。凤图腾也是壮族服饰图案纹样中的常见纹样，壮族民间流传着"百鸟衣"的传说，壮族凤图腾借鉴了鸟和鸡的形象。凤图腾纹样综合了孔雀、锦鸡、公鸡的部分特征，构思出公鸡头、锦鸡身、孔雀尾的凤纹样，栩栩如生。图4-24所示为龙胜壮族龙凤纹样背带心。

扫码看原图

图 4-24　龙胜壮族龙凤纹样背带心（摄于广西民族博物馆）

侗族以龙蛇为神灵方形，服饰上经常出现云龙、盘龙、二龙戏珠等纹样。人们还习惯将各种鸟鱼虫绣在圆形和方形图案中，圆形象征天空，方形象征大地，这体现了侗族人民对天地的崇拜。如三江侗族俗称"八菜一汤"型的背带盖，其主体图案由9个圆形组成，象征传说中侗族女神"萨天巴"晒干洪水的9个太阳，整幅背带盖用彩色丝线刺绣凤鸟、蝴蝶、花叶等纹样，中间的大圆形内刺绣"混沌花"纹样，当地称之为"螃蟹花"（图4-25）。

扫码看原图

图 4-25　三江侗族"八菜一汤"背带盖（摄于广西民族博物馆）

第四讲

服饰
文化

57

龙犬纹的出现源于瑶族人民对祖先的纪念。明代王示性《桂海志续》中记载瑶族人民将"五彩缯帛缀于两袖，前襟至腰，后幅垂至膝下，名狗尾衫，示不忘祖也。"

（四）鸟、鱼、蝴蝶等服饰图案纹样

苗族人民对鸟图腾的崇拜在百鸟衣上体现得淋漓尽致。苗族百鸟衣正因衣服上绣有各种鸟禽纹样而得名，仅仅一件百鸟衣上的鸟纹就可达 100 只以上。百鸟衣的面料都是用丝绸制作，绣着五颜六色的鸟图案、蝴蝶图案、蚕虫图案等。百鸟衣上身的花衣绣满了形态各异的鸟以及铜鼓、蛙、鱼、蜈蚣等民族图腾符号；裙子精美繁杂，是由 16～18 根彩条组成的，每根彩条绣满不同的花鸟图案，多姿多彩、生动活泼，每条彩条的下摆还缀满了美丽的羽毛绒球，到了现代演变成了家禽的羽毛。图 4-26 所示为苗族四鸟几何图案苗锦绒被面。

扫码看原图

图 4-26　苗族四鸟几何图案苗锦绒被面（摄于广西民族博物馆）

蝴蝶图案纹样在苗族传统服饰中很常见。蝴蝶图案一般与枫树图案同时出现，苗族人认为枫树是万物之源，而蝴蝶是苗族传说中人类的始祖"蝴蝶妈妈"，蝴蝶伴随枫树而生。苗族创世古歌说，远古时期，一株参天枫树的心变成了蝴蝶，蝴蝶与水泡结合生了 12 个蛋，这 12 个蛋后来孵化出人类的始祖姜央和雷公、龙、象、水牛、花、蛇、蜈蚣等 12 个兄弟，从此人间便有了人和各种动物。为了纪念始祖"蝴蝶妈妈"，苗族妇女便把蝴蝶化为图案纹样绣在衣服和围裙上，崇拜祖先的观念就这样潜移默化地进入到苗族民间刺绣中，体现了苗族人民对生命和美好生活的向往与赞美。

三、五彩斑斓的广西世居民族传统服装色彩

色彩是构成服饰美的一个重要因素，它可以增加服饰的感染力，使服饰更具美感。

广西世居民族多居住在山村，农作于田间山野，大自然的秀丽风光使得各民族传统服装不仅图案纹样生动活泼而且极为讲究色彩，在色彩的表达上鲜明、浓烈、有力。因聚居地生态环境等因素的差异，不同民族对色彩的喜好不同，极具民族特色。广西世居民族传统服饰的主要色彩见表4-2。

表4-2　广西世居民族传统服饰的主要色彩

序号	民族	服饰主要色彩
1	壮族	尚黑。传统服饰以蓝黑色为主，盛装有大红、大紫、大蓝、大绿等鲜艳色彩
2	汉族	尚红忌白。古时崇尚青、白、赤、黄、黑五行色；近代以来，色彩趋于丰富多彩
3	瑶族	好五色。用自制蓝黑色、青色土布制作衣服，喜欢用黄、蓝、绿、白、红五种鲜艳颜色装饰
4	苗族	喜爱鲜艳的彩色，尤其是红、黑、白、黄、蓝五色，其中，钟爱红色
5	侗族	喜欢青色、紫色、白色和蓝色等颜色，较深的颜色多在春、秋、冬三季穿着，白色多用于夏季，紫色多用于节日的盛装。女子裙装不分季节，多用黑色
6	仫佬族	尚青，用自织自染的青色土布制作服饰
7	京族	喜欢素雅的彩色，以白色、天蓝、粉红、粉绿、浅青、淡蓝、浅棕常见，盛装颜色也有鲜艳的红色、蓝色、黄色等
8	彝族	崇尚黑色，不同地域的彝族对颜色喜好有所不同，有白彝、黑彝之分
9	水族	喜欢蓝色、青色，忌讳大红、大黄的颜色
10	仡佬族	喜欢黑色、蓝色、青色。女子盛装有白色、绿色、黄色、紫色等鲜艳颜色
11	毛南族	喜欢蓝色和青色
12	回族	喜欢白色、黑色、绿色

四、巧夺天工的广西世居民族传统佩饰装扮

广西世居民族都有佩戴饰品的习俗，既有发簪、头钗、耳环、项圈、戒指，又有胸牌、腰带、脚链等。

从材料上看，各民族的首饰有的用动物的羽毛、角、牙或贝壳等制作，有的用竹、木、花、草等制作，而绝大多数首饰则是用金、银、铜、玉等制作，以银饰为最多。人们认为佩戴银饰不仅有增添美的作用，而且还是富有的标志，如三江一带的苗族女子佩戴的银饰有手镯、项圈、戒指、银花、银链、银簪等10余种，每逢民族传统节日，姑娘们头上、手上、颈上、胸前都佩戴银饰，少则几斤，多则20余斤，周身银光闪闪。龙胜一带的苗族妇女头插银花，戴耳环，双手腕戴1～4对手镯，颈上套三五个项圈，脚套银圈，腰拴银链。隆林一带的苗族青年女子佩戴银手镯，少则一对，多则八九对不等。婚嫁时，银饰更是新娘必不可少的装饰品。

服饰
文化

（一）头饰

1. 壮族

壮族女子惯用布巾或毛巾包头，头巾多为黑、白两种颜色。在一些地区，壮族女子的头饰还是一种标志，比如都安、大化一带的壮族妇女，在赶街、走亲戚或歌圩上，每人头上都盖一条崭新的白底花边毛巾，未婚姑娘将毛巾叠折三四层，使之成为手帕一样大小的方块，盖在头上；若已婚，则用毛巾包头打结。武宣、象州、柳江等地，青年姑娘戴不封顶的黑色、青色或蓝色箍头帽，四周饰有珠子；中年妇女头上扎白毛巾；老年妇女包黑头巾。

隆林、沙梨、者浪、者保、东兰、龙州一带的壮族女子头饰为白头巾（图4-27）。革步、金钟山、西林一带的壮族女子喜欢用青头巾和黑头巾缠头。那坡地区的黑衣壮女子佩戴黑色头巾，通常先将头发束盘成发髻，卷在头顶，然后用白头巾沿发际将头包住，以便能稳插各种头饰，再用一条长约300厘米，宽约20厘米的黑布条经折叠后盖在头上盖住前额，如飞机样。黑头巾用土布制作，所以质地很硬，折叠盖在头上后，风吹、抖动都不易变形。壮族女子也使用银制头饰装扮。

扫码看原图

图 4-27　东兰壮族女子头巾（摄于广西民族博物馆）

2. 瑶族

瑶族头饰颇具特色，主要是缠头及由缠头演变来的戴顶板、三角形帽、梯形帽、尖塔帽等各种帽式，有"龙盘"形、A形、"月牙"形、"飞燕"形、塔形、梯形、圆筒形等，使用的材质有竹、木板、银板、土布等。这样的头饰与瑶族人民的生活环境息息相关。瑶族多居住在深山老林，生产生活离不开翻高山穿密林、钻荆棘草丛，土布缠头，是为了保护头部不被树丫、藤蔓、荆棘勾划、刮伤，还可以"打草惊蛇"，起到驱赶野兽的作用。

金秀茶山瑶族女子的头饰是将三块长约40厘米、宽约7厘米、重约1千克的弧形银板固定在头顶上，两头翘起如飞檐一般，然后用红色织带盘头，配以白色头巾或红丝穗披于脑后，耳朵佩戴硕大银耳环，姑娘们喜欢戴着这种头饰出现在人群中，以示勤劳、富有。百色田林八渡蓝靛瑶女子头饰是用红布帕包头，在帕外戴银架步摇冠，在两鬓处垂吊串珠、红丝穗和圆形银牌。

3. 苗族

苗乡有一句俗语："锦鸡美在羽毛，苗女美在银饰。"雍容华贵的银饰是苗族人民最重要的饰品。在盛大活动中，绚丽多姿的银饰成了苗族人民生活中最璀璨的光华。苗族人民对银饰的钟爱代代相传且根深蒂固，不仅呈现了一个瑰丽多彩的艺术世界，也展示出苗族人民丰富的精神世界。苗族人民笃信银饰形制经祖先确定不得随意改动，所以苗族银饰造型具有很强的稳定性，通常可以作为苗族族群识别的符号，起到维系族群的作用。

苗族头饰中最为典型的是银角。银角两角分叉，银角主纹通常为二龙戏珠形象，龙身、珠体均为凸花，高出底面约 1 厘米，两支银角中间有扇形银芒。银角高度约 70～80 厘米。姑娘们佩戴时还要在银角两端插上白鸡羽，鸡羽随风摇曳，使银角显得更为高耸，巍峨壮观中兼有轻盈飘逸之美。银角头饰通常只在盛大的典礼穿着盛装时佩戴。图 4-28 所示为苗族银帽。

扫码看原图

图 4-28　苗族银帽（摄于柳州博物馆）

银角头饰的由来有三种说法：一是认为它是鸟的变形，为鸟图腾图案；二是认为它是农耕民族的象征，体现了对牛的图腾崇拜；三是对先祖蚩尤的崇敬和纪念，因传说中"蚩尤氏耳鬓如剑戟，头有角，与轩辕斗，以角触人，人不能向"。

银角款式各地略有差异，有两角形状、三角形状和六角形状。银帽被视为苗族盛装头饰，也作为新娘头饰，用精美绝伦的银花、蝴蝶、神鸟等元素组合设计，给人以满头珠翠、雍容华贵的印象。银帽顶端高立的神鸟孔雀高贵典雅，寓意吉祥幸福。

服饰/文化

除了银饰，苗族头帕也是常见的饰品。苗族头帕一般为织锦、绣帕、青布、白布。清水苗多包黑色头巾，将长约167厘米的头巾折成3厘米左右宽绕在头上，平时绕1条，盛装时绕8～9条，盘缠同草帽一样大。花苗女子每逢节日都会梳弯月发式，先用黑布将棕皮缝制成一半月形置于前额偏上，将长发向后挽盖，形似无遮盖的高檐帽斜戴于顶，再用一条折叠头巾包扎稳固。红头苗头戴红帕，用长1.5米、宽30厘米的头帕叠成宽10厘米的条形，每层绕头三圈，在头顶固定。白苗包头由三部分组成，头部为长约45厘米，宽12～15厘米的布，中部为一块长60～70厘米的黑布或白布刺绣，两头贴小花边，尾部用珠子、花线钉上。

4. 侗族

侗族头饰有银冠、凤冠、头簪、银梳、步摇等。三江侗族女子盛装所佩戴的多为银花冠，是银凤冠的一种，其整体造型类似孔雀开屏，具有凤凰展翅的寓意，由银梳与五根银花组成，银花上有五颜六色的绒花点缀，再配上银钗或银发簪，如同皇后的凤冠一般，让人目不暇接。

5. 京族

京族女子喜欢戴锥形葵帽，也叫葵笠、斗笠，是京族服饰的一个鲜明标志。葵帽用葵叶编织而成，篾圈细致，呈圆锥形，大多直径30厘米，线条越顺向笠顶越显尖锐，尖顶，多用纱做帽绳，较为轻巧。由于京族妇女长年累月在海滩上劳作，酷暑难耐，而葵帽的内斗很深，戴在头上几乎可以遮挡住整个面部，以抵挡海边的炎炎烈日和增加海风的回旋，从而更好地驱热纳凉。在出席一些户外活动时，京族女子也会以葵帽当作礼帽。

6. 毛南族

毛南族女子头饰为花竹帽。花竹帽，毛南语叫作"顶卡花"，意为"在帽底编织花纹"，象征着吉祥和幸福，是毛南族青年的定情信物，亦是当地女子出嫁时必不可少的嫁妆，被誉为毛南族的"族宝"。

花竹帽编织技艺主要分布于广西壮族自治区环江毛南族自治县西南部的上南、中南、下南的毛南族聚居地区。花竹帽在当地流传已有几百年的历史，如嘉庆年间的"竹笠极细密，少年妇女戴之"（清《广西通志》）。民国年间，该地区"出产最精致的斗笠"（《思恩县志》）亦被载入史册。

毛南族花竹帽的取材十分讲究，是用当地盛产的金竹和墨竹篾子编织而成的，具有工艺精致、花纹美观、帽形大方、结实耐用等特点。花竹帽由里外两层复合而成，里层由12片主篾组成，其又分为360片分篾，加上2～30片横栅交叉编织，金篾与墨篾织成各式各样的多层边花，花纹类似壮锦，丰富多彩。外层由15片主篾、720片分篾，加上60～80片横栅交叉编织而成。帽顶编织成形似蜂窝眼的小洞眼，编成后帽檐呈现环黑圈。然后再用皮纸和花布覆垫，外层的顶部则用鹅毛根破成片，顺着竹篾编织的脉络覆上。使用传统编织技艺制成的花竹帽细密、匀齐，不透光，不漏雨，帽子形状大方、精巧新颖，显得十分俏丽美观。2011年5月23日，竹编（毛南族花竹帽编织技艺）经国务院批准被列入第三批国家级非物质文化遗产扩展项目名录。

（二）挂饰

广西各民族女子佩戴的挂饰有银圈、银链、银锁、银排、银颈链等。这些银饰有的打制成栩栩如生的动物，有的打制成秀丽多姿的自然景象，有的打制成各种几何纹饰，有的打制成吉祥如意的文字，多表达美好的祝愿。纹饰有浮雕式的，也有透雕和圆雕式的，图案造型生动，构图别致，立体感强，具有浓郁的民族风格和地方色彩。

1. 壮族

壮族女子的银挂饰造型较多与"枷""锁"相似。相传在宋代，狄青率兵南征今广西一带，队伍中有个小后生与当地一位壮族姑娘相爱结婚，十分恩爱。不久，狄青要班师回朝，规定军中不得携带家属。两人难舍难分，便到庙里对神立誓。丈夫说一定回来团聚，若负心就被刀砍头，箭穿心，马踏死。妻子说一定等他回来，若负心就披枷戴锁，吐血而死。转眼三年又三年，小后生音讯皆无，姑娘的父母非常焦急，猜测这人一定死了，劝她不要空等，另寻意中人。姑娘起初不愿意，但后来劝说得多了，又想到父母将来要有个依靠，就有些动摇了，但是又为难地说："我已发过誓，负心要披枷戴锁吐血死！"姑娘父母出了主意，让女儿在肩上披上用布缝的枷，颈上戴用银块打的圈锁，每天嚼蒌叶红藤当作吐血。姑娘最后决定再等一年。一年后，小后生仍一点儿消息都没有，父母就给她披上布枷，戴上银锁，又拿来蒌叶让她咀嚼。春天，姑娘终于去了歌圩，另找了意中人。此后，壮族女子觉得此种打扮很有特色，便纷纷仿效起来。

2. 苗族

苗族银饰总体呈现出以"大、重、多"为美的特点。银锁造型硕大，是苗族姑娘们盛装时大多佩戴在胸前的饰物。在压制出的浮雕式纹样上雕刻出细致图案，纹样有龙、双狮、鱼、蝴蝶、绣球、花草等。银锁下沿垂有银链、银片、银铃等。苗族银饰工艺精湛、巧夺天工，有着"花衣银装赛天仙"的美称，充分展示了苗族人民的智慧和才干。图4-29所示为苗族各种款式的银项圈。

扫码看原图

图 4-29　苗族各种款式的银项圈（摄于柳州博物馆）

服饰/文化

3. 侗族

项圈是侗族银饰品中最大最重的饰品,也是每个侗家姑娘必戴的颈饰,常见的有三盘项圈、细环项圈、银锁项圈、戒环项圈、六棱项圈、扭绳项圈、银月亮胸牌项圈等。银锁是侗族人民祈福辟邪、祛灾驱鬼的一种护身符,儿童佩戴银锁有着"锁住性命、长命百岁"的寓意。

(三)手饰

广西各民族常见的手饰有手镯、手链、戒指等,有些民族还将手饰作为定情信物。在壮族的习俗里,戒指、手镯等是被用作信物最多的物品,青年常佩戴于身。壮族青年在歌圩上相识,以歌传情,确定恋爱关系后,青年男子将银手镯送给青年女子作为定情信物。

手镯也是侗族姑娘的定情信物,常见银手镯有珐琅手镯、单双槽手镯、六棱手镯、银泡手镯、细形手镯、片块形手镯等。那坡彝族男女青年在熟悉相好后,双方便互赠信物,小伙子一般送银手镯或银戒指,姑娘则要亲手织一堆格花巾和一双锦带,每样都送一条给小伙子后,自己留下一条,与小伙子送的信物保存在一起。

(四)足饰

壮族花鞋是壮族刺绣工艺之一,也称绣鞋,始于唐代,是壮族妇女利用外来彩色丝线、绸缎和本地自织布相结合制成的刺绣作品。花鞋鞋底较厚,用白布和麻线纳成;鞋底边沿需多次打磨和修剪,直至无毛;鞋面多以红、蓝、绿、黄绸缎为底色;鞋头绣带叶小花;鞋帮镶上栏杆、窗格、钱币、山水等图形,寓意吉祥如意。在色彩上,年轻人常用石榴红、深红、青黄、青绿等艳丽的色彩,中老年人多用黑、深红等厚重的色彩。图 4-30 所示为广西龙胜刺绣女鞋。

扫码看原图

图 4-30　广西龙胜刺绣女鞋(摄于广西民族博物馆)

仫佬族所着鞋子多为仫佬族妇女手工缝绣,做工讲究。仫佬族男子布鞋常穿在春、秋、冬三个季节,布鞋分为"方头布鞋"和"鱼头布鞋"。方头布鞋是男子日常的穿着,鞋面为黑色，鞋内腰和鞋底为白色，无装饰；鱼头布鞋是在节假日时穿着的，鞋头是鲤鱼嘴的造型，鞋身用鱼身纹图案刺绣。因鞋子外观造型像鲤鱼，俗称"鱼头鞋"。鱼头布鞋的制作来源于仫佬族对"鲤鱼"的崇拜。女子日常穿着普通黑色的布鞋，但在节庆时需要按照婚姻状况穿着。已婚女子穿"尖头船鞋"，未婚女子穿"圆头鞋"。女子日常穿着的布鞋与男子布鞋的造型、面料一样。尖头船鞋鞋面以黑色为主，整个鞋面绣满花卉、植物等刺绣图案。圆头鞋的鞋面为黑色，鞋底和鞋内腰为白色，仅在鞋头处有刺绣图案，刺绣元素以花卉图案为主。

五、广西世居民族传统服饰的传承与发展

广西世居民族传统服饰作为非物质文化遗产中的重要内容，是传承民族精神和民族文化的重要载体。在新时代背景下，广西世居民族传统服饰不断尝试契合民族服饰活态传承与创新发展的路径，不断突破非遗传承与创新的瓶颈，提高广西世居民族服饰文化的认同度与知名度，增强文化自信，助推非物质文化遗产发展，助力广西非物质文化遗产走出广西、走向全国、走向世界。

（一）广西世居民族服饰随着经济与社会的发展而变化

先秦时期，文身、发式、凿齿、佩饰等成为广西世居民族服饰文化的组成部分。从秦汉至隋唐，随着农业、手工业、冶金、染织、缝纫工艺生产水平的不断提高，广西世居民族服饰开始由古朴向华美转变。随着汉人迁入，民族服饰与中原汉族服饰融合，使服饰文化出现交流融合的新景观。宋、元、明、清时期，是广西各民族服饰发展定型的重要时期，特别是宋代经济中心南移，促进了岭南地区的经济发展，随农业种植业和纺织、冶金、印染手工业的发展，民族服装面料、式样、色彩、装饰等日趋丰富，服饰制作技术也随之提升，佩饰物除玉石器外，增加了铜、银饰品。

辛亥革命的胜利，使资产阶级民主革命思想在全国传播，富含民主革命意义的中山装也开始在广西世居民族知识分子中流行。民国时期广西各民族的衣冠服饰也发生了变化，各族人民可以根据自己的经济条件和审美观念来穿着打扮。在这一时期，有一部分少数民族的男子已经开始穿着汉服。

中华人民共和国成立后，中国共产党实行了民族平等和民族团结的正确路线，尊重少数民族的风俗习惯和传统文化，少数民族服饰文化的发展迎来了一个百花齐放的春天。随着改革开放的深入，各民族的平等交流不断加强，商品经济观念对人们的影响日益加深，群众生活水平不断提高，人们的价值观念与审美心理都发生了很大的变化，对物质文明和精神文明的需求也不断地深化。世居民族传统服饰正日趋多样化，一衣多季的服饰文化已不适应人们的生活水平与心理需求，于是出现了不同季节有不同的服饰特色，更有适应不同场合的盛装、便装、劳动装，一季多衣的习俗逐渐形成。

不同时期各民族之间的相互交流促进了广西世居民族的服饰由实用质朴的层次向注重美观的层次发展，呈现出了浓郁的民族风格特色并基本定型，形成了具有民族性、地域性、时限性、职业性、性别与等级等特征的少数民族服饰文化。例如，融水、三江等地的苗族，因与侗族相邻，吸收了侗族服饰的特点，服饰的布料采用侗族特有的"亮布"，女子服饰上衣是无领无扣对襟或左衽短衣，衣襟、袖口均镶嵌苗锦或刺绣花边，内搭上宽下窄的菱形胸兜，胸兜领口刺绣精美花边，露于外衣敞领部位；下穿平膝短裤，外套百褶裙，小腿缠青布脚套，用绿绸带系紧。苗族女子习惯头包青色花边头巾，戴玉石或银耳环和手镯。

（二）广西世居民族服饰文化的传承与创新

2021年2月3日，习近平总书记赴贵州看望慰问各族干部群众，针对当地特色苗绣产业说道："民族的就是世界的。特色苗绣既传统又时尚，既是文化又是产业，不仅能够弘扬传统文化，而且能够推动乡村振兴，要把包括苗绣在内的民族传统文化传承好、发展好。"

八桂大地之上，不同的民族在历史发展长河中创造出不同风格、不同内涵的文化，共同汇成了色彩斑斓的广西世居民族服饰文化。在新的时代背景下，如何传承好、发展好广西世居民族服饰文化，成为人们需要思考与解决的问题。

1. 传承民族服饰文化基础上与时俱进的创新实践

2021年1月，罗城仫佬族自治县第九届人民代表大会第六次会议审议表决通过了《仫佬族服饰优化提升设计方案》。该方案在传承仫佬族传统服饰文化的基础上，对本民族服饰的款式、色彩、图案纹样等进行了创新设计，开启了新时代背景下仫佬族人民对民族服饰文化传承与发展的创新实践。

凤凰，是仫佬族服饰的标志，仫佬山乡有不少叫凤凰山、凤凰村、凤凰坳、凤凰寨的地名。仫佬族传统刺绣"丹凤朝阳"至今在背带等物品上仍比较常见。凤凰与仫佬族早已结下不解之缘。新时期仫佬族服饰标志以仫佬族的"仫"字以及腾飞的"飞"字为元素，并将两个字巧妙地融为一体，形成一只既有视觉冲击力，又具现代感的"仫佬凤凰"图案，象征着仫佬族凤凰涅槃、生生不息的强大生命力和仫佬族人民放飞梦想、拥抱未来、追求美好幸福生活的强烈愿望。

仫佬族传统服装的风格朴素无华，几乎没有华丽的图案。然而，与传统服装匹配并一直传承至今的围裙"轮回"纹饰、幼儿背带芯刺绣"蝴蝶""石榴""凤凰"等织物图案却异彩纷呈、靓丽多姿。新时期仫佬族服饰将这些传统的图案元素整合拓展，男女服饰上衣左胸口均绣有"仫佬凤凰"图案，帽的中心位置刺绣"仫佬凤凰"图案，周边刺绣"石榴多福""双鱼轮回"等图案纹样。

2. 借助会展业等平台推动广西世居民族服饰文化融入世界服饰文化

2022年2月4日，贺州瑶族女孩蓝越谦身着高帽样式瑶服参加了在北京举行的第

24届冬季奥林匹克运动会开幕式国旗传递仪式，成为了一道靓丽的风景线。蓝越谦的整套瑶族服装是由国家级非物质文化遗产代表性项目（瑶族服饰）传承人李素芳提供的。早在2016年，李素芳制作的《瑶绣——瑶族盘王印章》和《瑶绣——年年有鱼》两种刺绣图案作品被联合国开发计划署征集，用于装饰送给各国政要的联合国商务笔记本。

随着中国—东盟博览会、广西·东盟国际纺织服装产业博览会、海上丝绸之路纺织服装时尚大会等具有国际影响力的会议在广西召开，广西世居民族服饰文化获得了广阔的展示平台，同时广西少数民族服饰文化在坚持民族时尚定位的基础上，持续传承发展民族非遗技艺，以服饰设计展现广西文化丰富性，用时尚语言讲好广西故事，逐步实现民族纺织服装产业集聚和高质量发展，为广西民族服饰文化融入世界服饰文化提供了良好的机遇。

学必有问

1．你知道自己所属民族的传统服装样式、图案纹样、色彩、佩饰有哪些特点吗？你能就所了解的本民族服饰文化向全班同学作个简单的介绍吗？

2．广西世居民族服饰图案纹样的来源有哪些？请讲一讲与之相关的民间传说故事。

3．广西世居民族服饰是如何与各民族聚居地的地理环境和劳作特点相适应的？

文化大使·我为广西文化代言

【任务描述】

请认真阅读任务情境，完成一份350～500字的广西世居民族服饰非遗展示品推荐说明。

新一届中国—东盟职业教育联展将在我校举办，其中一场活动是"广西非物质文化遗产展示会"。你将担任"广西世居民族服饰非遗展示品"解说员，请推荐一件广西世居民族服饰非遗展示品，并提供一份推荐说明。

全班分10个小组，每个小组推荐一件广西世居民族服饰非遗展品。

【任务分析】

广西世居民族服饰非遗展示品推荐说明包括以下内容：

（1）特点说明：展品被收录的非遗名录等级、所属民族、发展历史、制作过程、文化特色等。

（2）展品展示：可以选择实物、图片、手绘等形式。

（3）推荐理由：展品的相关历史文化内涵；展品在材质、色彩、图案纹样等方面蕴含的人文价值；细节亮点说明。

【任务要求】

步骤	要求
1. 形成任务小组	全班分成 10 个任务小组，每组人数根据班级实际人数情况确定
	确定小组长
2. 分析任务情境	小组研讨任务情境，分析非遗展品特色
	确定非遗展品及推荐理由
3. 非遗展品推荐	小组代表上台完成推荐说明，教师对小组研讨结果记录并点评
4. 推荐说明写作	每人选择一件非遗展品，并完成推荐说明

【任务提醒】

可利用中国非物质文化遗产网、广西非物质文化遗产保护网等查阅资料，也可以到广西民族博物馆、广西博物馆、南宁博物馆等实地考察相关非遗项目，选定非遗展示会展品，收集展品资料。

【任务测评】

任务完成情况和展示环节的评分表

任务编号		4		任务名称		广西世居民族服饰非遗展示品推荐会
学生姓名			组别		组内职务	
评量项目			自评	小组评分		教师评分
课堂表现	学习态度（15分）					
	沟通合作（15分）					
	当众发言（10分）					
小组任务	推荐形式（20分）					
	民族服饰非遗展品特色（25分）					
个人任务	推荐说明（15分）					
评分结果	小计					
	总分					
学生签字			年 月 日	教师签字		年 月 日
评分标准						

	项目	A	B	C	D	E
课堂表现	学习态度（15分）	13～15分	9～12分	6～8分	3～5分	0～2分
		在积极主动、虚心求教、自主学习、细致严谨方面表现优秀，令师生称赞	在积极主动、虚心求教、自主学习、细致严谨方面表现良好	在积极主动、虚心求教、自主学习、细致严谨方面表现较好	在积极主动、虚心求教、自主学习、细致严谨方面表现尚可	在积极主动、虚心求教、自主学习、细致严谨方面均有待加强

评分标准					
项目		A	B	C	D	E

	项目	A	B	C	D	E
课堂表现	沟通合作（15分）	13～15分 在师生之间具有很好的沟通能力，在小组学习中具有很强的团队合作能力	9～12分 在师生之间具有良好的沟通能力，在小组学习中具有良好的团队合作能力	6～8分 在师生之间具有较好的沟通能力，在小组学习中具有较好的团队合作能力	3～5分 在师生之间具有一定的沟通能力，在小组学习中能够参与团队合作	0～2分 在师生之间沟通能力较弱，在小组学习中参与团队合作较弱
	当众发言（10分）	9～10分 积极踊跃参与小组研讨，并代表小组回答问题，且表达清晰准确	7～8分 比较积极踊跃参与小组研讨，并代表小组回答问题	4～6分 能够主动参与小组研讨	2～3分 能够参与小组研讨	0～1分 不能参与小组研讨
小组任务	推荐形式（20分）	16～20分 能使用多样化手段，从展品被收录的非遗名录等级、所属民族、发展历史、制作过程、文化特色等说明展品的细节亮点	12～15分 能从展品被收录的非遗名录等级、所属民族、发展历史、制作过程、文化特色等说明展品的细节亮点	8～11分 能较清晰地说明展品外形、色彩、文化特色等细节，有亮点	4～7分 能较清晰地说明展品外形、色彩、文化特色等细节	0～3分 不能说明展品的外形、色彩等细节
	民族服饰非遗展品特色（25分）	20～25分 展品的材质、色彩、图案纹样等方面具有服饰非遗特色，并能够充分反映民族特点、历史与文化内涵，蕴含民族人文价值等	16～19分 展品的材质、色彩、图案纹样等方面具有服饰非遗特色，能够反映民族特点、历史与文化内涵等	10～15分 展品的材质、色彩、图案纹样等方面具有服饰非遗特色，能够反映民族特点等	5～9分 展品具有民族服饰非遗特色等	0～4分 展品不具备民族服饰非遗特色等
个人任务	推荐说明（15分）	13～15分 文字流畅，形式新颖，能充分呈现展品所代表的民族历史、文化内涵、人文价值等，细节亮点说明清晰	9～12分 文字流畅，能呈现展品所代表的民族历史、文化内涵、人文价值等，能说明细节亮点	6～8分 文字较流畅，能说明展品所呈现的民族特点等	3～5分 文字较流畅，能说明展品特点	0～2分 未能有效推荐

第五讲

饮食文化

考考你

"壮族三月三"是广西的重要传统节日。这一天，广西各族人民普遍制作五色糯米饭，把它看作吉祥如意、五谷丰登的象征。五色糯米饭五彩缤纷、鲜艳诱人，色、香、味俱佳，而且还有滋补、健身、美容等功效。你知道五色糯米饭是哪五种颜色吗？五色糯米饭是怎么做成的？

教学目标

知识目标

了解广西饮食的基本特征，对广西产出的食材和具有广西特色的米粉、菜肴、酒、茶、酱料等典型食品有比较全面的了解。

思政目标

通过对广西饮食文化的了解，加深对八桂文化的认识，引导学生爱我家乡、爱我中华，深化学生对中华民族文化"多元一体"特征的理解认识，不断铸牢中华民族共同体意识。

专题点击

广西位于祖国的西南部，是全国独有的沿江、沿海、沿边少数民族自治区，有壮、汉、瑶、苗、侗、仫佬、毛南、回、京、彝、水、仡佬等 12 个世居民族。广西在历史发展进程中，创造了大量有形文化遗产，承载着广西各民族生产、生活、精神情感的饮食文化是八桂文化的重要组成部分。

一、寻味八桂

广西饮食深受当地自然环境与人文环境的影响，形成了八桂大地特有的饮食文化特色。在饮食中反映出了广西的政治经济、民族信仰、宗教和世居民族情感等因素，这些都使广西饮食文化成为独具岭南特色的风景线。比如，桂西的饮食虽以烹制为主，但也有生食，体现了粗犷的民族风格；桂北世居民族除了汉族以外，主要以苗族、侗族为主，随着江西、湖南等外省移民逐渐在桂北地区定居，桂北形成了咸鲜辣多元融合的饮食风格，并擅长使用各种香料；桂东、桂南地区与广东相邻，深受客家饮食文化的影响，追求原材料的新鲜，口味偏清淡。广西饮食文化的主要特征如下。

（一）风味迥异

受广西特定的地理环境与水土气候影响，广西的食物品种多，食物口味带有明显的地域特征。如国家地理标志保护产品——荔浦芋头、凤山八角、田东芒果、梧州六堡茶、永福罗汉果、融水香鸭等名声远扬，靖西香糯、东兰黑米、博白空心菜等名优特产各有特色。不同的地域特征造就了广西各具特色的饮食文化，形成了桂北、桂西、桂东南、海滨等四种风味流派。

（1）桂北风味。通常将桂林、柳州、贺州、来宾等广西北部地区称为"桂北"。桂北与湖南省相邻，冬天气温较低且湿度较大，人们日常喜欢食用药膳、辣椒等，认为这样能够提热祛湿、祛风解毒，以烤、烧、煮、煨、炖、腌制等烹饪方式为主。桂北风味融合了鲜、淡、酸、香、辣等多种口味，桂林米粉、柳州螺蛳粉，壮族的白斩鸡、扣肉、粉蒸肉，瑶家的豆腐、竹筒鸡、腊肉，苗族的酸汤鱼、腌酸肉等，都是桂北风味的典型菜肴。

（2）桂西风味。主要为相邻云南、贵州的桂西地区，有百色、崇左、河池等市县，桂西风味偏向酸辣。当地饮食的主要原料有香牛、香猪、八渡笋、蛤蚧、水鱼、芒果、八角、黑糯米、香菇、云耳等。桂西风味因其地域特色，有着非常鲜明的民族特色，稻香脆皮狗、八渡笋炒肉、巴马烤香猪、环江香牛等是桂西风味的代表菜肴、小吃。

（3）桂东南风味。主要地区为梧州、贵港、玉林、南宁等。受粤菜风味影响，桂东南风味菜品鲜嫩爽滑、用料丰富。当地居民善用优质禽畜、蔬果，桂东南风味的特点是甜、嫩、脆，尽可能保持食材的原生特质。草鱼、榄角、三黄鸡、鹅肉、黑山羊、菠萝、荔枝、龙眼等当地名产均可入菜。桂东南风味的名菜、名小吃有壮乡柠檬鸭、梧州纸包鸡、横县鱼生、玉林牛巴、南宁老友粉、粉饺等。

（4）海滨风味。以地处北部湾的北海、钦州、防城港为主。丰富的海产资源让滨海风味具有清淡、鲜嫩、爽滑的特征，菜品讲究调味、注重配色，擅长海产品的原汁原味制作。海鲜是当地居民最常用的食材，河鲜、家禽的菜式也独具特色。主要的特色食材原料有鱼类、虾类、蟹类、大蚝、沙虫、文蛤、香鸡等。海滨风味的名菜和名小吃包括沙蟹汁炒豆角、北海海鲜粉、煎虾饼、马鲛鱼丸等。

（二）食材广泛

广西地处我国南方，与广东、云南、湖南、贵州相邻，地理环境复杂，动植物资源非常丰富，蔬菜、水果、菌类、香料等可入菜的原料超过 1000 种，各类山珍海味更是不可胜数。广西得天独厚的地理环境和自然资源优势为当地百姓提供了丰富的菜肴和小吃的制作原料。

（1）植物原料：荔浦香芋头、田林八渡笋、横县大头菜、贵港莲藕、横县茉莉花等。

（2）动物原料：马山黑山羊、陆川猪肉、环江香牛、信都土鸡、武鸣土鸭等。

（3）调味料：八角、桂皮、灵香草、紫苏、薄荷等芳香料，以及玉林豉油糕、乌石酱油、桂林三花酒、辣椒酱、豆腐乳、贺州黄姚豆豉、南宁扬美豆豉、南宁黄皮酱等。

广西人十分注重菜品、小吃的组合与创新，可以把鸡制成白切鸡、焖鸡等近百种菜肴，同样也有柠檬鸭、琵琶鸭、醋血鸭等数种不同的"鸭菜"，"全鱼宴""全羊宴"等在广西各地十分盛行。

（三）口味丰富

广西饮食口味十分丰富，鲜、香、酸、甜、咸、辣、麻、苦等蕴含在广西美食当中，同时还包含了大量的复合口味。在丰富的口味组合中，"鲜"是广西饮食口味的根基。人们日常所食，无论是粉面粥还是菜肴小吃，从选料、加工、调味到制作，对鲜味的追求自始至终，并在不断演化中形成了极为丰富的口味特征。

（1）清叶口味。利用可食性植物的叶汁与主料相配，使得食物具有特定的保健作用。运用包、卷、贴、穿等制作技法进行烹制，如八渡笋竹叶鸡、炸假蒌夹、芒叶田七鸡、蕉叶蒸肉卷等。

（2）花香口味。利用可食性的花卉与主料相配，突出花卉独有的芳香，如菊花鸡丝羹、荷花鸡片、桂花肉饼、剑花龙骨汤、昙花鸡茸羹、夜香花肉蛋等。

（3）五香口味。运用芳香、辛香的调料，如桂皮、花椒、草果、八角、沙姜等，与主料相配烹制成五香口味。如玉林牛肉巴、五香煎猪肝、五香焗猪排等。

（4）焦干口味。通过干煸、油炸、收汁等方法，使菜肴的表皮产生酥脆感，将原料烹制出焦干口味。如香炒干沙虫、桂林干锅菜、桂林干爆鼠、椒盐米头鱼、炸香咸鱼、香麻鱿鱼丝、百色通灵油鱼、巴马烤香猪、荔枝木烤鸡、花生炒泥鳅、桂林锅烧肉、清炸蜂蛹、翠竹金虫等。

（5）蒜香口味。在烹制菜肴和制作小吃的过程中，添加大量的大蒜来增加菜肴的蒜香。如玉林蒜香鸡、蒜子扣水鱼、蒜子焖鱼、蒜蓉蒸带子、蒜蓉时蔬等。

（6）豉香口味。运用当地豆豉调味料来实现豉香口味，如豉汁蒸排骨、豉椒扣凤爪、豆豉焖鲮鱼。

（7）熏腊口味。在冬季将加工整理好的原料进行晾挂腊制，或通过燃烧果木进行熏制，形成熏腊口味。如梧州腊肠、环江腊牛肉、巴马腊香猪、灵山腊板鸭等。

（8）鲜果口味。利用当地土产名产水果作为主料、配菜或调味汁进行制作，形成鲜果口味。如菠萝炒鸡、芦荟香芒盏、柚汁炒鸡丝、香橙仔鸭、木瓜鱼翅盅、罗汉果烧肉等。

（9）茶香口味。运用本地名产茶叶作为配菜或调味汁进行制作，如恭城油菜、侗家油茶鱼、桂北油茶鸡、凌云茶香鸡、茉莉花茶鱼等。

（10）酱香口味。运用各式酱品调味料制作菜品，如马山羊蹄、香焗北海鲍、红汁猪手、红烧八渡笋等。

（11）酒糟口味。在初加工原料或烹制菜肴的过程中，运用酒糟调味料制作，如信都红糟辣椒、桂平酸糟、桂林糟白菜、壮乡甜酒鸽、甜酒扣猪手。

（12）麻香口味。在美食中加入芝麻、芝麻调味料等，使食物具有麻香的口味，如香麻手撕鸡、香麻玉脆笋、六峰香麻豆角、芝麻香酥鸭、芝麻香油鸡等。

（四）食俗相连

广西各世居民族的饮食文化与其特有的民族节庆、祭祀民俗息息相关，逐渐形成广西独特的饮食习俗。

1. "壮族三月三"

农历三月初三是传说中壮族始祖布洛陀的诞辰日，又称"三月三歌节""三月歌圩"等。"壮族三月三"不仅是壮族重要的传统节日，也是广西汉族、瑶族、侗族、苗族等民族的传统节日。"壮族三月三"于2014年入选国家级非物质文化遗产代表性项目名录。这一天，广西各族青年以歌会友、以歌交心、以歌传情，还有抛绣球、碰彩蛋等有趣活动，黑红黄白紫五色糯米饭、艾叶糍粑、大壮粽、豆腐圆、腊肉饭、竹筒饭、粉蒸肉、烤乳猪等必吃美食和自酿米酒悉数登场，这些美食美酒是这场民族文化盛宴不可或缺的组成部分。

2. 壮族蚂蚜节

主要流行于广西西北部红水河流域的东兰县境内，以东兰县长江、金谷、隘洞、东兰等乡镇为盛。蚂蚜节，又称青蛙节、蛙婆节，也叫"蚂蚜歌会"，是红水河畔壮族人民的重要节日，于每年正月初一至二月初期间举行。主要内容有找蚂蚜（小青蛙）、祭蚂蚜、孝蚂蚜、葬蚂蚜，以及山歌对唱、敲铜鼓比赛和跳面傩舞等。在蚂蚜节上，当地百姓准备鸡、粽等进行祭拜，制作东兰豆腐圆、鸭血粑、油团、龙蹦等小吃，具有浓郁的民族地方特色。

3. 瑶族祝著节

祝著节是马山、都安、巴马、平果、隆安、大化等地自称"布努"的瑶族传统节日。广西河池巴马瑶族申报的瑶族祝著节经国务院批准入选第五批国家级非物质文化遗产代表性项目名录。祝著以农历五月二十九日为过节正日，一般一年一次，也有三五年过一次的，通常欢庆三天。节日的祭祀典礼由寨老主持，祭品以猪头为主供品，以糯米饭、水酒等为辅供品。瑶族祝著节期间，家家户户杀猪宰羊，宴请宾客。瑶族祝著节经历史变迁，逐渐从民间宗教节日变为丰收节和平安节。

4. 京族哈节

"哈"在京语中是"吃"的意思，由节日的名称可知京族哈节与饮食的密切关系。京族哈节流行于京族聚居地，京族主要聚居在广西东兴市的万尾、巫头、山心三个小岛上。广西东兴市申报的京族哈节经国务院批准入选第一批国家级非物质文化遗产名录。在哈节的"入戏听哈"环节中，参加活动的人边吃边听"哈妹"唱歌。

5. 仫佬族依饭节

这是广西仫佬族特有的传统节日，是国家级非物质文化遗产之一。仫佬族每10年中分3次于农历立冬时节选择吉日，以仫佬族居住区域所谓的"冬"为单位，在各自的宗族祠堂里举行隆重而神圣的依饭节，进行虔诚的祭祀活动。祭祀时，在祠堂里选择最长、最饱满的糯稻谷穗，用彩带扎好，悬于墙上。堂屋中央的大桌上摆满用芋头、红薯刻成的水牛、黄牛模型，摆上五色糯米饭，其周围摆上芝麻、黄豆、八角、沙姜等12种农产品和鸡、鸭、鱼、猪心、猪肝等12种祭品，以示六畜兴旺、农渔牧丰收，不忘神恩祖德。每逢节日，家家置办丰盛食品，如鸡、鸭、鱼、肉及糯米食品，还要按节令制作不同的节令饭菜。

6. 毛南族分龙节

分龙节是毛南族最古老、最盛大、最重要的节日，是毛南族人民祈神保佑丰收的传统节日，于农历夏至后的第一个辰日（龙日）前后举行，一般欢庆两三天。每逢佳节来临，毛南族妇女格外繁忙，她们结队上山采集黄花、枫树叶、紫兰花、红蓝花等各种彩色植物作染料，煮成水浸泡糯米，编织新竹篮，用糯米、五花肉等食品做成五色糯米饭。天刚拂晓，妇女们就用竹篮装满五色糯米饭和粉蒸肉，穿起新衣携老带幼，串亲访友回娘家团聚。每到分龙节，毛南山乡家家户户都蒸五色糯米饭和粉蒸肉，折回竹丫柳枝插在中堂神龛上，把五色糯米饭捏成小粒团粘在枝叶之间，预祝今年五谷丰登、硕果累累。

二、粉韵八桂

广西人的生活离不开米粉，桂林米粉、柳州螺蛳粉、南宁老友粉、生榨米粉、宾阳酸粉、全州红油米粉、玉林生料粉、桂平罗秀米粉、南宁粉饺等百吃不厌。广西米粉分为圆粉、扁粉、糕粉、粉丝、粉条、粉虫等，可干可湿，可热可凉，烹饪方法有蒸、煮、炒、焖等。

（一）桂林米粉

将米磨成米浆，加工成米粉。食用时，加入少许用花椒、胡椒、八角、沙姜、桂皮、桂枝、小茴香、草果、丁香、陈皮、槟榔、甘草、罗汉果等香料熬制成的卤水，配以牛肉、猪内脏、锅烧肉等卤菜，一碗桂林米粉让人吃出家的感觉。

2021年5月24日，桂林米粉制作技艺经国务院批准入选第五批国家级非物质文化遗产代表性项目名录。

（二）柳州螺蛳粉

风靡全球的风味小吃柳州螺蛳粉，软滑爽口的米粉加上酸笋、木耳、花生、油炸腐竹、黄花菜、鲜嫩青菜以及浓淡适度的酸辣螺蛳汤，酸、辣、鲜、爽、烫，风味独特。螺蛳粉的精髓在于螺蛳汤的熬制。螺蛳汤以柳州青螺为原料，加上猪筒骨再配以当地草果、茴香、陈皮、桂皮、丁香、胡椒、香叶、甘草、沙姜、八角几十种名贵中药材熬制而成。精心熬制的螺蛳汤清而不淡、麻而不燥、辣而不火、香而不腻，使螺蛳粉成为当地名吃之首。

2021年5月24日，柳州螺蛳粉制作技艺经国务院批准入选第五批国家级非物质文化遗产代表性项目名录。

（三）南宁老友粉

老友粉是南宁小吃的代表，口味鲜辣、汤料香浓，夏天吃开胃，冬天吃驱寒。其传统的制作方法是用热锅炒香的蒜蓉、豆豉、酸笋、酸辣椒、碎牛肉、醋、骨头汤等配料与切粉烹煮，闻之酸辣鲜香，食之开胃解馋，并有驱除风寒、发汗解表的功效。在南宁，老友粉随处可见，是当地非常接地气的群众小吃代表。

2008年，南宁老友粉入选第二批自治区级非物质文化遗产名录。

（四）生榨米粉

生榨米粉又称榨粉、生榨粉，是广西的一道特色小吃，以蒲庙镇、那楼镇为代表的邕宁生榨粉最为出名。生榨米粉软、滑、香，并以与众不同的微酸味而闻名。这种酸味来源于经发酵后的米粉自身。将煮熟的米粉盛至碗中，加入酱油膏（豉膏）、肉末，放上生菜叶碎，撒上葱花、紫苏叶等辅料，倒入骨头汤或者煮粉的原汤，一碗生榨米粉即可端上餐桌。

2016年，南宁生榨米粉入选广西第六批自治区级非物质文化遗产代表性项目名录。

（五）宾阳酸粉

宾阳酸粉是一种冷盘小吃，米粉成扁形宽状，粉质柔滑幼嫩。宾阳酸粉的卤水、调糖醋是调味的关键，将陈皮、八角、葱条等10多种香料用纱布包好，加水、盐、蚝油、味精等煮制成卤水，再用糖、盐、米醋调至酸甜适口；配菜有叉烧、炸米花、炸牛肉巴、炸灌风肠、炸花生、炸黄豆等。放好配菜，淋上酸甜爽口的汁料，面上放置几片清脆的酸黄瓜和少许红辣椒末，色香味俱全，令人垂涎欲滴。

2010年，宾阳酸粉制作技艺入选广西第三批自治区级非物质文化遗产名录。

（六）全州红油米粉

全州红油米粉是广西桂林市全州县的一道传统美食。红油米粉最具特色的是鲜香的汤底加上碎肉、黄豆，入口层次丰富，汤中"三辣"（辣椒、姜、蒜）让食用者全身暖和。红油米粉的红油用大红辣椒与花生油炼制，骨头汤用猪骨、黄豆、豆豉、罗汉果、生姜、食盐及其他配料按比例熬制。细粉煮熟后加入碎肉、骨头汤和红油，鲜香辛辣的全州红油米粉就可以食用了。

2012 年，全州红油米粉制作技艺入选广西第四批自治区级非物质文化遗产名录。

（七）玉林生料粉

生料粉是广西玉林市独具地方风味的传统食品。生料粉的主要食材包括猪肝、粉肠、猪瘦肉等。将猪肝和瘦肉切薄片，粉肠洗净后切成小段，分别腌制，用米酒除去生料的腥味。烹制时，在小锅中加入骨头汤烧开后，加入玉林当地出产的干细粉（经水泡软），待汤再次烧开后加入生料烹煮，最后放入生菜、豆芽等蔬菜，调味后即可食用。玉林生料粉味道鲜美，肉质原汁原味，具有汤鲜、肉嫩、粉滑的特点。

（八）桂平罗秀米粉

桂平罗秀米粉因产于桂平市罗秀镇一带而得名，据记载其在清末就已经享负盛名。罗秀米粉的制作技艺独特，使用山泉净水，配以当地所产的优质白米精制而成。罗秀米粉以条细匀称，外观洁白、油亮，质地柔韧、细腻、润滑，耐煮，食之爽脆而闻名。1985 年，中央电视台、深圳都乐影视公司以《奇特的米粉》为题将罗秀米粉摄入大型电视系列片《中国一绝》。

桂平罗秀米粉制作技艺于 2012 年入选广西第四批自治区级非物质文化遗产代表性保护项目名录。

（九）南宁粉饺

粉饺是广西南宁市的特色小吃，粉饺的外皮由米粉制成，蒸好后的粉饺晶莹剔透，能清晰地看到其中的馅料，令人垂涎欲滴。饺子的外皮富有弹性，馅料由瘦肉、马蹄、香菇、木耳等剁碎而成，鲜香清爽。蒸到香飘四溢时出笼，饱满圆润，浇上黄皮酱，撒上少许油便可食用。粉饺的饺皮制作工序复杂且精细，先挑选优质糯米和粳米按照一定比例混合，将浸透的大米磨成浆，滤干成湿米粉再揉成团状。再用蒸笼将粉团蒸至五六成熟，揉透搓成条形，最后擀成饺皮。复杂精细的工序让粉饺饺皮厚实、有弹性、有嚼劲。

三、味美八桂

广西菜被称为桂菜，是指以广西区域内的原材料为主，运用广西区域特色烹调技法制作而成的，具有广西饮食文化底蕴的菜品总称。根据广西烹饪餐饮行业协会发布的《桂菜标准体系》团体标准（2021 年 2 月 1 日起施行），桂菜被分为桂北、桂西、桂东南、滨海四个风味，共 139 道代表菜品。

桂菜以"天然生态、原汁原味"为主要特征，以"以稻食物为基础、原汁原味、多民族融合、喜酸味"为主要特点。其中"以稻食物为基础"是广西菜区别于其他菜系的重要特征。

（一）横县鱼生

横县鱼生是广西菜的代表之一。鱼生又称生鱼片，是将新鲜的鱼贝类生切成片，蘸调味料食用的食物总称。制作鱼生，食材必须新鲜。因淡水鱼土腥味稍大，一般鲜鱼捕捞上来后要人工饲养几天，让鱼将肺里的泥沙吐干净。鱼生都是现杀现做，从制作到上桌需控制在五分钟以内。

横县鱼生以"薄"出名，经验丰富的厨师将鱼肉切成薄如蝉翼的片状，在鱼肉将断与未断之间连刀切下第二片，鱼肉形似蝴蝶、厚薄均匀，俗称"两片"。

在配料上，横县鱼生常用的配料和酱料多达 20 余种，配料有鱼腥草、柠檬丝、洋葱丝、紫苏叶丝、榨菜丝、指天椒、姜丝、酸藠头、木瓜缨等；酱料则有花生油、生抽、芝麻油等。

食用横县鱼生的最佳方式为：夹一大把生鲜配料，包一片鱼生，蘸上酱料，放入口中，酸甜苦辣咸鲜一涌而出。当地人说："吃一口鱼生，如品人生百味。"

2010 年，横县鱼生制作技艺入选广西第三批自治区级非物质文化遗产名录。

（二）侗家酸鱼

位于广西北部的三江侗族自治县，是湘、黔、桂三省（自治区）的交界。侗族人家每逢节庆有客人来，都会拿出"侗家三宝"酸肉、酸鱼、酸鸭招待客人。"三宝"中最负盛名的是酸鱼，腌制好的酸鱼肉质细嫩，酸咸可口，滋味丰厚。

侗族人家一般会在每年十一月左右腌制酸鱼，选用当地养殖的草鱼作为主要原料，把草鱼洗净去除内脏，在鱼的表面均匀地撒上食盐，放在太阳下晾晒两周左右。晾晒完成后，在鱼内外均匀抹上蒸熟的红糯米，将甜酒和辣椒粉调制而成的腌糟一同抹在鱼身上。将涂满腌料的鱼逐条放入腌制的坛子里，最上部还会铺上一层用袋子装好的腌糟，最后再盖上芭蕉叶，其独有的香气可浸入腌鱼中，增加鱼的风味。将坛子放置在阴凉处，盖上坛盖，用大石头压紧。

酸鱼的腌制时间很长，通常需要腌制 1～3 年，有的老百姓甚至会腌制 8～10 年。酸鱼的烹制方法多种多样，一般为生吃、烧烤、油炸、煎炒。

（三）武鸣柠檬鸭

柠檬鸭是广西南宁市武鸣县一带的特色菜肴，是广西十大经典名菜之一。柠檬鸭的主料是鸭子，配料有酸姜、山黄皮和酸辣椒等，酸腌柠檬是最主要的配料。

柠檬鸭最早出现于 20 世纪 80 年代初期，南宁邕武路的界牌旁有一家小店，常年为来往司机提供菜品，经过不断发展，便有了这道名菜。因界牌是广西高峰林场厂部所在地，柠檬鸭也被称为"高峰柠檬鸭"。

鸭肉含有大量的蛋白质，还可以滋阴降火，配料中的酸藠头和酸姜、酸辣椒可以消解鸭肉中的油脂，醒脾开胃，帮助消化。做好的柠檬鸭，外观冒着油汁，金黄诱人，柠

饮食／文化

八桂文化

檬与鸭肉香味扑鼻，配着柠檬、酸辣椒的鸭肉吃起来酸辣适中、香而不腻，是一道开胃的美食。

2018年，武鸣柠檬鸭制作技艺被评为第七批自治区级非物质文化遗产。

（四）阳朔田螺酿

田螺酿起源于山清水秀、风景如画的阳朔县。阳朔本地出产的田螺较其他地方有其独特之处，一是个头大，二是螺肉的味道清香，没有泥腥味。

制作田螺酿，需将螺肉与猪肉、香菜及其他调味品一起剁碎，再填入螺的空壳里混合汤汁一起烧制。为做好这道菜，阳朔人先将大田螺放置于清水中，让其吐出身体里的泥沙，这个过程需要持续三天且每天换水。洗净后的田螺需要进一步加工，挑出螺肉去掉泥肠，将螺肉剁碎，混入猪肉泥、姜末、薄荷叶等，添加三花酒、酱油等进行调味。用筷子将加工好的馅料慢慢填入螺蛳壳里，直至填满。把填好的螺蛳放入锅里，倒入少许水、油和适量酱油、三花酒，放两只干辣椒，水开后盖上锅盖焖2～3分钟，待汁液收干后起锅，一道独具特色的阳朔田螺酿就做成了。

（五）梧州纸包鸡

纸包鸡是广西梧州市的一道特色菜肴，它作为宫廷贡品和日常主菜的历史已有2200多年，始创于岭南地区。

纸包鸡精选当地农家散养三黄鸡为原料，切件后，配以老抽、生抽、姜汁、八角、茴香、陈皮、草果、红谷米、古月粉等调味料及葱白粒腌制，缀以少量白酒，以玉扣纸逐件包裹，再以花生油入锅浸炸而成。独创的隔纸浸炸烹饪法锁住了鸡肉及调味料原有的味道，能保持鸡肉的鲜嫩甘滑、醇厚不腻。

纸包鸡在食用前，必须在玉扣纸上轻轻划破一道口子，香味扑面而来，再将玉扣纸剥开，此时色泽金黄、热气腾腾的鸡肉就呈现在了眼前。

2016年，梧州纸包鸡制作技艺入选广西第六批自治区级非物质文化遗产代表性项目名录。

（六）全州醋血鸭

全州醋血鸭距今已有1700多年的历史。全州人会选用当地养殖两个半月左右的文桥麻鸭来制作传统的醋血鸭。宰杀鸭子的时候，将鸭血添加米醋或酸坛子的腌酸水调制成"醋血"。

醋血鸭的制作工艺十分考究，先精炼鸭身上的板油，再放入五花肉煎炒至出油。将酸辣椒、豆豉、生姜、花椒、蒜泥入锅爆炒，待香味溢出时加入鸭肉，加入适量的水焖煮。当主配料呈现半软烂状态后，需要停火冷却1～2分钟，再加入醋血、茴香或紫苏叶继续开火翻炒2～3分钟，最后再加入花生、芝麻粉拌匀即可出锅。出锅后的鸭肉及主配料呈紫酱色，鸭肉油光闪亮，这种混合了鲜、香、辣、辛、麻等多种口味的佳肴成为广西的一道名菜。

2010 年，全州醋血鸭制作技艺入选广西第三批自治区级非物质文化遗产名录。

（七）邕城醉子鸡

邕城醉子鸡是民国时期南宁有记酒楼韦益龙师傅创制的一道传统名菜。相传当年韦益龙师傅在有记酒楼掌厨时，有一晚发现当天卖剩的白切鸡太多，就将这些鸡全部放入一口大汤锅里，再加入酒、糖、味精、酱油、花椒等调味料，以及一些用剩的鸡脚、骨头等下脚料一起煲煮，起锅时香气醉人，尝之浓郁酥烂、味美鲜甜，食客大加赞赏。

（八）荔蓉香酥鸭

在南宁悠久深厚的饮食文化史中，荔蓉香酥鸭是一道经典的广西名菜。《南宁市商业志》记载，荔蓉香酥鸭由万国酒家大厨于 1984 年创新，当时曾用这道菜接待过日本、英国、澳大利亚、新加坡、意大利等外国贵宾。

制作荔蓉香酥鸭必须选用广西特产的荔浦芋头，将腌制过的鸭子铺上荔浦芋头下锅油炸，入口外酥里软、芋头粉而细腻，因为鸭皮是金黄色的，芋头是白色的，寓意包金包银、财源广进。制作这道菜的工艺复杂精细，先将土鸭卤熟去骨，略微按压，芋头蒸熟碾泥，拌粉调味，然后将二者合为一体，刷蛋液、拍面包糠，油炸成菜，便成为经典桂菜"荔蓉香酥鸭"。如今，得益于技艺的传承，不少饭店在传统做法的基础上进行改良：芋泥中掺入澄面、熟蛋黄、猪油、腊肠碎，油炸后自然酥松，表面形成似面包糠般的一层脆皮，且香味更足；而鸭子卤熟去骨后，亦不再压平，而是让其保持肥嘟嘟的原状，炸后皮酥脆、肉多汁，与芋泥搭配和谐。

（九）毛南香猪饼

广西环江毛南族自治县境内的明伦、东兴、龙岩等高寒山区地带盛产一种香猪，又称"环江香猪"。这种香猪自然放养于青山绿水之中，主食山藤野菜、薯杂豆类，从而保持香猪肉的原汁原味。香猪烫去毛后，用糯米稻草烧燎至皮呈金黄色，其肉可做清煮白切、黄焖或整只炭烤均可。白切的香猪肉鲜嫩可口、清香飘逸、无腥味，配以农家酸水、马蹄香、生姜、辣椒、葱白、蒜泥、豆腐乳、饼干末、香油等制作而成的盐蘸，味美而不腻。

毛南香猪饼以环江香猪为主要原料，皮薄馅丰、香味浓郁，复合型的香气带有蒜蓉的辛香、芝麻的油香、香猪肉的甘香，在饼饵一族中出类拔萃，令人青睐。

（十）贺州三宝酿

贺州市位于广西东北部，与湖南、广东相邻。贺州传统的饮食文化和饮食习惯受广东、湖南的影响较大。南来北往的游客汇聚于贺州，各民族的人们将不同美食带到贺州，经过长时间的沉淀与发展，逐渐形成了贺州独特的饮食口味。

在贺州，家家户户都很擅长酿菜，而酿菜中的代表就是贺州三宝酿，即苦瓜酿、辣椒酿和茄子酿。贺州人选用当地出产的新鲜苦瓜、青辣椒、大茄子，把猪肉末与葱、姜、蒜相混合，加入调料调味制成馅儿，分别填进苦瓜、辣椒和茄子里。有些家庭也会选用辅菜，如荸荠、香菇、木耳等，根据各自喜爱的口味进行搭配。

在烹制时，先将茄子酿放入油锅炸至金黄，苦瓜酿和辣椒酿则在铁锅里大火煎至微焦。随后，在锅中放入黄姚豆豉和蒜末等炒香，再放入煎炸好的三宝，加入盐、酱油、糖等进行调味，加水焖至熟透，最后用水淀粉勾芡收汁。三宝酿风味独特，苦瓜酿微苦回甘，辣椒酿微辣鲜香，茄子酿绵软多汁，复合型口味让食客回味无穷。

（十一）沙蟹汁焖豆角

沙蟹汁焖豆角是广西北海市富有滨海风味的家常菜。北海市紧邻北部湾，海产资源丰富，当地居民对沙蟹汁情有独钟。

制作沙蟹汁需要在海滩上捕捉鲜活的沙蟹，把沙蟹放在盛有干净海水的桶或盆中，让沙蟹吐出身体里的泥沙。将沙蟹清洗干净后，去掉沙蟹的脐盖和肚肠再重新清洗。处理好的沙蟹加入食盐捣碎，加入适量的蒜片和姜片，沙蟹汁便完成了。把做好的沙蟹汁装入小玻璃瓶，在太阳下晒 10～15 天，沙蟹汁就可以食用了。

制作沙蟹汁焖豆角的时候，将新鲜采摘的豆角洗净，在热锅中将豆角、蒜米炒香，加入适量的沙蟹汁、青红椒，焖 2～3 分钟，一道深受滨海人民喜爱的沙蟹汁焖豆角就制作完成了。嫩绿的豆角，黑色的沙蟹汁，混合了蔬菜的清甜和海鲜的野味，能够让人深刻体会到滨海风味独特的咸鲜。

四、香飘八桂

（一）酒

广西大面积的水稻种植为酿酒提供了原料。广西出产的酒具有鲜明的地方特色，最显著的是原料特别、酿造工艺独特、饮酒习俗出彩，例如将眼镜蛇、金环蛇、灰鼠蛇浸泡制成的三蛇酒，用木薯酿的木薯酒，用黑蚂蚁酿造的"神蜉酒"等。

1. 桂林三花酒

桂林三花酒与豆腐乳、辣椒酱一起被誉为"桂林三宝"。桂林三花酒历史悠久，酒文化气息浓郁，再加上独特的工艺和优良的品质，深受国内外游客的喜爱，不少游客来到桂林都会选上一瓶三花酒当手信。

三花酒的酿造，离不开得天独厚的水、米和酒曲。漓江水清澈透亮，水质甘甜无异味，还有微量矿物质，是酿酒的佳选；漓江流域产的大米，淀粉含量高达 70%，粒大味香；桂林市郊特产的酒药草晒干后和大米粉加工制作成酒曲，香味浓郁。清澈的水、香甜的米、优质的酒曲，为三花酒提供了良好的温床。

桂林丰富的岩洞资源，为三花酒的储藏提供了天然的仓库，造就了醇香的桂林三花酒。三花酒传统酿造技艺千百年来代代相传，主要流程分为蒸饭、糖化、发酵、蒸酒及最后的成品鉴定装瓶，总共 27 道工序。一瓶三花酒酿成后，会先储存一两年，等酒质更醇厚芬芳，变成陈酿，才会分装出厂。

2008 年，桂林三花酒传统酿造技艺入选广西第二批自治区级非物质文化遗产名录，是国家地理标志保护产品。

2. 全州湘山酒

全州本地的酿酒历史悠久，古时全州有井 48 口，在邻近水井的地方人们就会开设酒坊。全州当地盛产的一种米香型白酒叫"湘山酒"，是中国小曲米香型白酒的杰出代表。精品湘山酒是采用精选优质大米加特制小曲，秉承千年严格的传统工艺悉心酿制而成的。窖藏多年，量少而品精。酒色晶莹透亮，味清雅芬芳，入口甘美绵甜，回味悠长怡畅。

2010 年，湘山酒传统酿造技艺入选广西第三批自治区级非物质文化遗产名录，是国家地理标志保护产品。

3. 南丹丹泉酒

丹泉酒产自广西河池南丹县。丹泉酿酒用粮为生态基地培育的糯红高粱，酿酒用水取自凤凰山脉下天然山泉水。丹泉酒的秘制酒曲采百草入曲，酱香独韵。

丹泉酒专属藏酒洞"洞天酒海"占地面积 13 万平方米。酒洞内，平均气温在 16 ～ 17℃，湿度达 85% ～ 95%，不被阳光直射，不受天气和季节变化影响，该环境对原酒的保存和酒体老熟、产酯生香都具有作用。

4. 桂平乳泉酒

在广西桂平市西山半腰上，有个二尺见方的泉眼，泉水从石罅中来，常年出泉。相传唐代一位名士游览西山时，观看这口泉眼，突然白液泛起，犹如乳汁，他便命名泉眼为"乳泉"。

乳泉酒酿造工艺已有超百年的历史。为了酿出独特的桂派浓香乳泉酒，酿酒时以糯红高粱为主要原料，以中温大曲为糖化剂，采用传统的"浓香老五甑"工艺发酵酿造，经陈年窖藏，有"入口绵柔、下咽爽净、窖香突出、回味甘甜"的特点。乳泉酒质佳，与酿酒用水有极大关系。

5. 梧州三蛇酒

梧州三蛇酒早在明代洪武年间已有名气，距今有 600 多年的历史。

三蛇酒是广西著名的传统动物酒，以梧州出产的最为知名。梧州三蛇酒原料中所用的三种蛇是眼镜蛇、金环蛇和过树榕蛇。前两种蛇是剧毒蛇，后一种蛇是无毒蛇，这三种蛇均是广西特产蛇种。酿制三蛇酒，须将三种蛇宰杀处理后，置缸中加 50 度的米酒浸泡 2 年以上。三蛇酒酒色橙黄，酒质香醇，入口绵和净爽，具有祛风祛湿、活血养颜、舒筋活络、强身健骨等功用，是一种具有保健功能的药效酒。

2018 年，梧州三蛇酒泡制技艺入选广西第七批自治区级非物质文化遗产代表性项目名录。

（二）茶

广西是中国历史上发现茶、种植茶和饮用茶较早的地区。在广西百色市乐业、凌云等地曾发现大量的野生茶树群落，这说明广西也是茶树的原产地之一。广西属于我国四大茶区中的华南茶区，气候温暖湿润，雨水丰沛，光照充足，非常适宜茶树的种植。经多年的技术发展，广西孕育出了独具地方特色的名优好茶。

1. 六堡茶

六堡茶是广西梧州市特产，是中国国家地理标志产品。六堡茶属黑茶类，其品质素以"红、浓、醇、陈"四绝而著称，以其特殊的槟榔香味而被列为中国名茶之一。

六堡茶制作工艺复杂，经 13 道工序精制而成。六堡茶宜久藏，越陈越好，因为久藏的茶叶有"发金花"，即生有金黄霉菌（学名为冠突曲霉菌）。因金黄霉菌能分泌多种酶，促使茶叶内含的各种物质加速转化，形成特殊风味。陈年的老六堡茶，色泽黑褐油润，有槟榔、松烟香味，清爽醇厚，味中有甜，汤色澄明，具有提神醒脑、健脾胃的作用。

2014 年，六堡茶制作技艺入选第四批国家级非物质文化遗产代表性项目名录。

2. 横县茉莉花茶

横县茉莉花茶是广西南宁横州市（原横县）特产，属于中国国家地理标志产品。

横州市茉莉花和茉莉花茶产量占中国的 80%，世界的 60%，享有"中国茉莉之乡""世界茉莉花和茉莉花茶生产中心"的美誉。传统的横县茉莉花茶是以绿茶为茶底，经茶坯、窨花拼和、堆窨、通花、收堆、起花、烘焙、冷却、转窨、提花、匀堆、装箱等 10 多道工序制作而成。横县茉莉鲜花除用作窨制加工优质茉莉花茶外，还可经烘干制成茉莉花茶干，也是一种理想的茶饮料。横县茉莉花茶干条索紧细，花香浓郁，茶色翠绿将沸水冷却至 90 ～ 95℃再冲泡，其茶汤汤色清澈亮绿，汤香浓郁艳丽，汤味醇厚、微涩、有回甘。横县茉莉花茶香味、茶味持久，七八道水后仍花香袭人，茶味滑醇。茶尽，茉莉花的香气仍然飘荡。

2012 年，横县茉莉花茶制作技艺入选广西第四批自治区级非物质文化遗产名录。

3. 凌云白毫茶

凌云白毫茶产于广西百色市凌云县，是中国国家地理标志产品，因其叶背长满白毫而得名。

凌云白毫茶生长在常年云雾缭绕的山上，得天独厚的自然环境使凌云白毫茶以色翠、毫多、香醇、味浓、耐泡五大特色成为中国名茶中的新秀。凌云白毫茶能够加工出绿茶、红茶、白茶、黄茶、黑茶、青茶六大类茶品，具有提神醒脑、消暑止渴、解疲生津、帮助消化、增强食欲的功效。

2014 年，凌云白毫茶制茶技艺入选广西第五批自治区级非物质文化遗产代表性项目名录。

（三）酱

广西在唐代已经开始制作和使用各类酱料。广西人喜爱的酱，既有用黄豆制作的酱品，也有以水果、蔬菜、鱼类、海产品等做成的酱。与广西饮食口味一样，酱中鲜、香、咸、甜、酸、辣一应俱全。

1. 桂林豆腐乳

桂林豆腐乳是"桂林三宝"之一，主要原料是黄豆。桂林豆腐乳传统制作工艺独特严谨，先选用优质黄豆做成豆腐硬块，以压榨的方式去除水分制成块状腐乳坯块。做好的腐乳坯块要放入专用的霉柜进行霉化。待坯块上面长满黄白色菌丝，将三花酒、食盐及其他辅助香料调和而成的料汁与坯块一起放入坛罐中腌制，1～2天后浇灌上等米酒使坯块全部浸泡，密封储藏4～6个月就可制作完成。

桂林豆腐乳裹附一层胶质乳状表皮，质地松软细腻，味道鲜美奇香，口味复合。做乳猪、扣肉、狗肉、红烧肉、白切鸡等时，将桂林豆腐乳佐入可以增加香味，老百姓平常还使用桂林腐乳制作凉拌豆腐、生拌甜笋、凉拌皮蛋等，让人回味无穷。

2008年，桂林豆腐乳制作工艺入选第二批自治区级非物质文化遗产名录。

2. 黄姚豆豉

黄姚豆豉产自广西贺州市昭平县，是千年古镇黄姚镇的名产，是中国国家地理标志产品。

黄姚豆豉生产历史悠久，起源于明代初期，在清代成为朝廷贡品，是御厨调味的重要材料。史料记载，元末明初从广东迁徙而来的移民将豆豉加工技术带到黄姚地区。黄姚当地气候和地理环境特别适合种植黑豆、黄豆、玉米、花生等农作物，其中出产的大量黑豆为生产豆豉提供了丰富的资源。黄姚豆豉的传统制作技艺需要将蒸熟的黑豆发酵两次，利用特殊食用霉菌精制而成。

豆豉有疏风、解表、清热、除湿、祛烦、宣郁、解毒的功效，甚至还可以入药，用来预防一些疾病。《本草纲目》载："黑豆性平，作豉则温，既经蒸煮，能升能散，得葱则发汗，得盐则止吐，得酒则治风，得蒜能止血，炒熟能止汗。"

2008年，黄姚豆豉加工技艺入选第二批自治区级非物质文化遗产名录。

3. 桂林辣椒酱

桂林辣椒酱是广西桂林市的特产，同为"桂林三宝"之一，其制作已有100多年的历史。

桂林辣椒酱主要分为蒜蓉辣酱和豆豉辣酱两种。以大蒜头为配料的是蒜蓉辣椒酱，再加入豆豉就成为了豆豉辣椒酱。将优质红辣椒、大蒜头等剁碎，拌入豆豉，加入三花酒和细盐等，密封入坛，自然发酵6个月左右即制作完成。桂林辣椒酱风味浓郁，鲜而微辣，作为调料和佐料可以增加菜品、小食的口感，具有刺激食欲、生津开胃等作用。

4. 南宁黄皮酱

黄皮酱是广西南宁市独具风味的一种酱料，它的制作已有上百年的历史，选用新鲜山黄皮和白糖、蒜米、辣椒（制成蓉坯）、一级豆酱、芝麻酱、甜酒等为原料，按一定比例，采用传统的加工方法，分批煮拌，研磨而成。南宁黄皮酱色泽鲜艳，呈金黄色，酱体细腻，稠度适中。酱味以甜为主，甜中带酸，酸中带辣，三味俱全，保持了山黄皮的果香。南宁所处的地理位置气候多潮湿闷热，黄皮酱酸酸甜甜的口感能开胃解腻，咸鲜与微辣的结合有助于为食物增添口感，提振食欲。

五、以稻为食

广西的饮食特点与稻作文化息息相关。广西人民在长期的生产生活中适应了当地的地理环境和自然气候，人们的生产生活围绕稻作农业展开，逐渐形成了以稻为食的饮食习惯。壮族先民是最早培育和种植水稻的民族之一，水稻的种植是壮族人民生产生活极为重要的组成部分，充分体现了壮族稻作农业文化的特征。广西人的一日三餐离不开稻米，形成了以稻为食的饮食习惯。

1. 以稻米为主食

（1）稻米饭、稻米粥。广西很多地方农作物种植以水稻为主，广西人日常生活中把稻米加工成稻米饭或稻米粥，作为日常生活的主食。

（2）米粉。广西人日常生活中常吃的米粉由稻米加工而成。广西米粉种类繁多，食用方便，营养价值丰富，是广西人日常生活中不可或缺的一道美食。在众多米粉种类中，以桂林米粉、柳州螺蛳粉、南宁老友粉、玉林生料粉等最具特色。由于加工方法不同，广西米粉又有"扁粉""圆粉""米线""粉虫""粉利"之分。

（3）米酒。广西先民酿酒有悠久的历史，是用大米添加一定比例的酒曲进行发酵而成的。使用传统工艺酿造的米酒深受老百姓的喜爱。

2. 节日里的稻文化

在广西，糯米的种植面积较籼米、粳米小，产量较低，由于其黏性高等特性，通常在节日节庆才会食用。

（1）五色糯米饭。"壮族三月三"、社日、中元节、过年等，壮族人都喜欢制作五色糯米饭。五色糯米饭的制作选用上等糯米，采摘红兰草、黄饭花、枫叶、紫蕃藤等植物的叶子压成汁，浸泡糯米使其染色。五色糯米饭除了节庆食用，也常用于祭祀祈福。

（2）粽子。广西人在端午节、春节、清明节习惯用糯米包粽子。粽子的馅料也十分丰富，主要有绿豆、猪肉、虾米、香菇、板栗等，煮熟的粽子鲜香软糯，有苇叶、蕉叶的清香。

（3）糯米糍粑。糍粑的主要原料还是糯米。在糍粑里加入白糖、花生碎、芝麻碎等馅料，是广西特色风味食品。糯米糍粑同样也可用作祭祀食品，在祭拜时"贡"上糍粑，祈求风调雨顺，期盼生活幸福美好。

如今，美食已经成为广西的一张靓丽名片，承载着八桂大地各世居民族人民过去、现在和将来对美好生活的憧憬。桂林米粉、柳州螺蛳粉、南宁老友粉、荔浦芋扣肉、醋血鸭等菜肴的鲜香酸辣让人精神百倍；白切鸡、白切鸭、白切鹅、鱼生等菜肴传承古代独特的烹制手法，让南来北往的食客尝尽"原汁原味"；纸包鸡、沙蟹汁焖菜、酸粉等美食鲜嫩爽滑、精工细制，有浓浓的"老广"味道。在广西，总有一种味道让人难以忘怀。

学必有问

1. 广西饮食文化有哪些特征？

2. 广西的稻作文化对广西人的饮食习惯有什么影响？

3. 有朋自远方来，你想制作几道桂菜来待客，如果条件具备，你会选择制作哪些菜肴？说说你的理由。

文化大使·我为广西文化代言

【任务描述】

请认真阅读任务情境，完成一篇以介绍家乡传统美食为主题的新媒体文案。

广西山清水秀，人杰地灵。千百年来，广西 12 个世居民族和睦相处，共同创造了富于广西特色的饮食文化，形成了各具特色的饮食习惯。你的家乡一定有一种味道让你难忘，一定有一种食品让你记住乡愁。请你制作一条新媒体推文，向同学们推介你家乡的一种传统美食。

【任务分析】

通过新媒体推介美食已经成为一种风尚。新媒体文案一般由标题、开头、正文和结尾四部分组成。文案的标题设计要吸引眼球，让读者看到标题就想点击阅读，例如"××××，尝一次就是一辈子""××××，让你吃出恋爱的味道"。开头可以选择多种写作手法，如对比、引用（名人名言、数据等）、设问等，吸引读者继续往后阅读，例如"销售收入 182 亿元，同比增长 19.6%——去年柳州螺蛳粉卖出 ××× 亿袋"。新媒体文案的正文部分主要讲述文案主要内容，一般要求语言简洁，通过文字、图片等对所要描述的事物进行精准表达。结尾部分应与开头相呼应，给人"意犹未尽"之感。

【任务要求】

步骤	要求
1. 形成任务小组	形成 6～8 人的写作小组
	确定小组长
2. 分析任务情境	小组研讨任务情境，选定一个地方的传统美食，确定新媒体文案写作思路
	小组代表在课堂上汇报写作思路，教师对小组研讨结果做记录并点评
3. 新媒体文案写作	个人参照写作思路（提纲）完成文案写作

饮食文化

步骤	要求
4. 作品研讨	小组内展示个人新媒体文案写作成果
	小组选出优秀作品及代表参加展示
	教师对小组新媒体文案代表作品进行点评
5. 对演讲稿作进一步完善	个人进一步修改完善新媒体文案
	在课程学习微信公众号展示优秀文案

【任务提醒】

（1）围绕一种地方传统美食进行新媒体文案写作，文案题目可以自行拟定，要求新颖独特，能够激发读者的阅读兴趣。

（2）在介绍美食的过程中，应包含这种美食的产出地（所在地）、发展历史、文化内涵、原材料特点、制作工艺、形色特征、口味口感等内容，让读者通过文案对所介绍的美食有较全面的了解和关注。

（3）文案可以适当配图，以提升文案的可读性。

【任务测评】

任务完成情况和展示环节的评分表

任务编号	5		任务名称	新媒体文案写作（家乡传统美食）	
学生姓名		组别		组内职务	
评测项目			自评	小组评分	教师评分
课堂表现	学习态度（15分）				
	沟通合作（15分）				
	课堂发言（10分）				
文案写作	主题内容（20分）				
	文字表达（20分）				
	图文结合（20分）				
评分结果	小计				
	总分				
学生签字		年　月　日	教师签字		年　月　日

评分标准						
项目		A	B	C	D	E
课堂表现	学习态度（15分）	13～15分	9～12分	6～8分	3～5分	0～2分
		在积极主动、虚心求教、自主学习、细致严谨方面表现优秀，令师生称赞	在积极主动、虚心求教、自主学习、细致严谨方面表现良好	在积极主动、虚心求教、自主学习、细致严谨方面表现较好	在积极主动、虚心求教、自主学习、细致严谨方面表现尚可	在积极主动、虚心求教、自主学习、细致严谨方面均有待加强

评分标准					
项目		A	B	C	D	E
课堂表现	沟通合作（15分）	13～15分 在师生之间具有很好的沟通能力，在小组学习中具有很强的团队合作能力	9～12分 在师生之间具有良好的沟通能力，在小组学习中具有良好的团队合作能力	6～8分 在师生之间具有较好的沟通能力，在小组学习中具有较好的团队合作能力	3～5分 在师生之间具有一定的沟通能力，在小组学习中能够参与团队合作	0～2分 在师生之间沟通能力较弱，在小组学习中参与团队合作较弱
	课堂发言（10分）	9～10分 积极踊跃参与小组研讨，并代表小组回答问题，且表达清晰准确	7～8分 比较积极踊跃参与小组研讨，并代表小组回答问题	4～6分 能够主动参与小组研讨	2～3分 能够参与小组研讨	0～1分 不能参与小组研讨
文案写作	主题内容（20分）	16～20分 主题明晰、有创意，从4～5个角度多面完整展示家乡美食，能有效推介目标	12～15分 主题明晰，从3～4个角度展示家乡美食，能推介目标	8～11分 主题较明晰，从2～3个角度展示家乡美食，能基本推介目标	4～7分 主题较明晰，从1～2个角度展示家乡美食	0～3分 主题不明晰，介绍家乡美食的特点不鲜明
	文字表达（20分）	16～20分 行文流畅，逻辑清晰，能善用、巧用网络语言，能正确使用修辞手法	12～15分 行文较为流畅，逻辑较为清晰，文案语言无明显错误	8～11分 行文较为流畅，基本符合新媒体文案表达要求	4～7分 行文较为流畅	0～3分 未能有效表达
	图文结合（20分）	16～20分 图片内容、文字内容紧紧围绕主题，并且精准、恰当、简洁	12～15分 图片内容、文字内容较好围绕主题，并且比较精准、恰当、简洁	8～11分 图片内容、文字内容基本围绕主题，并且比较精准、恰当、简洁	4～7分 图片内容、文字内容有些偏离主题，并且不够精准、恰当、简洁	0～3分 图片内容、文字内容未能围绕主题，并且不精准、恰当、简洁

饮食文化

第六讲

建筑文化

？○？ 考考你

广西有一座楼阁，它修建于 400 多年前的明朝万历年间，整个楼阁由近 3000 根大小不一的格木构件组成，不用一钉一铆，也没有一个铁构件，历经多次强地震，至今保存完好，从未进行过重建。这座楼阁被著名建筑学家梁思成赞誉为"我国古代建筑史上罕见的明珠"，1982 年成为第二批全国重点文物保护单位。你知道这座楼阁叫什么名字吗？它位于广西什么地方？

教学目标

知识目标

了解广西传统建筑的历史发展，能说出广西传统民居的典型建筑及特点，掌握鼓楼、风雨桥、书院、骑楼等广西经典建筑的特点。

思政目标

通过专题学习深入认识广西传统建筑蕴含的丰富文化价值，体悟广西人民群众的智慧，弘扬广西建筑文化，学习人民群众的创造精神。

专题点击

建筑文化是人类文化的重要组成部分，人类早期以穴居和巢居为主，后来逐渐发展为采用土、石、木、钢等材料来建造居住空间。随着社会生产力和经济水平的发展，人类用自己的勤劳和智慧创造出形式多样、风格独特的建筑，使建筑成为一个地区经济、社会、政治、文化、民族、地理、传统的综合反映。

在八桂这片广袤的土地上，自先秦以来就生活着壮、汉、瑶、苗、侗、仫佬、毛南、回、京、彝、水、仡佬等 12 个世居民族和其他民族。广西传统建筑作为广西历史文化的重要载体，也是广西各民族的精神家园，蕴含着深厚的人文内涵，承载着丰富的时代价值。

一、广西传统建筑的历史发展

在原始社会，广西先民多以天然洞穴为主要居所，后来人们发现在树上"依树积木"

的巢居不仅通风散热，还能躲避毒蛇猛兽的侵扰，于是巢居成为新石器晚期出现的一种新的居住形式。随后，广西先民又从巢居发展到构建干栏式建筑居所。

在南方远古部落里，"干栏"指的是"上面的房子"。干栏多为两层建筑，上层住人，下层圈养牲畜和存放农具。考古发现，在距今7000～8000年的新石器时代，今南宁邕宁区的顶蛳山遗址、桂林资源县延东乡晓锦遗址和灌阳县的五马山遗址都发现有干栏式建筑柱洞的痕迹。由此可见，干栏式建筑是广西最早且最具特色的古代建筑形式。

战国以后，中原地区的夯土技术、砖瓦技术以及建筑结构逐渐传到岭南，广西开始出现地居式的建筑结构。

秦汉时期，随着秦朝岭南三郡的设立，人口大量聚集，出现了聚居村落、城镇建筑，并且已经有了一定规模和发展。在桂北的兴安县、全州县、灌阳县、荔浦县，桂东北的贺州八步区，桂中的武宣县，桂南的合浦、北流、宾阳等地城镇遗址中，发现了四角六楼城堡、各式屋顶、花窗纹样等，建筑造型多姿多彩，内部结构日趋复杂。如兴安灵渠航运水道工程体系仍基本保留了秦代形制，沟通了湘江和漓江，联系了长江和珠江两大水系，成功入选了2018年世界灌溉工程遗产名录，这也是广西现存最早的建筑实例。

隋唐时期，城镇建设和建筑有了进一步发展。现存城镇遗址有30多处，比较著名的有桂林木龙洞石塔、柳州的灵泉寺。

宋元时期，广西城镇建筑处于蓬勃发展的时期，已发现的建筑遗迹有20多处。虽然保存完整的建筑比较少，但是从仅存的部分城墙和城门可以看到建筑技术的进步和发展。

明清时期的广西古建筑留存下来的比较多，迄今发现明清城镇遗址有近80处，还有南宁昆仑关、凭祥友谊关、兴安古严关等关隘遗存。军事设施中以地处中越边境的连城要塞最为著名。明清时期遗留下来了很多亭台楼阁，如南宁扬美古镇魁星楼、全州燕窝楼、容县真武阁、合浦大士阁、忻城三清阁等。衙署官邸以明清时期的忻城莫氏土司衙署为代表。现存的祠堂、书院、会馆多为清代建筑。其中，靖江王城坐落于桂林市漓江西岸，是明朝藩王靖江王朱守谦的藩王府，始建于洪武五年（1372年），靖江王城外围有国内保存最完好的明代城墙。

据2007—2011年开展的第三次全国文物普查统计，广西现存的秦代至清代的古建筑有3600多处，清末至现代的近现代重要史迹及代表性建筑有2300多处，历史建筑文物点达6000处，分布遍及广西各地。其中，纳入全国重点文物保护单位的有兴安灵渠、桂林靖江王府、容县经略台真武阁、合浦大士阁等古建筑42处，列入自治区文物保护单位的有南宁新会书院、阳朔桂仙桥、崇左斜塔等130多处。

二、广西传统民居

传统民居建筑是可供人们栖息和活动的实体空间，也称住宅、居室。它不仅是人们栖息、遮阳、避雨、御寒的住所，也是人们聚财、纳福、防兽、攘灾的安全庇护所。

广西传统民居主要分为干栏式建筑和地居式建筑。如果说干栏式建筑是为了适应广西独特的气候条件，是自然选择的结果，那么地居式建筑则是生产力提高后，各民族相互交流和影响的产物。

（一）干栏式建筑

干栏式住宅主要分布在中国西南部的云南、贵州、广东、广西等地区，是壮族、傣族、景颇族等民族的住宅形式。干栏式传统民居与北京的"四合院"、陕西的"窑洞"、客家的"围龙屋"、云南的"一颗印"被誉为中国最具乡土风情的五大传统民居。

干栏一般由竹、木等构成，底层架空，用来饲养牲畜或存放农具等，上层住人。广西"八山一水一分田"，多山地、丘陵，平原和盆地面积较小，气候温暖潮湿，河流众多，森林繁盛，植被覆盖率高，多雨水，山林地区植物茎叶腐败后经日照地下湿气不断蒸发，瘴气加重。干栏式建筑结构，是八桂先民因地制宜，最大程度躲避亚热带地区毒蛇猛兽以及瘴气侵袭的自然选择，其建筑布局、整体结构及功能特征反映了壮族等少数民族对自然环境的适应能力。

1. 干栏式建筑式样

干栏又称高栏、阁栏、麻栏，所用材料和式样因地而异。山区地区，干栏主要是木质结构，即楼板、外墙都用木板合成，支柱下垫大石头。平坝地区，干栏多为砖石结构，除了楼板和隔墙用木板外，四周墙壁用砖石砌成，屋顶盖瓦。缺少石料的地区则用三合土舂实成墙，它比木结构牢固、耐火，又比砖石结构容易建造。

各地干栏式样不尽相同。有的三间一幢，一明两暗；也有五间一幢的，正中三间与三间一幢的模式相同，其他两间通常开一小门，以便出入。在每幢房子的正门或偏侧一般还有用竹木搭成的晒台，可供晒谷、堆物和休息之用。从地面进入大门需要爬阶梯。

长期以来，干栏式建筑依地势而建，可以满足聚居村寨的居住需要，形成自然村舍。干栏式建筑坐落于山涧溪流之中，别具一格，富有南国山寨风情。根据地势的不同，其又可以分为串联式、并联式、梯田式等。

干栏式建筑无论在选址、建造还是在造型结构、空间分隔、附属构件的配置等方面，即使用现代的居住标准来衡量，或者用现代美学来审视，无不显示出鲜明的地方特色和群众的创造智慧，是广西各民族先民智慧和创造的结晶。

2. 广西干栏式建筑典型代表

龙脊古壮寨位于桂林市龙胜各族自治县和平乡的东北部，距龙胜县城约21千米，距桂林市区约 76 千米。古壮寨包括廖家寨、侯家寨、平段和平寨 4 个壮族村寨。

龙脊古壮寨修建于明朝年间，至今至少有 430 年的历史。龙脊古壮寨拥有广西乃至全国保存最完整、最古老、规模最大的壮族干栏式吊脚木楼建筑群，其中有 5 处木楼已经有超过 100 年的历史，最老的木楼已有 250 年。

村寨内还保存着几户人家连在一起的壮族连屋，古风古韵，极具壮族建筑代表性。传统的龙脊壮族干栏式建筑为全木结构，平面呈长方形或曲尺形，高大宽敞，造型规整对称，立木为柱，穿梁架檩，铺板为楼，合板为墙，采用立柱与穿斗结构。由于多辟坡而建，房基的面积受到地形限制，为了有效利用有限的地基，尽可能扩大居住层的空间，壮族工匠应用杠杆原理，将居住层和阁楼下的木穿通过前檐向外延伸，然后在木穿末端卯入一根底部悬空的木柱，并在木穿上铺钉板块，使楼层随之外延，外伸的楼层下悬空，屋檐下用吊瓜瓜头做灯笼状雕刻，这便是鲜明的壮族"吊脚楼"。

古壮寨与周边的龙脊梯田相得益彰，被称为壮族历史文化和民俗风情的百科长廊，2013 年建立了"龙脊壮族生态博物馆"，龙脊古壮寨入选"中国少数民族特色村寨"和"中国传统村落名录"。

（二）地居式建筑

广西原是百越民族的聚居地，而北方民众多次南迁入桂，给广西带来中原文化和习俗的同时，也将中原地区传统建筑文化传入广西。早期的广西先民以干栏式建筑为主体，随着生产力水平的提高，加上人类活动范围的扩大，地居式建筑逐步成为主要的建筑样式。

广西地居式建筑造型规整，讲究对称，主次分明，强调纵横水平位置的功能分区，出于纳凉保暖、防风避沙以及防御等方面的考虑，一般会建成院落式、天井式的结构。一般来说，广西地居式建筑可以分为广府式民居、湘赣式民居、客家民居。

1. 广府式民居

广府式民居是典型的岭南建筑风格，通常指的是珠三角地区、粤西地区的建筑，"广府"一词也被用于称呼岭南地区使用粤方言的汉民系。广西各地的公共建筑或多或少地受到广府式建筑的影响，其中与广东西部相邻的桂东南地区受到的影响最为明显。

广西的广府式民居的基本形制多为"三间两廊"的小型"三合天井"模式，"三间"，指的是中间的厅堂和两侧次间的居室；"两廊"，指的是左右廊，左廊多为厨房，右廊开门一般与街道相通，为门房。"三间两廊"虽然广为流传，但也出现了多开间的民居式样，现存于世的广府民居更多的是规模较大的宅院和由这些宅院形成的聚落。玉林市兴业县的庞村古建筑群就是广府式民居的典型代表。

庞村古建筑群位于玉林市兴业县石南镇，距县城 2.5 千米。庞村始建于乾隆四十一年（1776 年），后经大规模扩建，至晚清基本定型。现存古民居群共有 34 座，总面积

25000 平方米，保存较好的有 17 座，是桂东南地区规模较大、保存较完好的清代古建筑群。

庞村的村落宅第与宗祠大多朝向东南，平面形制大多为五开间以上，甚至有七开间的。进深方面，则单进、两进、三进均有。建筑山墙为"人"字形，沿墙边和屋脊装饰，柱墩采用经典的广府花瓶样式。檐下与山墙边均有灰塑或彩绘，题材以花卉、树木、鸳鸯、仙鹤、鹿等珍禽瑞兽为主，檐口和窗楣均有精美雕刻，一般有盘龙、翔凤、喜鹊、如意、八宝等。庞村最有名的是位于建筑群西北端的将军第，因梁氏子孙梁毓馨晋升武功将军而得名。将军第南向、七檩、三进、两天井，整体设计为歇山顶官装设计。第中雕梁画栋，彩画金饰，气宇宏伟，装饰豪华。将军第最具特色之处在于每房暗设阁楼，楼阁相互通联，门闩暗设塞子，如不熟悉情况则无法打开。其设计之精巧令人赞叹。

2019 年 1 月，庞村入选第七批中国历史文化名村，2019 年 6 月列入第五批中国传统村落名录。

2. 湘赣式民居

湘赣式民居是湖南、江西一带的移民进入广西后出现的，多分布在桂北地区。广西湘赣式民居在平面上是典型的南方天井式民居，基本可以分为一进一天井、一进双天井和在此基础上的纵横拼接组合而成，其建筑结构主要是穿斗式木构架承重。桂林市灵川县江头村就是湘赣式民居的典型代表。

灵川县江头村位于桂林市灵川县九屋镇甘棠江畔，距桂林市区 32 千米。村里有 180 余座 620 多间砖瓦结构民居，其中 60% 以上属明清时期建筑，保留了历史街巷、民居、门楼、牌坊、祠堂、古井、古桥等传统建筑形式，其拥有庞大的明清时期古建筑群，被誉为"中南第一村"。

江头村是北宋著名理学家周敦颐的后代以爱莲文化为核心而建的村落。相传在明朝洪武年间，周敦颐的后裔从湖南道县迁到这里居住，距今已有 650 多年的历史。该村至今仍保存有门第匾额和皇帝诰封挂匾 200 多块，包括"秀才街""举人巷"等。据初步统计，明清以来，该村先后有 200 余人考中秀才，160 多人出仕，受朝廷诰封 30 余人，故江头村素有"才子村""百年清官村"等名誉。

爱莲家祠是江头村周氏的宗祠，是宗祠、私塾合一的典型代表。爱莲家祠始建于清朝光绪八年（1882 年），其名爱莲取自先祖周敦颐名篇《爱莲说》，宗祠的柱、梁、枋均着黑色，象征着淤泥；四壁、楼面、窗棂用红色，象征鲜艳的莲花。爱莲家祠是一个两进五开间的建筑，在南北中轴线上依次是门厅、天井、中厅、大天井、上厅、半天井。上厅"文渊楼"专门设置周氏子弟和生员的书塾与寝堂，突出诗书传家的主题。半天井的设置增加了正厅的通风和采光，为书塾创造了良好的学习环境。祠堂里依旧挂着治家报国的《周氏家训》和一幅幅字画，还有周敦颐本人的画像，用来警示后人"规行距步""立身厚道""尊老爱幼"以及"出仕为宦，官清吏瘦；摄职从政，报国为民"，其意义之重大，愈久弥新。

江头村于 2006 年入选全国第六批重点文物保护单位，2012 年入选住房城乡建设部、文化部、财政部第一批中国传统村落名录。

3. 客家民居

在桂东南、桂中、桂东地区客家人的主要聚集区则形成了聚族而居的传统和以土为主要建材的建筑文化。广西客家建筑以堂横屋最为常见，其中贺州江氏客家围屋是广西保存最为完整的堂横屋。

江氏客家围屋位于贺州市八步区莲塘镇仁冲村，距贺州市区 11 千米，始建于清朝乾隆末年。江氏先祖原籍河南淮阳，为躲避战乱于宋代举家南迁，先定居广东长乐，清朝道光年间辗转来到仁冲村谋生。现在可见的江氏客家围屋是由江氏后人三品朝官江海清出资建设的，围屋占地面积超过 2 公顷，现今仍聚居着 32 户近 200 人，体现了客家人聚族而居的居住特点。

江氏围屋坐东北朝西南，四堂六横格局，建筑主体宽 87 米，深约 50 米，占地面积 23 亩，共有 16 个天井、厢房 132 间。建筑主体前有弧形高墙围起来的巨大晒谷坪，围屋院门位于弧形围墙的南侧，院门上方书"淮阳第"三字，左右为"淮阳源远，世代流芳"的楹联，体现江氏南迁不忘本的品格。建筑主体四进堂屋均为五开间结构，沿中轴线由西向东依次布置下厅、中厅、上厅和祠堂，地势前低后高，寓意"步步高升"。江氏客家围屋由井字形纵横交错的房、堂、廊组成，四进堂屋紧密相连，厅与廊相连，廊与房相通，布局合理，错落有致。各进天井尺寸也较平均，天井两旁的厢房大小一致，其分配严格按照先长后幼的尊卑次序及"以东为尊"的传统习惯来安排住所。即辈分越大，住所位置越靠近厅堂乃至上厅；辈分小的，则分住在靠近下厅的位置乃至外围。屋中房间虽多，但透光、通风性好。整个围屋的排水系统也设计科学，不管多大的雨水，屋内不曾有过积水。围屋还设置了瞭望台等防御系统，易守难攻，有"江南紫禁城"之称。

江氏客家围屋是典型的客家建筑文化和艺术的结晶，充分体现了古代客家人的聪明才智，2019 年 10 月被列入第八批全国重点文物保护单位名单。

三、广西经典传统建筑

由于历史及自然原因，广西遗留下来的古代建筑主要集中在明清时期，包括侗族鼓楼、侗族风雨桥、容县真武阁、书院、骑楼等经典建筑。

（一）侗族鼓楼

有侗寨必有鼓楼，鼓楼是侗寨的标志，是侗族人民的精神高地，他们把鼓楼比作"寨胆"，视为"寨魂"。

侗寨鼓楼都悬有一面牛皮长鼓，以前村寨里有大事要事，就登楼击鼓，召集群众商议。鼓楼现在仍然是侗族人民议事的会堂，平时则是村民社交娱乐和节日聚会的场所。每逢

八桂文化

节日，侗寨男女老幼便欢聚在鼓楼前"踩歌堂"或看侗戏。广西最著名的鼓楼当属三江马胖鼓楼。

马胖鼓楼位于柳州市三江侗族自治县八江乡马胖村磨寨，距县城 25 千米，始建于清代，后历经几度重建，1943 年重修。马胖鼓楼高约 20 米，底宽 11 米，共 9 层，层层飞檐，檐下绘民族图案，楼内设置一面长形大鼓，正厅板壁描绘美丽的侗乡风光，是三江境内较大的鼓楼之一，为榫卯结合的殿式塔形木结构建筑。

马胖鼓楼整体呈宝塔形，由 4 根长 13 米、腰围近 2 米的大杉木组成长方形支柱，外加小柱和飞檐，层层叠穿而成。楼高 15 米，宽 11 米，共 9 层。楼檐雕龙绘凤、画花饰锦、细致精美。马胖鼓楼全用杉木凿榫衔接，没有一颗铁钉。修建此楼的工匠为当地侗族建筑师雷文兴。侗族建筑师们在建造楼、桥和民居时不用一张图纸，整个结构烂熟于心，仅凭简单的竹签为标尺，靠独特的"墨师文"为设计标注，使用普通的木匠工具和木料就能制造出样式各异、造型美观的楼、桥，设计之精巧，造型之美观，令人叹为观止。

1962 年，马胖鼓楼被列为广西壮族自治区重点文物保护单位，2005 年提升为全国重点文物保护单位。2006 年 5 月，侗族木构建筑营造技艺经国务院批准被列入第一批国家级非物质文化遗产名录。

（二）侗族风雨桥

风雨桥又称花桥、福桥，流行于南方部分地区，整体由桥、塔、亭组成，全部用木料筑成，桥面铺板，两旁设栏杆、长凳，桥顶盖瓦，形成长廊式走道。塔、亭建在石桥墩上，有多层，檐角飞翘，顶有宝葫芦等装饰，被称为世界十大最不可思议桥梁之一。因为行人过往能躲避风雨，故名风雨桥。

广西的风雨桥是一种集桥、廊、亭三者为一体的桥梁建筑，采用榫卯结合的梁柱体系连成整体。这种桥由下、中、上三部分组成，下部为桥墩，中部为桥面，上部为廊亭。廊亭木柱间设有座凳栏杆，栏外挑出一层风雨檐，既增强桥的整体美感，又保护桥面和托架。桥架就放在桥墩上面，而桥墩与桥台之间没有任何铆固措施，只凭桥台和桥墩起着架空的承台作用。广西最著名的风雨桥当属三江程阳风雨桥。

三江程阳风雨桥坐落在柳州市三江侗族自治县林溪河上，是国家 AAAA 级旅游景区程阳八寨的核心景点，被誉为世界十大最壮观桥梁之一。

程阳风雨桥建于 1912 年，为石墩木结构楼阁式建筑，是一座四孔五墩伸臂木梁桥，其结构为两部分，分别是桥墩和桥身。桥墩底部用生松木铺垫，用油灰黏合料石砌成菱形墩座，上铺放数层并排巨杉圆木，再铺木板作桥面，桥面上盖起瓦顶长廊桥身。墩台上建有 5 座塔式桥亭和 19 间桥廊，亭廊相连，浑然一体，十分雄伟壮观。桥面架杉木，铺木板，桥长 64.4 米，宽 3.4 米，高 10.6 米，桥的两旁镶着栏杆，好似一条长廊；桥中有 5 个多角塔形亭子，飞檐高翘，犹如羽翼舒展；桥的壁柱、瓦檐雕花刻画，桥上还设有长凳供人憩息。整座桥雄伟壮观、气象浑厚，仿佛一道灿烂的彩虹。它的惊人之处在于整座桥梁不用一钉一铆，大小条木凿木相吻，以榫衔接，全部结构斜穿直套、纵横交错。

程阳风雨桥是侗族规模最大、造型最美观、民族特色最浓郁的一座风雨桥，是世界四大历史名桥之一，1982 年被列为国家重点文物保护单位。

（三）容县真武阁

容县真武阁原理

容县真武阁，位于广西玉林市容县东外街 57 号，建于明万历元年（1573 年），已有 400 多年的历史，至今保存完好，从未进行过重建。

真武阁原为奉祀道教真武大帝以镇火灾而修建，建筑中巧妙利用了当地壮族、瑶族的穿斗式木构架形式，形成了全国罕见的底层架空阁楼建筑。真武阁的阁身为三开间，进深一开间，阁高 13.2 米，面宽 13.8 米，进深 11.2 米。全阁采用混合式木构架，全楼上下用近 3000 条格木构件组成，通过榫卯连接成为整体。

真武阁共分为三层，第一层有落地柱 20 根，坐落在经略台的石柱上。不同于现代建筑讲究打地基浇制圈梁，20 根圆木直接竖立在露出地面的 20 个圆石墩上。第二层有 4 根大内柱，穿过第三层的楼板直达上层，与阁身的檐柱、穿枋、短瓜柱、斗拱等共同沉重荷载，但 4 根大内柱的柱脚都悬空不落地，柱脚离地板有 2 厘米左右的距离，手指能从悬空柱子的底部穿过。

为了打破"下大上小"的传统型塔形构造，建筑师们将楼阁的底层全部架空，把巨大的重量支撑在垂落的 20 根木柱上。在直立的 20 根柱子中有 8 根直通顶楼，这 8 根大柱承担了楼阁的全部重量，另外 4 根悬空的柱子则是依靠穿过檐柱的横梁与从四角伸出的斗拱、瓦檐相互支撑，以楼角的檐柱为支点形成了重心平衡，增加了楼层的稳定性。这种高妙的力学结构运用也被视为整座楼阁最为精巧、最令人惊叹的部分。

这座被誉为"天南杰构"的真武阁，400 多年来经历了多次地震和特大暴风雨的袭击，仍岿然不动、安然无恙。1962 年，我国著名古建筑学家梁思成在考察真武阁时发现它的结构罕见，指出"在木结构建筑中，乃至现代任何金属建筑中，主要依靠这种杠杆作用来维持一座建筑的平衡是从来没有看见过的"，向世人揭晓了真武阁的奇妙结构和优美造型。

此外，真武阁精妙的创意还表现在建筑形态上。真武阁共分三层，按照古代建筑的常规形式，每层的斗拱一般均无多大差异，然而真武阁则不然，每层斗拱都不一样，如底层是如意斗拱，二层为插拱，三层为带有下昂的斗拱。又如在二层楼挑檐，在三层楼看似"重檐"，其实也是挑檐。虽说真武阁是一座三层建筑，其实更像是一座单层建筑拥有三层重檐。真武阁四四方方呈一座方塔形状，黄瓦宽檐，檐角精雕云龙，口滚金珠，凌空欲出；阁顶塑有龙头，雕有麒麟，平添出几许的豪放和潇洒。这座以"杠杆结构"驰誉建筑界的真武阁，是古人崇尚自然，渴望与天地交流，从而获得精神升华的建筑物。

1982 年 2 月，真武阁入选为第二批全国重点文物保护单位，2017 年 8 月被批准为国家 AAAA 级旅游景区。

（四）书院

书院是唐朝时期兴起的一种民间教育机构，对民智的开启、文化的传播起到了十分重要的作用。书院一般由当地乡绅、商贾、学士名流发起筹建。这些人有学识、有财力、有德行，在当地有一定的威望和号召力，有效弥补了官方教育力量的不足。

书院作为一种教育机构，是士子和学者读书、修行、讲学、自习、著述、休憩、生活和祭祀先贤的场所。广西的书院始建于南宋绍兴年间，迄于民国时期，前后存在近800 年。由于讲学、藏书和祭祀先贤被看作是书院的"三大事业"，因此与之相应的讲堂、藏书楼和祠堂即成为书院的主体建筑。同时，书院兼有生活、游憩及面向社会的文化学术交流等多项功能，是一个开放的多功能综合体。

1. 恭城文庙

恭城文庙坐落于桂林市恭城瑶族自治县城西山南麓，是广西保存最完整的孔庙，被列为广西壮族自治区重点文物保护单位，也是广西规模最宏大、装修最华丽、保存最完整的宫殿式明清建筑，有"华南小曲阜"之称。

恭城文庙始建于明朝永乐八年（1410 年），初建于恭城东，嘉庆五年（1800 年）迁今址，占地 3600 平方米，建筑面积为 1300 多平方米。建筑布局依次为照壁官墙、礼门、义路门、棂星门、泮池和状元桥、左右碑亭和东西厢房、大成门、名宦祠、乡贤祠、东西庑殿、露台、大成殿、崇圣祠，分六个台阶依山而建，门、院、殿宇贯穿在一条中轴线上，左右对称、层次分明、布局严谨。恭城文庙红墙黄瓦隐在绿水茂林间，气势恢宏、巍峨雄伟，与山东曲阜、北京和台北的孔庙合称为"全国四大孔庙"。

2. 田东经正书院

田东经正书院位于百色市田东县平马镇南华街 91 号，始建于光绪三年（1877 年），占地面积 7336 平方米，建筑面积 914 平方米，是明末清初右江一带最具规模的书院。

光绪二年（1876 年），恩隆县（今田东县）知县陈如金在田州府初行"改土归流"，亟须培养大量人才，于次年向民间借民舍，开办书院招收学员，取名"经正"。因报名的生员人数太多，陈如金发动大商号和乡亲民众共同捐资建，院舍于 1877 年冬始建，1878 年落成。后由于科举制度废除，于清光绪三十二年（1906 年）改为县立小学堂。在第二次国内革命战争时期，经正书院成为右江工农民主政府驻地，邓小平、张云逸、韦拔群等老一辈无产阶级革命家曾在此留下光辉足迹。1963 年，国家拨专款进行修缮、复原。

经正书院整体平面规整，属于寺庙式书院，既突出了书院以讲学为中心的教育功能，又宣扬了书院尊师重道的传统精神。书院坐北朝南，为三间二进式院落布局，中轴上依次为门厅、讲堂、后院房，其中讲堂前左右对称布置十间厢房（学舍），围合成第一进合院，形成了相对独立和安静的学习空间。

书院整体非常朴实，没有繁复的装饰和夸张的细部，门厅、讲堂梁架与厢房、后院梁架虽同为木构架，却又稍有不同。门厅和讲堂梁架采用典型的圆木做直梁，采用插梁式木构架；厢房、后院房采用大叉手木构架。这样既凸显了建筑单体在建筑群中的地位不同，又展示了壮族、汉族建筑技艺的融合。

1929 年 12 月至 1930 年 3 月，右江工农民主政府驻在该处，今为纪念馆，1996 年被列为全国重点文物保护单位。

3. 浦北大朗书院

大朗书院位于钦州市浦北县小江镇平马中心校内，距县城约 3 千米，始建于光绪二十五年（1899 年），与东南向约 100 米的伯玉公祠都是由地方绅士宋安甲筹资创建的，同为自治区级文物保护单位。大朗书院是浦北县仅存的一所古书院，是客家文化与当地文化不断交流融合的产物，具有中原建筑文化和岭南建筑文化相交融的建筑风格。

大朗书院坐北向南，布局紧凑，为中轴对称的单路三进三开间东西辅房式合院建筑群，占地面积 5160 平方米，建筑面积 1800 平方米。从门楼至后座地平逐步抬升，以附会步步高升的寓意。书院中轴的建筑为两层，两侧辅房为一层，皆采用悬山屋顶，硬山搁檩式木构架。四角为讲学堂，右侧为花园，左侧为食堂，前门有广场和鱼塘（钓鱼池），内设 5 个讲学堂、2 个书库、17 间宿舍。书院采用砖、瓦、石、木的传统结构与小型园林风格相结合，高雅别致。室内及前檐雕花、雕龙刻凤，别具一格。在正门上方，花岗岩阴宋体"大朗书院"匾额依然清晰可见，两旁嵌挂有"大成声振尼山铎，朗润文方浦水珠"的对联。院内共有方石柱 10 根，圆形南木柱 4 根，全部阳刻有"大朗"字头的对联，在书院的顶梁则雕刻有建院时间。

如今，浦北县已将大朗书院融入"客家文化村"景区中，以保存完好的古建筑和翔实的实物系统介绍了以古越州为中心的客家文化。修整后的大朗书院有进士展厅、书院文化陈列厅、文武曲星展厅、文房四宝展厅、书院文化发展史展厅、浦北教育文化发展史展厅、浦北县 16 所书院展厅、3D 影视厅及古代科举考试体验室，是浦北近代教育文化的缩影。

（五）骑楼

骑楼建筑是岭南及东南亚普遍采用的一种建筑形式。楼高一般为三到四层，临街店铺二楼以上的部分明显突出，远看就像"骑"在人行道上，故有"骑楼"之称。骑楼的沿街檐廊是结合南方潮湿多雨的气候特点而建造的，既可以替行人遮阳挡雨，又可以为商铺营造出一个舒适的环境，显出商家热情待客的经营之道。广西的骑楼主要集中在东部城市，比较著名的有梧州骑楼、北海骑楼、南宁骑楼。

1. 梧州骑楼

梧州骑楼位于梧州市河东老城区，现存骑楼街道 22 条，总长 7 千米，最长街道达 2530 米，骑楼建筑 560 幢，其规模之大、数量之多国内罕见，是名副其实的"中国骑楼博物城"。

连绵成片的骑楼是梧州"百年商埠"昔日峥嵘岁月的见证。1897 年梧州辟为通商口岸后，骑楼城雨后春笋般拔地而起。1924 年 11 月 30 日，梧州遭遇特大火灾，七成梧州民居在大火中毁于一旦。火灾后，梧州商埠局决定拆城筑路，扩大城区，并独创性地采用了骑楼建筑模式。

梧州的骑楼建筑主要是前铺后宅、下铺上宅、住商合一。楼下是人行交通通道，骑楼建筑柱廊外侧是车辆交通通道。骑楼的背后是内街，民宅大门一般开向内街，内街是居民交往的公共大厅。这种有层次的沿街檐廊复合空间大大满足了市民日常生活的丰富性和空间使用功能的多样性。

梧州骑楼最大的特色是水门和铁环。沿街骑楼的二楼外墙通常设有铁环和水门，这是专供洪水上街时方便楼上居民出入用的。以前洪水上街大家并不惊慌，水漫至门口垫几块砖，接着做生意或聊天。水漫二楼，大家将船系于铁环，出行时以船代步，从容不迫。

在骑楼的外观上，可以看到花窗、砖雕、牌坊等代表性的中国建筑语言。另外，梧州骑楼受外来经济文化影响大，可以看到罗马柱、圆拱形窗、穹雕等典型的西方建筑语言。中西文化在骑楼上水乳交融、和谐共存，凝聚着历史的沧桑，至今仍散发着文化的魅力。

2. 北海骑楼

北海骑楼，位于北海老街的中山路和珠海路。1862—1884 年，北海口岸开放，英法德等许多国家开始在北海市建造领事馆、海关、洋行、学校、医院、教堂等西式建筑。

北海骑楼的街道宽度通常为 9 米左右，每幢骑楼的朝向和长度不一，但结构分三段：下段为约宽 4 米的走廊列柱，中段为楼层，上段为檐口或山花；檐口和窗楣处装饰有花纹或浮雕。北海骑楼的大部分商铺多为土瓦、木门面、墙头出挑、凹阳台、卷棚，有的门头或楣额画花描草、缀以木雕等，极具民族风情。北海骑楼最显眼的是欧式廊柱、砖檐瓦角、琉璃、古灯笼和老字号招牌，融合了哥特式、文艺复兴式和巴洛克式建筑的元素。北海的骑楼建筑是中原文化、南洋韵味和西洋风物相互交融的产物。

3. 南宁骑楼

骑楼于 20 世纪初开始传入南宁，解放路、中山路、兴宁路步行街都是南宁骑楼的典型代表。

南宁骑楼建筑风格和样式丰富多彩。有的骑楼采用多重瓦檐，使用青色琉璃筒瓦，四角翘起；有的骑楼采用木结构，四角立木柱，一通到顶，四面通透，外加清水墙盖小青瓦，显示出中国传统建筑的古朴。

2013年，邕江边新建一条骑楼造型的观景走廊。仿建的风情骑楼从邕江北岸桃源桥到凌铁桥段，总长1.02千米，结合原状建筑物的立面，增加了女儿墙、屋檐、屋顶坡面、窗套等，运用了具有地方民族特色的建筑元素和符号，如今这里已是市民熟知的休闲娱乐场所。近来新投入使用的南宁东站也有骑楼的影子，从外观看，南宁东站的基座采用廊桥造型，与上部柱廊相呼应，体现了骑楼的特点。

四、广西建筑文化的传承与发展

广西传统建筑不论是干栏式建筑还是地居式建筑，都凝聚着广西不同时代的先辈们在与自然的互动和斗争中积累的智慧，承载着丰富的历史信息和宝贵的文化资源，具有重要的历史文化价值、建筑艺术价值、科学技术价值，体现出鲜明的特征。

（1）广西传统民居式样与广西地形地貌及气候相适。例如桂西北地区多用穿斗式木构架，桂西南地区多用打叉手木构架，广西民居在各区域形成了各自的特点并保留和传承下来。

（2）广西干栏式建筑和中原地居式建筑融合发展。战国以后，广西地区宅第、宗祠、寺庙、书院、会馆、土司衙署、亭台楼阁等公共建筑多受到移民迁出地的影响，其形制、木构架和装饰都有明显的中原建筑文化痕迹。而来自中原移民聚居区的建筑也受到广西世居少数民族干栏式建筑的影响，呈现半干栏式"在地化"的演变。

（3）广西传统建筑兼容并蓄、形态多样。广西的传统建筑在同一地域可以呈现不同的民族风格，某些建筑也受到几种建筑风格的影响，形成了别具风格的骑楼、风雨桥、鼓楼等。同一类型建筑在不同的地域，在与当地的文化相互交融的过程中，又呈现出不同的建筑特点。

近年来，广西相关部门坚持历史文化遗产保护与传承并重的理念，加大对历史建筑的保护力度，积极探索对历史建筑文化遗产的活化利用，传承和弘扬广西传统建筑文化的精华。例如在推进和谐乡村建设过程中因地制宜，挖掘运用广西干栏式建筑文化中蕴含的人与自然和谐相处等文化因素，传承历史文脉，彰显桂风壮韵，让广西的乡村与山水同美。

学必有问

1. 作为中国最具乡土风情的传统民居之一，广西干栏式传统民居具有哪些鲜明的特点？

2. 广西真武阁历经400多年屹立不倒的原因是什么？

3. 广西鼓楼、风雨桥等传统建筑广泛运用榫卯结构，你能说说榫卯结构有什么特点吗？

文化大使·我为广西文化代言

【任务描述】

请认真阅读任务情境，分组设计一份500字左右的三江侗族风雨桥的导游词。

由广西壮族自治区党委统战部、共青团广西壮族自治区委员会主办的"桂港澳青少年交流计划"广西特色考察活动已经连续举行了几届，活动旨在通过实地考察和体验广西特色民族文化，加深相互了解，扩大桂港澳三地青少年"朋友圈"，促进区域经济文化交流发展。今年计划实地打卡柳州三江侗族风雨桥，请为主办方设计一份柳州三江侗族风雨桥的导游词，重点推介广西侗族民间工匠的建筑技艺和非遗文化。

【任务分析】

一篇完整的导游词，其结构一般包括开场白、概括介绍、重点讲解、结束语四个部分。具体内容包括：

（1）开场白：包括导游的自我介绍、对游客的问候和欢迎、景点的简单介绍、游览注意事项等。

（2）概括介绍：总体介绍旅游景点的位置、范围、地位、意义、历史、现状和发展前景等，目的是帮助游客对景点先有个总体了解，引起游览兴趣，犹如"未成曲调先有情"。

（3）重点讲解：根据景点的特色，从景点成因、历史传说、文化背景、审美功能、背后的文化故事等任选2～3个方面进行详细的讲解，让游客对景点有一个全面的了解和认识。

（4）结束语：包括总结旅游情况、感谢游客配合、表示祝福等。

【任务要求】

步骤	要求
1. 形成任务小组	形成10个任务小组，每组人数根据班级实际人数情况而定
	确定小组长
2. 分析任务情境	小组研讨任务情境，搜集资料，分析柳州三江侗族风雨桥文化内涵
3. 完成导游词写作	小组合作完成一篇导游词的撰写，要求结构完整、表述规范、引人入胜
4. 导游词展示	小组代表上台完成导游词展示，教师对小组研讨结果记录并点评

【任务提醒】

1. 导游词要避免千篇一律，要注意运用神话、传说，有故事才能吸引游客，文字要生动有趣。

2. 导游词讲究详略得当，抓住最主要的特点，突出景点的特征和与众不同之处，突出讲解游客感兴趣的内容，突出景区之最。

3．在讲解过程中语速不宜过快，切勿背书式地讲解，要抑扬顿挫、绘声绘色。

【任务测评】

任务完成情况和展示环节的评分表

任务编号	6		任务名称		三江侗族风雨桥的导游词	
学生姓名		组别		组内职务		
评量项目			自评	小组评分		教师评分
课堂表现	学习态度（15分）					
	沟通合作（15分）					
	当众发言（10分）					
导游词写作	导游词内容（15分）					
	文字与格式（15分）					
导游词展示	展示形式（15分）					
	展示效果（15分）					
评分结果	小计					
	总分					
学生签字		年　月　日	教师签字			年　月　日

评分标准						
项目		A	B	C	D	E
课堂表现	学习态度（15分）	13～15分	9～12分	6～8分	3～5分	0～2分
		在积极主动、虚心求教、自主学习、细致严谨方面表现优秀，令师生称赞	在积极主动、虚心求教、自主学习、细致严谨方面表现良好	在积极主动、虚心求教、自主学习、细致严谨方面表现较好	在积极主动、虚心求教、自主学习、细致严谨方面表现尚可	在积极主动、虚心求教、自主学习、细致严谨方面均有待加强
	沟通合作（15分）	13～15分	9～12分	6～8分	3～5分	0～2分
		在师生之间具有很好的沟通能力，在小组学习中具有很强的团队合作能力	在师生之间具有良好的沟通能力，在小组学习中具有良好的团队合作能力	在师生之间具有较好的沟通能力，在小组学习中具有较好的团队合作能力	在师生之间具有一定的沟通能力，在小组学习中能够参与团队合作	在师生之间沟通能力较弱，在小组学习中参与团队合作较弱
	当众发言（10分）	9～10分	7～8分	4～6分	2～3分	0～1分
		积极踊跃参与小组研讨，并代表小组回答问题，且表达清晰准确	比较积极踊跃参与小组研讨，并代表小组回答问题	能够主动参与小组研讨	能够参与小组研讨	不能参与小组研讨

第六讲

建筑
文化

八桂文化

		13～15分	9～12分	6～8分	3～5分	0～2分
导游词写作	导游词内容（15分）	能从外形、色彩、构造、发展历史、建筑特色等多角度展示三江侗族风雨桥的特色，细节、亮点突出，并清晰、准确阐释风雨桥背后的广西侗族民间工匠的建筑技艺和非遗文化	能从外形、色彩、构造、发展历史、建筑特色等多角度展示三江侗族风雨桥的特色，并准确阐释风雨桥背后的广西侗族民间工匠的建筑技艺	能从外形、色彩、构造等角度展示三江侗族风雨桥的风貌，较准确阐释风雨桥背后的广西侗族民间工匠的建筑技艺和非遗文化	能从外形、色彩、构造等角度简单介绍三江侗族风雨桥的风貌	未能有效介绍
		13～15分	9～12分	6～8分	3～5分	0～2分
	文字与格式（15分）	文字流畅、形式新颖，符合导游词格式，能充分展现三江侗族风雨桥的特点及其蕴含的建筑文化内涵等要素，详略得当	文字流畅，符合导游词格式，能展现三江侗族风雨桥的特点及其蕴含的建筑文化内涵等要素，详略得当	文字较流畅，基本符合导游词格式，能展现三江侗族风雨桥的特点及其蕴含的部分建筑文化内涵等要素	文字较流畅，能展现三江侗族风雨桥特点	未能有效介绍
导游词展示	展示形式（15分）	13～15分	9～12分	6～8分	3～5分	0～2分
		展示有创意，有亮点，能使用PPT、图片、影像、表演等多样化手段作为展示辅助，仪表仪态大方得体	能使用PPT、图片、影像、表演等多样化手段作为展示辅助，仪表仪态大方得体	能使用PPT、图片、影像、表演等多样化手段作为展示辅助	能使用PPT、图片等多样化手段作为展示辅助	展示形式呆板
	展示效果（15分）	13～15分	9～12分	6～8分	3～5分	0～2分
		展示逻辑清晰，用语准确，语速适宜，能激发观众热情	展示逻辑清晰，用语准确，语速适宜，较能激发观众热情	展示逻辑较清晰，用语较准确，语速较适宜，能吸引观众注意	展示逻辑较清晰，用语较准确	不能有效展示

模块三

非物质文化

第七讲

传统表演艺术

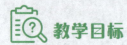

考考你

"什么水面打跟斗啰　嗨了了啰

　　什么水面起高楼啰　嗨了了啰

　　什么水面撑阳伞啰　什么水面共白头嘞"

广西素有"歌海"的美称，广西群众自古以来就有对歌的习俗，上面这几句山歌你对得上吗？你知道这几句歌词最早出自哪部电影吗？

教学目标

知识目标

了解广西传统表演艺术的历史起源、特征与分类；掌握广西传统表演艺术的发展与传承；理解广西传统表演艺术与广西历史发展之间的密切关系。

思政目标

深入了解广西传统表演艺术所蕴含的文化内涵，弘扬社会主义核心价值观；引导学生理解广西传统表演艺术的历史文化价值，传承和弘扬中华优秀传统文化，提高学生的艺术审美和人文素养。

专题点击

一、广西传统表演艺术概述

传统表演艺术是人们抒发情怀、记录生活的一种重要表达方式。它主要是通过演唱、演奏或肢体动作、表情等方式，刻画人物、表达情感或情绪，从而表现情节的一种艺术形式，一般包括音乐、舞蹈、戏剧、曲艺等类型。在国家和政府大力提倡非物质文化遗产保护传承的大背景下，以传统音乐、传统舞蹈、传统戏剧、曲艺等为主的传统表演艺术类非物质文化遗产受到了更多的关注，并被老百姓所熟知。

广西有12个世居民族，以能歌善舞著称，被誉为"民歌的海洋"，是歌仙"刘三姐"的故乡。截至 2021 年,广西入选国家级非物质文化遗产代表性项目名录的传统音乐、传统舞蹈、传统戏剧、曲艺等项目已达 28 项。广西传统表演艺术文化历史悠久、源远流长、丰富多彩,已成为展示广西民族文化的一张名片。

(一) 广西传统表演艺术的起源和历史发展

传统表演艺术是群众在历史长河中集体创造的文化结晶,融汇了不同时期、不同地域、不同群体所创造的文化形态。广西传统表演艺术,是广西人民群众受当地自然环境、人文环境的影响,在长期生产生活实践中创造的文化成果,是广西各族人民集体智慧的结晶。

传统表演艺术起源于人类的劳动实践,比如一般认为音乐的雏形起源于人类劳动时的劳动节奏和相互间传递信息的呼喊。创作于旧石器时代晚期至新石器时代中前期的广西左江流域花山崖壁画就是广西先民们用以记录或展示自己生活和精神寄托的一种方式,其中有不少表现舞蹈的画面,有的学者认为这是记录骆越先民祭祀舞蹈的场面。广西学者陈远璋提出,左江岩画呈现的舞蹈包括羽人舞、图腾舞、拟兽舞、假面舞、太阳舞、祀河舞、铜鼓舞等不同内容,这些丰富的花山崖壁画充分证明了远在数千年前广西先民就已经学会了利用舞蹈来表达自己的情感。左江岩画除了表现广西先民的祭祀舞蹈外,还体现了乐器的组合,如其中出现的羊角钮钟和铜鼓等乐器。羊角钮钟和铜鼓的出现也成为广西传统音乐、舞蹈文化发展的重要标志。

由于音乐、舞蹈所具有的抒情、表意等特定功能和作用,进入文明时期后,传统的表演艺术文化更多被用于政治生活中。广西出土了从商朝、周朝到汉朝等时期的大量乐器,如瑟、笛、铜钟、铜鼓、木腔皮鼓等,这说明广西传统音乐、舞蹈从祭祀和庆典逐步向民间生活中拓展普及。

随着广西经济社会的发展,人们的物质生活不断丰富,精神文化生活也日趋繁荣,人们的娱乐方式更加多样化。在音乐、舞蹈和说唱艺术形式的基础上,又产生了一种新的艺术,即戏剧。明朝时,广西已有"鼓乐"的记载。《徐霞客游记》中记载徐霞客于崇祯十年(1637 年)来到桂林时恰好碰到桂林民众聚集观看戏剧,这也被认为是广西戏剧确凿存在的证据。戏剧的产生,不仅丰富了广西古代的社会文化生活,也标志着广西古代文化艺术和表演艺术发展到了一个新的水平。进入清朝后,戏曲便渗入广西的各个角落,广西传统表演艺术也进入相对成熟发展的时期。

(二) 广西传统表演艺术的特征与分类

表演艺术是直接诉诸人的视觉、听觉的艺术种类,传统表演艺术主要包括传统音乐、传统舞蹈、传统戏剧、曲艺等。广西各民族在经济文化发展不平衡的历史现状和不同民族民俗的大文化背景下,人们的生活环境、生存方式以及审美意识、情趣存在着差异性,因此形成了广西各民族表演艺术的多元特征。

传统
表演
艺术

1. 传统音乐

音乐是通过一定形式的音响组合表现人们的思想感情和生活状态，其包括旋律、节奏、和声、复调、音色、力度、速度等基本表现手段和基本要素。一般来说，音乐可分为声乐、器乐两大类，又可按题材、形式分为歌曲、合唱、交响音乐、室内乐、丝竹、吹打、说唱音乐等。

广西传统音乐大致分为两大类：声乐和器乐。广西民族语言及其方言种类繁多，语调复杂，广西传统声乐以广西民族语言和方言的声、韵、调的变化为基础形成的民歌旋律丰富多彩。广西传统声乐有壮歌、苗歌、侗歌、瑶歌等。

据统计，广西原生态民族乐器种类繁多，主要分布在族、侗族、瑶族、苗族等居住地。广西民族传统乐器有 100 多种，形成铜鼓乐、八音乐、芦笙乐三大特色乐种。其中最简单的乐器有木叶、田螺笛、合欢箫、草笛、侗笛；较复杂的乐器有侗族琵琶、芦笙；最古老的乐器有竹筒琴、铜鼓、牛腿琴等；还有啵咧、独弦琴、马骨胡、天琴、无孔笛等。

2. 传统舞蹈

舞蹈被认为是起源最早的一种艺术门类，是从早期狩猎、劳动、宗教等发展而来的动态艺术，是人类最直接的一种情绪表现形式。广西传统舞蹈大致分为两大类：民间祭祀舞蹈和节庆习俗舞蹈。

广西世居民族绝大多数保留着古老的民间祭祀习俗。民间祭祀舞蹈分为两个层面：民间祭祖舞蹈和民间祭神舞蹈。民间祭祖舞蹈，是指广西各民族为了祈求先祖保佑风调雨顺、五谷丰登、人丁兴旺，每年都会举行的盛大祭祀祖先仪式。在这类仪式活动中，民众会跳起民间舞蹈，如瑶族盘王节中的"盘王舞"、京族"哈节"的舞蹈等。民间祭神舞蹈，是指广西各民族历来有多神信仰的传统习俗，通过祭神来实现天旱降雨、驱瘟逐疫、保佑安康等愿望。在祭神的仪式中，这些舞蹈会具有一定的宗教色彩，主要有"师公舞""巫舞"等。

节庆习俗舞蹈包含着本民族的民俗文化，各民族节日时表演的舞蹈是传统节日的重要组成部分，具有明显的民族文化特征，如侗族"多耶"、苗族"芦笙踩堂舞"。

3. 传统戏剧

一般认为，最早的民间戏剧是由原始社会的祀神歌舞演化而来的。广西有着丰富多样的民族民间戏剧资源，明代时广西已有戏剧艺术；清末民初，广西的戏剧文化发展到了一个较为繁荣的阶段。《广西地方戏曲剧种普查报告》表明，目前广西有 21 个地方戏曲剧种，壮族剧种有 2 个，分别是壮剧、壮师剧；汉族剧种有 16 个，分别是桂剧、粤剧、彩调剧、邕剧、桂南采茶戏、丝弦戏（宾州戏）、文场戏、客家戏、牛娘戏、牛歌戏、鹿儿戏、鹩戏、唱灯戏、师公戏、哐戏、京剧；其他民族剧种有 3 个，分别是侗戏、毛南戏、仫佬剧。

4. 曲艺

民间曲艺是指以说唱形式来表现故事或者刻画人物形象的口头文学作品，也叫民间说唱。李萍的《广西曲艺发展史述略》记载，广西最早关于曲艺的文字记载可追溯至明代靖江王朱守谦至桂林时所见，"以词曲千七百木赐之"。清代是广西曲艺形成的重要时期。广西曲艺种类繁多，各地各民族都有各自的说唱艺术。据统计，广西曲艺包括文场、渔鼓、零零落、弹词、大鼓、南音、粤曲、春锣、南蛇狮、老杨公、麒麟调、耍花楼、莲花板（莲花闹）、龙舟、木鱼、八音坐唱、船歌坐唱、牛歌调、卜牙、末伦等。

（三）广西传统表演艺术的价值

1. 文化产业开发价值

广西传统表演艺术在广西壮族自治区级和国家级非物质文化遗产中数量最多，观赏性较高，与广西特定的文化传统、风俗习惯、审美情趣密切相关，并以传承人通过带徒传艺、口耳相传建立起的文化链延续至今，以各种鲜活形态活跃于广西各地民间生活之中。以传统音乐、传统舞蹈、传统戏剧和曲艺等为主的表演艺术类非物质文化遗产建构了传统艺术的固有知识体系和艺术技能，依托于非遗保护得到了一定的传承和保护，并具有文化产业开发价值。截至 2021 年 6 月，广西入选表演艺术类国家级非物质文化遗产代表性项目名录的有 28 项，其中传统音乐 9 项、传统舞蹈 9 项、传统戏剧 7 项、曲艺 3 项，具体见表 7-1。

表 7-1　广西表演艺术类国家级非物质文化遗产代表性项目名录

序号	名称	公布时间	类型	申报地区或单位	保护单位
传统音乐					
1	侗族大歌	2006 年（第一批）	新增项目	广西壮族自治区柳州市	柳州市群众艺术馆
2	侗族大歌	2006 年（第一批）	新增项目	广西壮族自治区三江侗族自治县	三江侗族自治县非物质文化遗产保护与发展中心
3	那坡壮族民歌	2006 年（第一批）	新增项目	广西壮族自治区那坡县	那坡县文化馆
4	多声部民歌（瑶族蝴蝶歌）	2008 年（第二批）	扩展项目	广西壮族自治区富川瑶族自治县	富川瑶族自治县文化馆
5	多声部民歌（壮族三声部民歌）	2008 年（第二批）	扩展项目	广西壮族自治区马山县	马山县文化馆
6	吹打（广西八音）	2011 年（第三批）	扩展项目	广西壮族自治区玉林市	玉林市玉州区文化馆
7	京族独弦琴艺术	2011 年（第三批）	新增项目	广西壮族自治区东兴市	东兴市文化馆
8	凌云壮族七十二巫调音乐	2014 年（第四批）	新增项目	广西壮族自治区凌云县	凌云县文化馆
9	壮族天琴艺术	2021 年（第五批）	新增项目	广西壮族自治区崇左市	崇左市群众艺术馆

第七讲　传统／表演艺术

八桂文化

序号	名称	公布时间	类型	申报地区或单位	保护单位
传统舞蹈					
10	瑶族长鼓舞	2008 年（第二批）	新增项目	广西壮族自治区富川瑶族自治县	富川瑶族自治县文化馆
11	铜鼓舞（田林瑶族铜鼓舞）	2008 年（第二批）	扩展项目	广西壮族自治区田林县	田林县文化馆
12	瑶族长鼓舞（黄泥鼓舞）	2011 年（第三批）	扩展项目	广西壮族自治区金秀瑶族自治县	金秀瑶族自治县文化馆
13	狮舞（田阳壮族狮舞）	2011 年（第三批）	扩展项目	广西壮族自治区田阳县	田阳县文化馆
14	狮舞（藤县狮舞）	2011 年（第三批）	扩展项目	广西壮族自治区藤县	藤县文化馆
15	瑶族金锣舞	2014 年（第四批）	新增项目	广西壮族自治区田东县	田东县文化馆
16	铜鼓舞（南丹勤泽格拉）	2014 年（第四批）	扩展项目	广西壮族自治区南丹县	南丹县非物质文化遗产保护传承中心
17	多耶	2021 年（第五批）	新增项目	广西壮族自治区柳州市三江侗族自治县	三江侗族自治县非物质文化遗产保护与发展中心
18	壮族打扁担	2021 年（第五批）	新增项目	广西壮族自治区河池市都安瑶族自治县	都安瑶族自治县文化馆
传统戏剧					
19	桂剧	2006 年（第一批）	新增项目	广西壮族自治区	广西壮族自治区戏剧院
20	采茶戏（桂南采茶戏）	2006 年（第一批）	新增项目	广西壮族自治区博白县	博白县文化馆
21	彩调	2006 年（第一批）	新增项目	广西壮族自治区	广西壮族自治区戏剧院
22	壮剧	2006 年（第一批）	新增项目	广西壮族自治区	广西壮族自治区戏剧院
23	邕剧	2008 年（第二批）	新增项目	广西壮族自治区南宁市	南宁市民族文化艺术研究院（南宁市戏剧院、南宁市非物质文化遗产保护中心）
24	侗戏	2011 年（第三批）	扩展项目	广西壮族自治区三江侗族自治县	三江侗族自治县非物质文化遗产保护与发展中心
25	粤剧	2014 年（第四批）	扩展项目	广西壮族自治区南宁市	南宁市民族文化艺术研究院（南宁市戏剧院、南宁市非物质文化遗产保护中心）
曲艺					
26	广西文场	2008 年（第二批）	新增项目	广西壮族自治区桂林市	桂林市戏剧创作研究院（桂林市非物质文化遗产保护传承中心）

序号	名称	公布时间	类型	申报地区或单位	保护单位
27	桂林渔鼓	2014年（第四批）	新增项目	广西壮族自治区桂林市	桂林市群众艺术馆
28	末伦	2021年（第五批）	新增项目	广西壮族自治区百色市靖西市	靖西市文化馆

广西传统表演艺术非遗项目的确立使广西传统表演艺术在重新解读和重新演绎中获得了新生。尤其是通过创意发展，挖掘广西传统表演艺术的产业价值，赋予符合社会主义核心价值观的审美情趣，在传承中发现传统艺术的精髓，并在创意中丰富、补充和完善。利用广西丰富的传统表演艺术资源发展广西文化产业，凸显了广西传统表演艺术的现代经济价值。

2. 深厚的历史文化价值

广西古代民众为庆贺丰收、祭祖敬神逐渐发展出载歌载舞、演戏说唱等表演艺术，寄托着广西古代民众深沉的精神追求和丰富的情感意愿。"传统表演艺术是一个民族的艺术之根，是一个民族固有的文化基因。能否保护好自己的根脉和文化基因，不仅关系到一个民族的文化走向，同时也决定了一种文化的生死存亡。"广西传统表演艺术依存于广西独特的自然和文化生态，有着深厚和文化内涵。通过广西传统表演艺术，能够了解广西不同时期民众的生活方式、思想观念、审美意识；通过广西传统表演艺术的世代相传，实现广西历史文化的创新发展，具有极其重要的历史价值。

二、传统音乐

广西是一个多民族集聚地。长期以来，各民族交往、交流、交融，守望相助，和睦相处，在八桂大地上共同创造了丰富多彩的音乐文化，留下了宝贵的非物质音乐文化遗产。这些遗产反映了广西各民族的生存状态、艺术审美情趣和情感体验。广西民族音乐源远流长，经过不断交流融合，形成了独具特色的文化，成为中华多元文化的重要组成部分。为保护各民族共同创造的非物质文化遗产，广西采取了许多积极有效的措施。截至2021年6月，广西传统音乐共有9项国家级非物质文化遗产代表性项目，有107项自治区级非物质文化遗产代表性项目。其中，侗族大歌、壮族三声部民歌、那坡壮族民歌、京族独弦琴艺术、壮族天琴艺术等是广西传统音乐的典型代表。

（一）侗族大歌

侗族大歌，是侗族人歌唱自然、歌唱生活的多声部民歌，是一种
无指挥、无伴奏的音乐形式。2006年贵州省黎平县、广西壮族自治区柳州市、广西壮族

侗族大歌

自治区三江侗族自治县申报的侗族大歌经国务院批准列入第一批国家级非物质文化遗产名录，2009年侗族大歌被列入人类非物质文化遗产代表作名录。

1. 分布范围

侗族大歌历史上分布在整个侗族南部方言区，主要流行于侗语南部方言第二土语区的贵州黎平、从江、榕江和广西三江4县，广西三江侗族大歌主要流传于三江县梅林、富禄、洋溪乡沿溶江河一带的侗寨和罗城的侗族村寨。

2. 历史发展

侗族大歌历史久远，一般认为侗族大歌起源于春秋战国时期，已有近千年的历史。进入宋代以后，侗族大歌就发展到了比较成熟的阶段，宋代著名诗人陆游在其《老学庵笔记》中记载"仡伶"（侗人自称）集体做客唱歌的情景："至一二百人为曹，手相握而歌。"至明代，邝露在其所著《赤雅》一书中更加明确地记载了"侗人善音乐，弹胡琴，吹六管，长歌闭目，顿首摇足"的情景，可见，侗族大歌在明代时就已经在侗族部分地区盛行。

3. 特点

大歌在侗族语言中又称为"嘎老"，"嘎"指的是歌，"老"意为宏大和古老。侗族大歌通常是在节日里，由男、女歌队坐在鼓楼或围在火塘边对唱，用歌来叙说侗族的历史、人生哲理和传授生产、生活知识，表达情感，赞美人生和大自然。

"众低独高"是侗族大歌传统的声部组合原则，优美和谐是其鲜明的艺术品格，歌师教歌、歌班唱歌是其全民性的传承方式。侗族大歌是侗族民众赖以修身养性的重要手段，也是用以叙史、教化、育人的百科全书，具有规范礼仪、增进社交、施行祭祀、娱乐民众等多种社会文化功能。

4. 分类

侗族大歌按风格、旋律、内容、演唱方式的不同，一般分为嘎所、嘎嘛、嘎想、嘎吉四个类型，其中嘎所是侗族大歌的主要内容。

嘎所称声音大歌，强调旋律的跌宕、声音的优美。歌词一般短小，突出歌词之间和之后相当长的衬字及曲调。拉腔时几个歌手轮换唱高音，使高音之间此起彼伏；低音一般由其他歌手齐唱一个长音，与高音形成反差相映衬。旋律多模仿自然界的虫鸣鸟叫、小河流水，以昆虫鸟兽或季节为歌命名，如《蝉歌》《知了歌》《三月歌》等。

嘎嘛称柔声大歌，一般以抒发男女恋爱之情为主要内容，特点是缓慢、柔美而富感染力。

嘎想称伦理大歌，是一种劝教戒世为主的大歌歌种，音乐旋律起伏不大，注重歌词内容的表述，多以称颂或讽刺为主，对侗家人来说起到安定劝抚的作用。

嘎吉称叙事大歌，多以故事情节和人物对话为主要内容，音乐旋律舒缓、低沉而忧伤，有两种类型：一种是以单人领唱、众人集体低音相衬为主要表现方式的嘎吉母；

另一种是众人分声部合唱的嘎锦。叙事歌的歌词一般较长，歌者要有惊人的记忆力和丰富的表情。

此外，侗族大歌亦可按性别和年龄分为"男声大歌""女声大歌""童声大歌"等种类。随着时代的变迁，侗家歌师们为丰富大歌的内容和种类，满足人们文化生活的需求，又创作出许多歌唱新生活、赞美新时代的混声大歌。

（二）壮族三声部民歌

壮族三声部民歌

多声部民歌指的是织体结构形态为多声部形式的民间歌曲，中国的多声部民歌主要集中在苗、彝、壮、布依、侗、高山、毛南等 10 多个少数民族中，多数采用二声部形式，少数采用三声部和四声部形式。壮族三声部民歌是中国民间多声部民歌的重要代表，它充分反映了壮族社会的主要特点，是壮族文化独特的表现形式，表现了壮族人民对宇宙自然的原始崇拜和信仰，以及对劳动人民勤劳勇敢的歌颂。

壮族三声部民歌源于广西南宁市马山县的加方乡等地，壮族人民将其称为"欢哈"（意为"合声"山歌）、"三顿欢"或"三跳欢"，主要流行于广西马山、上林、忻城三县交界处的壮族地区，其中马山县东部的古寨乡、加方乡、里当乡和古零镇是分布的密集地带。

壮族三声部民歌历史悠久。据学者推断，早在唐代末年，壮族三声部民歌就开始在南宁马山县东部传播，于明清时期盛行，至今在南宁马山、上林两县交界处仍有演唱。壮族三声部民歌表现了壮族人民生产生活、恋爱、婚丧和祭祀等的过程，反映了壮族人民生产、生活、风俗习惯等社会文化特点，表达了壮族人民对美好生活的向往和追求。

壮族三声部民歌常唱的有蛮欢、卜列欢、加方欢、结欢等调，其结构为三个声部，代表主旋律的第一声部、第二声部一般情况下仅由一人担任，第三声部由一人或多人合唱附和。第一声部、第二声部具有独立音调，第三声部陪衬和声，三个声部都能突出和丰富主旋律，且彼此之间互相协调，音调柔和，风格统一。歌词一般为五言四句或五三五句式，前者一般押脚韵，后者一般押腰脚韵。壮族三声部民歌主要在生活生产、交往娱乐、恋爱、婚丧和娱神等活动中演唱，其中用于婚嫁、丧葬和娱神等仪式的民歌尤显庄重。代表性作品有《欢雅娜》《孤儿欢》《孝儿欢》《生活美如霞》等。

壮族三声部民歌是广西马山壮族珍贵的民间文化遗产。多年来，壮族三声部民歌多次参加南宁国际民歌艺术节等大型演出，并到日本、韩国、埃及、芬兰等 10 余个国家进行表演，深受好评。2008 年，经国务院批准，由广西马山县申报的多声部民歌（壮族三声部民歌）被列入第二批国家级非物质文化遗产代表性项目名录。

第七讲

传统 表演艺术

（三）那坡壮族民歌

那坡壮族民歌流行于广西那坡县，于 2006 年入选第一批国家级非物质文化遗产名录。那坡壮族民歌的起源至少在唐宋时期。那坡壮族民歌曲调多变，旋律跳动大，装饰音较多，富于抒情，有独特的艺术魅力。

那坡壮族是壮族中极富特色的一个族群，自称"敏""仲""嗷"，现约有 5.18 万人，全身黑色着装，主要居住在位于中越边境的广西那坡县。那坡壮族民歌是他们历代传唱的民歌，至今仍保存着古朴完整、多姿多彩的民间歌谣特色，被誉为"广西民族音乐富矿"和壮族民歌的"活化石"。

那坡壮族民歌按不同的声调可分为"虽敏""论""尼的呀""春牛调""请仙歌""盘锐"六大种类约 160 套。其中，"尼的呀"是广西那坡壮语里"好的呀"的意思，是在黑衣壮生活地区流传的民歌中常用的衬词。

"尼的呀"山歌曲调清新亮丽，艺术魅力独特，已经成为壮族音乐的标签，代表性曲目有《虽待客》《论造》《酒歌》《盘歌》《祭祖歌》等。在内容上，那坡壮族民歌主要有神话传说、人物传记、环境变迁、历史事件等叙事歌，包括倾吐苦难、控诉压迫的苦情歌，反映自然、生活经历的农事歌，向往美景的赞颂歌，接人待物的礼仪歌，表现传统习惯的风俗歌，吊唁奔丧的祭祀歌，庆祝婚嫁满月、新居落成、老人生日的祝酒歌，等等。其中最为丰富的是情歌，包含抒情、初恋、连情、逗情、赌情、定情、盟誓、赞美、相思、忠贞、离情、叮咛、痛惜、怀旧、重逢、苦情、叹情、斗情、白头偕老等 20 多种内容。

那坡壮族民歌在当地被称为"诗敏""虽敏""虽明"等，唱词多为七言上下句腰脚韵体，四句为一个基本段落。唱词在上句的脚韵和下句的腰韵处常用长音、颤音或断音加以强调，富有独特的韵味。目前比较著名的新编壮族民歌《山歌年年唱春光》《壮乡美》《壮族大歌》《黑衣壮的酒》都是创作者在那坡原生态壮族民歌基础上改编而成的。

（四）京族独弦琴艺术

独弦琴艺术是京族的传统器乐艺术，因只有一根琴弦而得名，京族语言称"旦匏"，由于它装有一个匏瓜状的扩音器，因此民间又称其为匏琴，主要分布于广西东兴市京族聚居区，包括东兴市江平镇的巫头、山心、万尾三个岛屿（俗称"京族三岛"）及其附近的潭吉、竹山、红坎、恒望、米漏等村屯。1511 年以前，京族先民陆续从越南迁到目前的聚居地，在近 500 年的历史发展过程中，京族独弦琴艺术一直保持着较为浓郁的民族特色。

京族独弦琴艺术主要包括独弦琴制作技艺和独弦琴演奏艺术。京族独弦琴因制作材质不同而分为竹制和木制两种，它们除制作材料不同外，结构基本相同，都由琴体、摇杆、弦轴、琴弦、匏等组成。从 20 世纪 50 年代开始，京族独弦琴除了本源的长箱形外，还增添了长条形、龙头形，琴面上同古琴一样标出泛音位置，也有的在琴面上增设木制指板，上嵌 16 个品位，能快速演奏泛音，丰富了演奏技巧。

演奏独弦琴采取坐式和站式两种姿势。演奏时，多将琴横置于桌子、架子或双腿上，或将琴尾置于腿上，琴头放置于地面或架子上，右手持挑棒或竹签弹奏，左手握摇杆，通过推、拉改变弦的张力和长度，以获得不同的音高。常用的弹奏方法主要有正弹法、反弹法、刮奏、击奏、点奏等。

2002 年，青年独弦琴演奏演员雷滢带着龙首独弦琴在奥地利维也纳金色大厅奏响《心弦》，独弦琴那悠扬的琴声令听众惊叹不已，拉开了独弦琴海外传播的序幕，我国音乐评论家把这次演出看作是民族乐器走向世界的一次重要活动。2011 年 5 月，经国务院批准京族独弦琴艺术被列入第三批国家级非物质文化遗产名录。

（五）壮族天琴艺术

壮族天琴艺术

天琴是壮族民间古老的弹拨乐器。壮语称"鼎叮""啶叮"，由乐器发声谐音而得名，主要流传于广西西南边陲的崇左市、防城港市一带，在邻国越南也有流传。崇左市龙州县、凭祥市、宁明县以及防城港市防城区峒中镇等地的壮族地区孕育了民俗文化浓郁的天琴艺术，其中以龙州县的壮族天琴艺术最具代表性。天琴外形独特，音色圆润明亮，一般由琴筒、琴头、琴杆、弦轴、琴码和琴弦等部件构成，常用于独奏或为歌、舞伴奏。

天琴最初音域较窄，不能弹奏乐曲，只能用作简单伴音。经过不断改良，现代的天琴音域较宽，可作为音乐伴奏，也可独奏乐曲，天琴这一古老民间礼器逐渐演变为民族乐器。在龙州、宁明、凭祥、防城港等壮族地区，婚礼、满月、祝寿、节庆等各种传统仪式皆由天琴师操持举行，仪式上天琴师弹唱通常采用坐式弹唱这一基本形式，两腿盘坐于席子上，右脚拇指系着一串铃铛，弹唱时抖动铃铛击节配音。常见为一人弹唱和多人弹唱两种形式。

壮族天琴演奏可分为弹天、唱天和跳天三种形式。弹天，即天琴独奏。唱天，即用天琴伴奏歌唱（山歌或叙事歌）的表演形式，又可细分为独天和对天两种，由一人独唱、一人伴奏或一人自弹自唱的称作"独天"，两人以上弹琴对唱的称作"对天"。一人弹唱通常在堂屋进行，多人弹唱则在侬峒节的圩场进行。伴歌中，歌声和琴声的节奏、节拍、速度等均不相同，千变万化，但又结合融洽。跳天是天琴演奏者边弹琴、边唱歌、边跳舞的综合性表演艺术形式。这种形式多为群众性的娱乐活动，常在节日、庆丰收或婚娶喜庆等场合进行。大型的跳天在春节、侬峒节时才会表演。

壮族天琴艺术先后被列入县级、市级、自治区级直至国家级非物质文化遗产代表性项目名录。龙州县 2007 年 12 月被命名为"中国天琴艺术之乡"，2008 年 4 月被评为全国第二批"中国民间文化遗产旅游示范区"，2013 年 3 月被命名为"广西民间艺术之乡"。2021 年 11 月龙州县金龙镇被命名为"中国民间文化艺术之乡"。可见，壮族天琴艺术已从老百姓的家里、乡村的广场走进了剧场，走上了舞台，成为壮族的一张文化名片。

2021 年 5 月，壮族天琴艺术被列入第五批国家级非物质文化遗产代表性项目名录。

三、传统舞蹈

舞蹈起源于远古人类在求生存、求发展过程中劳动生产、社交、健身和战斗操练等活动的模拟再现，以及图腾崇拜、巫术宗教祭祀活动和表现自身情感思想的内在需要。它和诗歌、音乐结合在一起，是人类历史上最早产生的艺术形式之一。截至 2022 年 11 月，广西传统舞蹈有 9 个项目入选国家级非物质文化遗产代表性项目名录，有 85 个项目入选自治区级非物质文化遗产代表性项目名录。其中，较为大众熟悉的有瑶族长鼓舞、藤县狮舞、壮族打扁担等。

（一）瑶族长鼓舞

瑶族长鼓舞

瑶族长鼓舞是中国瑶族的一种民间舞蹈，流行于广东、广西、湖南等省（自治区）的瑶族聚居地区，多在瑶族传统节日及庆祝丰收、乔迁或婚礼喜庆的日子表演。瑶族长鼓舞历史悠久，它脱胎于起源很早的祭盘王仪典及一些巫术活动中的舞蹈，现已发展成为群众性的文娱活动。2008 年广西富川瑶族自治县的瑶族长鼓舞被列入第二批国家级非物质文化遗产名录。

广西富川瑶族居民的祖先在隋唐时期由会稽山、千家峒及浙江一带沿潇贺古道搬迁到富川县境内居住。故此，他们的生活习俗都还有古道遗存的痕迹，如婚丧、年节、食宿等方面与湖南、广东省内的瑶族大同小异。长鼓舞是瑶族民间舞蹈的典型代表，表演时，鼓手左手握住长鼓的鼓腰上下翻转，右手随之拍击，边舞边击。瑶族长鼓舞属于喜庆舞蹈，瑶家逢"过新年"、农历十月十六"耍歌堂"等传统节日，或是喜庆丰收、恭贺新婚等喜庆场合，青年们即兴而跳，一呼百应，场面壮观，反映了瑶族人民的生活习俗和精神风貌，有着广泛的社会影响。

按表演人数，瑶族长鼓舞分"单人舞""双人舞""群舞"等类型；按表演形式，瑶族长鼓舞包括"盘古长鼓舞""锣笙长鼓舞""桌台长鼓舞""芦笙长鼓舞""羊角长鼓舞"等多种类型。瑶族长鼓舞以独特的击鼓节奏、刚劲敏捷的舞蹈动作反映了瑶族人民的生产生活习俗、思想感情和理想愿望，具有瑶族独特的风格。

（二）藤县狮舞

藤县狮舞

狮舞是中国优秀的民间艺术，有南北两派，其中藤县狮舞是南派狮舞的重要代表。藤县狮舞普遍流传于广西壮族自治区的藤县。藤县位于广西东南部，东接苍梧，南接容县，西邻平南，北毗蒙山，东西横宽 86 千米，南北纵长 112 千米，土地总面积 3946 平方千米，素有"舞狮之乡"的美称。

藤县狮舞分为两种：一种是侧重于地面技艺表演的"采青狮"；另一种是侧重于桩

上技艺表演的"高桩狮"。采青狮是根据狮子的神态所创造出来的具有当地地域特色和民族特色的狮舞内容。采青狮的表演套路是根据狮子在寻找食物之前所表现出来的喜、怒、醉、乐、猛、惊、疑、动、静、醒十大神态和闪、躲、挪、扑、腾、跳、滚七个基本动作特征而设计的。高桩狮是以采青狮为基础，结合其他狮舞的特点加以改良创新而逐步形成的一种竞技性舞狮。高桩狮借助特制的高桩，结合桩阵进行高空表演，高桩狮桩阵由 18 个桩柱组成，被比喻为"十八罗汉阵"。藤县高桩狮的套路设计结合了狮子的喜、怒、醉、乐、猛、惊、疑、动、静、醒、寻、望、探、烦等神态和狮子面对的山、岭、溪、涧、索、桥、水等特殊场景，其融合了武术、舞蹈、杂技、体操等高难度动作，体现了高、难、惊、险、美的特点。无论是采青狮还是高桩狮，在表现形式上都有着自己独特的风格，为当地百姓所喜爱。

21 世纪初，随着以禤洲狮队为代表的藤县狮舞技艺迅猛发展，在众多国际比赛中夺魁，令全球华人为之震撼。2011 年 5 月 23 日，广西壮族自治区藤县申报的狮舞（藤县狮舞）经中华人民共和国国务院批准列入第三批国家级非物质文化遗产名录。

（三）壮族打扁担

壮族打扁担

壮族打扁担，又称"壮族扁担舞""打虏列""谷榔""打榔"，是一种群众自娱性民间舞蹈形式。壮族打扁担流行于广西壮族自治区的都安、马山、东兰、南丹等县。在壮族地区马山、都安等县的山乡村寨，每逢春节，到处都可以听到扁担的敲击声，节奏强烈有力，声响清脆高亢，非常热闹。过去的扁担舞不是用扁担在板凳上敲击，而是用杵敲击木臼（用一块大木，中间挖空，用以舂米），所以打扁担壮语又叫"谷榔"（舂米的臼，壮语叫"谷榔"）。后来人们感到木杵太笨重，不便舞动，改用扁担来敲击，才逐步演变成了今天的扁担舞。

在壮族地区马山、都安等县的乡村山寨，每年农历正月初一至正月十五期间进行表演，场地是在村前的晒谷场上。表演者有四人、六人、十人、二十人不等，均取双数，多是妇女。出场表演时，舞者手持扁担，相向而立，围着一条长一丈多、宽一尺的木槽或板凳，齐声呼喊一声，便开始上下左右相互打击，边打边唱边舞，模拟农事活动中的耙田、插秧、戽水、收割、打谷、舂米等姿势动作。舞者时而双人对打，时而四人交叉对打，时而多人连打；有站、蹲、弓步、转身打等，轻重、强弱、快慢错落有致，动作优美自然。

流行于都安县的壮族打扁担有六种不同的基本打法，分别为"虏列丈""虏列分阜""虏列分水""虏列分四""虏列分候""虏列高花"（均为壮语译音），表现插秧、收割、打谷、舂米等劳动过程和欢乐情绪。舞时，仅以竹筒的敲击声作伴奏，没有更多的舞蹈姿态和队形变化，主要以其独特的节奏变化，上下交织的打法和强烈的音响效果，及其表演者富有感染力的欢呼声，引发观众共鸣，成为地方人民群众喜闻乐见的民俗活动。

2021 年 5 月 24 日，广西河池市都安瑶族自治县申报的壮族打扁担经国务院批准被列入第五批国家级非物质文化遗产代表性项目名录。

四、传统戏剧

戏曲是我国特有的传统艺术形式。它将歌、舞、剧三者有机地融为一体，是以剧情为主的一种舞台综合艺术。戏曲源于中国古代歌舞、说唱和滑稽戏，到宋代逐渐形成，元明以后得以蓬勃发展。广西的传统戏剧丰富多彩，有桂剧、壮剧、彩调剧、粤剧、邕剧、采茶戏等剧种。截至 2022 年 11 月，7 个传统戏剧项目入选国家级非物质文化遗产代表性项目名录，72 个传统戏剧项目入选自治区级非物质文化遗产代表性项目名录。其中，较为典型的传统戏剧有桂剧、壮剧、采茶戏、彩调等。

（一）桂剧

桂剧是广西主要的地方剧种之一，原称桂林戏、桂班戏，流行于广西桂林市、柳州市、贺州市、河池市一带及梧州市部分官话地

桂剧

区，湖南南部地区与广东西北地区也有流传。桂剧历史比较悠久，大约发端于明代中叶。明末清初昆腔流播到广西，后高腔和弋阳腔又相继传入，几种声腔相互融合形成桂剧。2006 年，桂剧被列入第一批国家级非物质文化遗产名录。

桂剧以桂林方言演唱，汲取祁剧、京剧、昆曲等剧种的声腔和表演艺术，唱做念舞并重，以唱功细腻、做工传神著称。其声腔乐属皮黄系统的板腔体，以弹腔为主体，兼有高腔、昆腔、吹腔、杂腔小调等。弹腔，分南路（二黄）和北路（西皮）两大系，南路委婉低沉，北路高亢雄壮。其反调形式阴皮和背弓又都自成体系。南路腔调的反调为"阴皮"，常表现凄婉悱恻的情感；北路腔调的反调为"背弓"，常表现悲壮凄惨的情绪。

桂剧声调优美，抑扬有致。伴奏乐队分为文场、武场，前者使用二弦、月琴、三弦、胡琴、曲笛、梆笛、唢呐、唧呐等，后者则使用战鼓、桂锣（大锣）、小锣、堂鼓、板、大钹、小钹、云锣、星子、碰铃等。

桂剧的角色分为生、旦、净、丑四大行当。各行角色根据剧中人物的身份、气质与性格都有固定的脸谱、扮相和服饰，各行角色的舞台动作也都有规范。其中，"生"指男子；"旦"指女子；"净"指性格刚烈或粗暴的男性；"丑"指滑稽人物，鼻梁上抹白粉。

桂剧具有浓郁的乡土气息，其剧目繁多，有"大小杂本八百出"之说。一部分剧目是从京剧等剧种移植而来，一部分是自己的独有剧目，如欧阳予倩在抗战时期于桂林创作的桂剧。桂剧的剧目大部分是历史故事，表演质朴动人。代表性剧目有《拾玉镯》《打棍出箱》《唐知县审诰命》《大儒还乡》等 70 多出。桂剧剧目的内容包罗万象，但颂扬真善美，批判假丑恶始终是中国数千年来审美意识上不变的主题。武戏文唱是桂剧的一大特色，如《黄鹤楼》《芦花荡》《马超打城》等注重以细腻而富于生活气息的表演手法塑造人物。但是桂剧也并非只有武戏文唱，如《打棍出箱》《董洪跌牢》等剧目又是典

型的文戏武唱。桂剧具有马步、跳合、摆刀、跳加官等特有的表演形式。历代桂剧艺人还创造了"跌箱功""罗帽功""紫金冠功"等绝活特技。

扎根于民间的桂剧融汇了桂北特有的风土民情和人文特点，逐步形成了细腻婉约、灵秀生动、刚柔并济、富有乡土气息的风格特色和贴近生活的质朴简约之美，具有极高的艺术价值，在中国皮黄传统戏剧中占有一席之地。桂剧还多次走出国门，把独具风采的桂剧艺术带给国外观众。如广西桂剧团曾携《拾玉镯》《断桥》《柜中缘》《三娘教子》等剧目赴新加坡、法国、越南等国家演出，桂林市桂剧团曾携《龙宫寻宝》《三岔口》《穆桂英挂帅》《天女散花》等剧目赴日本、马来西亚、新加坡、约旦等国家演出。这不仅有效促进了中国与其他国家之间的文化交流和各国人民之间的友谊，而且对让世界认识桂剧，让桂剧走向世界起到了积极的推动作用，同时还为开拓桂剧演出市场进行了积极的探索。

（二）壮剧

壮剧又叫"壮戏"，是在壮族民间文学、歌舞和说唱技艺的基础上发展而成的。旧时壮族自称"布托"，意即"土著者""本地人"，把壮戏称为"昌托"即"土戏"，以别于汉族剧种。

由于地域环境、方言土语、音乐唱腔、表演风格及伴奏乐器的差异，壮剧形成了广西的北路壮剧、南路壮剧、壮族师公戏（又称壮师剧），以及云南的富宁壮剧、广南壮剧等分支。其中广西北路壮剧源于广西壮语北部方言的田林县，主要流行于右江流域上游的隆林、西林、凌云、乐业以及云南部分州、县、乡，由当地民歌和"板凳戏"相结合发展而成。北路壮剧以马骨胡、葫芦胡、月琴等为伴奏乐器，唱腔主要包括正调、平调、卜牙调、毛茶调、骂板、恨板、哭调、哀调等，部分角色有特定唱腔，剧目有《卜牙》《文龙与肖尼》《刘二打番鬼》等。广西南路壮剧源于使用壮语南部方言的靖西、德保，主要流行于中国左江、右江流域的靖西、德保、那坡、田东、田阳、天等、大新等县，以及中国云南文山和越南北部等地。它是在壮族民间巫调末伦（说唱）和民间歌舞的基础上，受当地提线木偶戏的影响而逐渐形成的，以清胡、厚胡、小三弦等为伴奏乐器，唱腔主要包括平板、叹调、采花、喜调、快喜调、高腔、哭调、寒调、诗调等，行腔时采用帮腔形式，剧目有《宝葫芦》《百鸟衣》等。壮族师公戏脱胎于壮族民间师公教的祭祀娱神歌舞，流传于广西河池、柳州、百色等地，原先表演时着红衣戴木面具，后改为化装着戏服，以蜂鼓、锣、钹和无膜笛伴奏，剧目有《莫一大王》《白马姑娘》等。

壮剧是在壮族民间歌舞和民间宗教艺术的基础上发展而成的，它经历了从娱神到人神并娱，再到娱人为主的几个发展阶段，其唱腔也经历了从山歌小调、坐唱到扮角色演唱的演变过程。同时，壮剧又吸取了汉族地方剧种的艺术养分，是民族文化交流的生动体现，对我国少数民族戏剧发展史的研究具有实证性价值。

八桂文化

壮剧的剧目内容非常丰富，其中有歌颂美满姻缘的《农家宝铁》《那由姑娘》等，有揭露封建社会黑暗统治的《文龙与肖尼》《龙图公案》等，有歌颂农民起义和民族英雄的《刘二打番鬼》等，有反对封建婚姻制度的《四娘下凡》《梁山伯与祝英台》等，有反映人伦道德的《观音堂会母》等。1949 年后，壮剧代表剧目《宝葫芦》《百鸟衣》《红铜鼓》《一幅壮锦》等曾于 20 世纪五六十年代的全国少数民族戏剧汇演中获奖，这极大提高了壮剧在国内的知名度、美誉度和影响力。

2006 年 6 月，壮剧被国务院、文化部列入第一批国家级非物质文化遗产名录。

（三）采茶戏

桂南采茶戏于清代中叶从江西赣南经粤北传入桂南，距今有 400 多年的历史。根据其衬词的特点，采茶戏也被称为"吁嘟呀"。桂南采茶戏广泛流传于广西东南部的玉林各县以及钦州、梧州和南宁等市的部分县区。玉林采茶戏吸取南北各地采茶类艺术表演的长处，创造出了具有玉林民间特色的载歌载舞的表演形式——桂南采茶戏。

桂南采茶戏最初是以"十二月采茶"为主要内容的歌舞演唱，演唱的次序为开台茶（又叫恭贺茶或参拜茶）—开荒—点茶—探茶—采茶—炒茶—卖茶，形成一整套反映茶农劳动和爱情生活的歌舞。在传统的桂南采茶戏中，通常由一人扮作茶公，两人扮作茶娘，在歌舞中穿插一些有情节的生活小戏。桂南采茶戏中演唱历史故事或民间传说的剧目被称作"采茶串古"，多为喜剧、闹剧。另外还有一些受彩调影响而出现的剧目，如《卖红线》《卖水粉》《卖杂货》《斩柴得妻》等。

桂南采茶戏的主要伴奏乐器为锣、鼓、钹、木鱼、唢呐、笛子、二胡，道具有彩带、钱鞭、花扇和手绢等。其演唱曲牌，一是茶腔，即原套采茶曲调；二是茶插，即以"南昌小曲""四季莲花"为基础，吸取各地民间小曲而成。角色多以生、旦、丑为主，生角扮演的人物大多是普通百姓，生产劳动为主要表演内容，种茶、采茶、打柴、种田、挑担等劳动动作被加工提炼成舞台表演动作；旦角扮演的多为乡村姑娘，表演时歌舞相伴；丑角扮演的是烟鬼、懒汉、赌徒、醉汉、媒婆等人物，以生动的形象、幽默风趣的语言、动作来刻画和表现人物。

桂南采茶戏的唱腔语言以客家话为主，地老话（博白粤语、博白话）为辅，念白多为韵白。采茶戏载歌载舞、活泼热烈，具有浓厚的地方特色。它与当地群众的文化生活、审美情趣密不可分，其艺术价值和文化价值得到举世一致的认可。目前，玉林活跃的采茶戏剧团有 12 个，比较活跃的剧团有博白县客家合民艺术团和博白县星光歌舞团，代表曲目有《青青水蕹菜》《农村新貌多》《刘三姐》等。

2006 年，桂南采茶戏入选第一批国家级非物质文化遗产名录。

（四）彩调

彩调

彩调是清代北方的柳子戏流传到桂北以后与当地民间俚曲小调紧密结合而形成的地方剧种，因其唱腔中常用"哪嗬咿嗬嗨"为衬词，故民间又称之为"哪嗬嗨"或"咿嗬嗨"。彩调分布甚广，各地名称不一，如桂林、柳州、河池等地区称"调子戏""采茶""哪嗬嗨"，左江、右江的宁明、百色等地叫"大采茶""嗬嗨戏"，平乐、荔浦等地叫"山花灯""彩灯""采茶戏"，等等，但以称"调子戏""采茶戏"最为普遍。1955年，将其统一定名为"彩调剧"。2006年5月，彩调经国务院批准被列入第一批国家级非物质文化遗产名录。

彩调唱腔属联曲体，分板、调、腔三大类，其中板有诉板、哭板、骂板、忧板等；调有比古调、走马调等；腔以角色行当区分为小生腔、旦角腔、丑角腔等，按人物身份、职业区分为相公腔、化子腔等，表现身段动作的有挑担腔、饮酒腔等。此外，彩调唱腔中还吸收了一些流行于江南一带的民间小调，如鲜花调、十月花等。彩调的音乐伴奏分左右场，左场为弦乐，右场为击乐。弦乐有调胡（也叫大筒，类似二胡）、扬琴、琵琶、三弦、唢呐、笛子等乐器，以调胡为主奏。击乐有堂鼓、板鼓、梆子、檀板、大锣、小锣、云锣、超锣、大钹（又叫大镲）、小钹、碰铃等。

彩调剧目多以劳动、爱情、家庭生活等为主题，有大量的口传和手抄本在民间流传。表演时采用桂柳方言，以小生、小旦、小丑（三小）等载歌载舞的表现形式为主，其中丑角和旦角的步法、转身、亮相、扇花、手花极富特色，尤以步法最为突出。由于深深扎根于乡村民众之间，又和当地民间俚曲小调紧密结合，彩调形成了内容谐趣、形式活泼的表演风格。号称彩调"三件宝"的扇子、手帕、彩带在表演中发挥着重要作用。目前，彩调剧可以大致分为3种类型，即传统彩调剧、改编彩调剧和新创彩调剧。彩调的经典剧目有《龙女与汉鹏》《刘三姐》《三朵小红花》等，其中彩调电影《刘三姐》是最有代表性的彩调剧新编大型剧目。

五、曲艺

曲艺是文学、音乐和表演结合的综合性说唱艺术，是一种以唱为主，说唱兼备的艺术形式。文场、末伦、渔鼓是广西最具代表性的曲种，在全国有一定的影响。广西、文场、末伦、桂林渔鼓已被列入国家级非物质文化遗产代表性项目名录，各有独具特色的唱腔曲牌。

（一）广西文场

广西文场，又名"文场""文玩子""文唱""小曲""杂调""扬琴小调""莺歌小调"等，中华人民共和国成立后，于1953年正式定名为"广西文场"。它产生于清代中叶，迄今已有200年以上的历史，流行于广西壮族自治区桂北官话地区，在桂林、柳州、宜山、平乐、荔浦等地尤为盛行。

广西文场的演唱形式多种多样，既有数人表演的"坐唱"、一人表演的"立唱"，也

广西文场

传统
表演艺术

有唱做结合的"走唱",还有"文场挂衣"的文场戏。在长期发展过程中,广西文场逐渐形成"瞎派"和"光派"两个艺术流派。民间盲艺人为了生存,演唱文场,盲人演唱者拜师带徒,口耳相传,结社抱团形成比较松散的团体,久而久之就有人将他们称为耍玩子的"瞎派"。后来,有闲阶层人士觉得文场文辞优美、曲调高雅,是一种高尚怡情的娱乐形式,也相继演唱起来。为了区别于瞎派,这些人被称为"光派"。"瞎派"由于眼睛看不见,束缚了形体动作和表情,只能是坐地传情。他们的演唱特点是声腔华丽、婉转动人,叙述和抒情都是从歌唱音律中表达出来,以声腔打动听众,唱功了得。"光派"演唱则质朴深沉。

广西文场包括大调唱腔、小调唱腔、大小过门、引子、尾子和过场音乐等。大调唱腔包括俗称"四大调"的"越调""滩簧""丝弦""南词",小调唱腔现存寄生草、倒板桨、码头调、扬州红、水上琵琶、骂玉郎等50多个曲牌,它们在不同的场景中各司其职,为故事服务,为人物服务,恰到好处地体现出各种情绪。越调是古越国传来的曲调,既能表现喜悦舒畅、轻松愉快的情绪,又能表达焦急、忧虑等心情。滩簧是古人鲍叔牙在河滩鼓簧之曲,善于表达怨恨、寂寞或者喜悦的心情。丝弦也称思贤,是孔子思念其弟子颜回之曲,宜表达叹息、回忆和惆怅的情绪。南词是唐代宫廷乐师李龟年在南宫中教授弟子的曲词,宜表达悲伤、凄楚的情绪,情到悲哀处犹如啼哭。

广西文场传统的伴奏乐器以扬琴为主,加上琵琶、小三弦、胡琴和笛子,合称为"五件头",后来又增加了调胡、二胡、中阮等乐器;击节乐器则有板、鼓、碟子、酒盅等。文场词曲高雅,音乐旋律清新优美、婉转流畅、细腻抒情。广西文场的伴奏与唱腔连为一体,唱腔开始前有一"过板",又称"引子",乐句与乐句之间用小过板,大小调的小过板基本相同。道白时配合的曲调常用一枝花、柳春娘、水龙吟、八大板、节节高、懒梳头、夜行船等,这些曲调多数移植于广西民间乐曲和桂剧的过场音乐,用在文场演奏中,显得清新优美、婉转流畅。

广西文场有一批优秀的传统曲目,其中包括《琵琶记》《西厢记》《红楼梦》等10余种成套唱本、《双下山》《王婆骂鸡》等60余种单出唱本和《武二探兄》《贵妃醉酒》等近百个段子。经过不断探索,曲艺家在继承传统的基础上,精心打造出的崭新文场曲《春兰吟》荣获中国文化艺术政府奖——文华奖。

2008年6月,广西文场被列入第二批国家级非物质文化遗产名录。

(二)末伦

末伦,汉语叫巫论,是从古时巫调中脱胎发展而来的一种说唱叙事形式,是壮族特有的民间曲艺种类。20世纪70年代,为方便向外人介绍,有艺人借助汉语(桂柳话)近音将"巫论"的壮语称呼直译为"末伦",一直沿用至今。末,即巫;伦,就是叙述的意思。

末伦是壮族的一种传统曲艺品种，流传于我国广西百色靖西县、德保县、那坡县、大新县、天等县、龙州县、宁明县等地，以及越南高平等地区。其中心区域在靖西县，并集中分布在靖西的新靖、武平、渠洋、新甲、魁圩、安德等乡镇。末伦是一种以唱为主、以说为辅、说唱结合的民间曲艺，以壮语南部方言为载体，以诗体语言和叙事方式来演绎，具有浓郁的民族特色和艺术魅力，深受当地群众的喜爱而广为流传。

末伦源于壮族妇女问巫、祈福、求子、求财、求平安的仪式。末伦文化源于何时目前已难以考证，但从相关的资料记载判断和现今的考察情况分析，至少可以将末伦文化的历史追溯到明清时期，清朝《镇安府志》《归顺直隶州志》均有末伦表现形态的记载。早在古代，巫术已在归顺（今靖西）流传，人们不但用巫术祈福消灾，还利用巫调来叹身世、诉衷情、叙故事。在长期的发展过程中，人们在原来巫调的基础上又吸纳了当地的山歌及民间小调而形成了如今的末伦说唱艺术。

末伦旋律优美动听，音乐曲调亲切朴素，富有感染力，其唱词为五言句、七言句，滚押腰韵，连环相扣。末伦一般用壮话说唱，旧时只一人表演，坐唱、站唱、走唱均可，一手拿扇，无伴奏。现代则发展为多人表演，坐唱、站唱、走唱均可，道具有时依传统，有时拿手鼓或绣球，并加上马骨胡、三弦、土胡等乐器伴奏，增强了艺术感染力。

靖西流传的壮族末伦以县城为界，县城以北称为上甲，县城以南称为下甲，故有上甲末伦和下甲末伦之别，两者曲调不同。上甲末伦用上甲调，宫调式。引腔以"哎"开头，以"哝呀罗"或"背呀罗"结尾。下甲末伦用下甲调，羽调式。引腔也用"哎"起音，以"嘟呀哩"结尾，下甲末伦是今末伦音乐的主体。末伦旋律优美动听，音乐曲调亲切朴素，富有感染力，唱词多为五言句、七言句，押腰脚韵，例如"禾苗茁壮喜阳光，百花怒放爱春风"，下句中间的"放"字与上句的末尾"光"字一个韵。

末伦是靖西市现存的流传最广泛、民众参与度最高、人们最为喜爱的传统曲艺项目。传统的末伦段子主要有《送情鞋》《怨情》《白蛇传》《三八英大》等，长唱不衰。20世纪八九十年代靖西文艺工作者以末伦为载体，创作了反映现代生活的新末伦作品，如《瓦氏祭旗》《春暖虎将》《一诺千金》，多次获得殊荣，引起了轰动，也得到全国曲艺界和各类媒体的关注。

2021年5月24日，广西壮族自治区百色的靖西市申报的末伦经国务院批准被列入第五批国家级非物质文化遗产代表性项目名录。

（三）桂林渔鼓

桂林渔鼓俗称道情，是桂林市的汉族传统说唱艺术。桂林渔鼓叙事讲唱道情表演形式受湖南渔鼓影响颇深。明末清初、民国时期都有湖南的渔鼓艺人在桂林传唱渔鼓并落户桂林，开创了桂林渔鼓的先河。

桂林渔鼓伴奏的主要乐器是渔鼓，它由直径约十一公分、长约二尺的楠竹制成，鼓面可蒙上蛇皮、蛙皮或猪板油皮，另配以简板、二胡、中胡、月琴、中阮、三弦、笛子、碟子、酒杯等。演唱形式有两种：一种是"打单筒"，即一人左手抱渔鼓，右手击鼓，自打自唱；另一种是带伴奏、伴唱形式，有二人组、三人组、五至八人甚至十余人不等的组合。二人组是演唱者兼奏主胡，另一人司鼓。三人组的演唱者兼奏主胡，另有司鼓及配胡。

桂林渔鼓是桂林传统文化的重要表现形式，是多地域文化融合的"活化石"，从其中折射出古代社会生活的人生百态，对研究广西的生活史、曲艺史等很有借鉴意义。2014 年 11 月 11 日，桂林渔鼓经国务院批准被列入第四批国家级非物质文化遗产代表性项目名录。

六、广西传统表演艺术的传承与发展

广西少数民族文化资源丰富、各具特色，传统表演艺术是民众根据自身所处的环境、社会、时代而进行的创造，随着时代的发展和人们生产、生活方式发生的巨大变化，部分传统表演艺术与当下审美存在一定的疏离感。因此，传统音乐、传统舞蹈、传统戏剧、曲艺等相关的传统表演艺术在当代社会如何实现可持续性发展成为当前各界共同关注的问题。

面对传统表演艺术如何持续发展这个话题，地方政府高度重视，建立了相关健全保障机制。自治区出台了多项政策扶持广西传统表演艺术在当代的发展，包括《广西壮族自治区非物质文化遗产保护条例》《广西壮族自治区文化生态保护区管理办法》《广西壮族自治区代表性项目代表性传承人管理办法》（桂文非遗函〔2018〕38 号）等一系列部门规章和政策文件，并制定《广西国家级非物质文化遗产代表性项目传承人（传统戏剧类）抢救性保护记录工程标准》，组织开展了国家级非物质文化遗产桂剧、壮剧、彩调代表性传承人抢救性记录工作。同时，落实专项经费，启动广西传统稀有剧种、剧目抢救性保护记录工程试点工作，对广西传统稀有剧种之一的丝弦戏进行抢救性保护记录。2022 年 4 月广西壮族自治区党委办公厅、自治区政府办公厅联合印发的《关于进一步加强广西非物质文化遗产保护工作的实施意见》（厅发〔2022〕14 号），指出针对传统戏剧和曲艺等表演艺术类非物质文化遗产制定"广西有戏"传承发展计划，打造精品力作，培养戏剧人才。通过传统表演艺术主管部门的政策和资金支持，广西传统表演艺术得以跨越式地传承和发展，尤其体现在国家级非物质文化遗产申报的工作上。至今，广西入选表演艺术类国家级非物质文化遗产代表性项目名录的有 28 项，项目保护传承取得了较为明显的成绩。

侗族大歌在广西三江地区设立老、中、青、少侗族大歌演唱队，开展群众性的学歌和赛歌活动，目前呈现出"歌队多、听众多、赛歌多、传歌多"的景象，逐步建立起侗族大歌文化自我发展的良性循环机制。

"刘三姐"已成为广西传统表演艺术中具有国际影响力的艺术经典，从彩调剧《刘三姐》到电影《刘三姐》，从舞台剧《刘三姐》到彩调剧《新刘三姐》，"刘三姐"品牌文化实现彩调与现代流行音乐的结合。此外，壮剧《百色起义》《苍梧之约》《黄文秀》、桂剧《破阵曲》《赤子丹心》《燕歌行》、音乐剧《致青春》《拔哥》《跟斗小子》、邕剧《顶蛳山人》等在传承发展中已成为广西优秀舞台艺术作品，进一步提升了广西表演艺术品牌的辨识度和影响力。

学必有问

　　1. 广西传统表演艺术主要包含哪四类项目？哪种传统表演艺术在你的家乡比较盛行？请你把表演项目分享给同学们。

　　2. 截至 2021 年，广西共获得国家级传统表演艺术非遗项目多少项？请你至少介绍两个项目的表演形式。

　　3. 侗族大歌叙说的主要内容是什么？侗族大歌有哪些特点和作用？

文化大使·我为广西文化代言

【任务描述】

　　请认真阅读任务情境，分组完成刘三姐歌谣各题材内容的分类展示。

　　广西人爱唱歌，每到"三月三"，人们以歌会友、以歌传情。因电影《刘三姐》而风靡大江南北的"刘三姐歌谣"是典型代表。如今，被列入国家级非物质文化遗产名录的"刘三姐歌谣"已经成为广西的一张文化名片，在国内外有很高的知名度和美誉度。

　　刘三姐歌谣内容广泛，按题材可分为生活歌、生产歌、爱情歌、仪式歌、谜语歌、故事歌和创世古歌七大类，表达了人们对现实生活的真切感受，抒发了人们心中喜怒哀乐的真挚情感，具有民族学、人类学、社会学、美学等方面的研究价值。全班分 7 个小组，每个小组负责一个刘三姐歌谣题材种类的曲目收集、特点梳理和 PPT 汇报，并对本组负责的歌谣进行演唱展示。

【任务分析】

　　因刘三姐歌谣风靡世界的缘故，广西民歌被定名为刘三姐歌谣。刘三姐歌谣是广西民间文化的重要组成部分，具有以歌代言的诗性特点和鲜明的民族性，其传承比较完整，歌谣种类丰富多样，传播广泛。

　　广西河池市宜州区是刘三姐歌谣最有代表性的地区，相传刘三姐在宜州下枧河传唱。对刘三姐歌谣进行曲目搜集、内容分析、演唱展示有助于学生进一步了解刘三姐歌谣的文化价值，激发学生参与非遗刘三姐歌谣传承与保护的积极性。

八桂文化

【任务要求】

步骤	要求
1．组建任务小组	组建 7 个任务小组，每组人数根据班级实际人数情况确定。每组指定 1 名小组长，小组长负责本组工作的统筹协调、数据汇总提交、确定小组成员职责及数据报送时限
2．分析任务情境	以抽签方式确定每组负责的题材。各小组研讨任务情境，商讨歌谣收集任务的具体实施步骤及方法
3．完成工作任务	各小组完成所负责题材的资料收集，分析歌谣特征，完成 PPT 汇报设计，并学唱一首所负责题材的歌曲
4．成果汇报	小组代表上台汇报展示本组工作成果，教师记录情况并作点评
	现场投票决定成果排名

【任务提醒】

1．可利用中国非遗网、广西非遗网、剧目展示等查阅资料，收集所负责题材的内容特点、曲目、演唱示范等内容。

2．题材汇报应包含：题材特征、曲目举例、分析曲目、歌曲演唱等（歌曲演唱可以是独唱、对唱、小组唱等）。

任务完成情况和展示环节的评分表

任务编号		7		任务名称		刘三姐歌谣各题材内容分类展示
学生姓名			组别		组内职务	
评量项目			自评	小组评分		教师评分
课堂表现	学习态度（10分）					
	沟通合作（10分）					
小组任务	题材收集（20分）					
	题材分析（20分）					
	PPT制作（20分）					
	歌曲演唱（20分）					
评分结果	小计					
	总分					
学生签字		年　月　日		教师签字		年　月　日
评分标准						

	项目	A	B	C	D	E
课堂表现	学习态度（10分）	9～10分	7～8分	5～6分	3～4分	0～2分
		在积极主动，虚心求教，自主学习、细致严谨等方面表现优秀	在积极主动，虚心求教，自主学习、细致严谨等方面表现良好	在积极主动，虚心求教，自主学习、细致严谨等方面表现较好	在积极主动，虚心求教，自主学习、细致严谨等方面表现尚可	在积极主动，虚心求教，自主学习、细致严谨等方面表现均有待加强

评分标准					
项目		A	B	C	D	E
课堂表现	沟通合作（10分）	9～10分 在师生之间具有很好的沟通能力，在小组学习中具有很强的团队合作能力	7～8分 在师生之间具有良好的沟通能力，在小组学习中具有良好的团队合作能力	5～6分 在师生之间具有较好的沟通能力，在小组学习中具有较好的团队合作能力	3～4分 在师生之间具有一定的沟通能力，在小组学习中能够参与团队合作	0～2分 在师生之间沟通能力较弱，在小组学习中参与团队合作较弱
小组任务	题材收集（20分）	18～20分 题材种类、曲目等资料丰富，题材新颖、有特点	14～17分 题材种类、曲目等资料丰富，题材较新颖、较有特点	10～13分 题材种类、曲目收集资料较丰富，题材较新颖	5～9分 题材种类、曲目收集资料简单，没有特点	0～4分 未完成题材种类、曲目的收集工作
	题材分析（20分）	18～20分 能结合曲目从文化历史、音乐特点等方面进行题材分析，有理有据，表达清晰准确	14～17分 能结合曲目从文化历史、音乐特点等方面进行题材分析，表达准确	10～13分 能结合曲目对题材进行一定的分析，观点正确，表达较清楚	5～9分 能对题材进行一定的分析，观点基本正确	0～4分 不能对题材进行分析
	PPT制作（20分）	18～20分 PPT内容、形式等紧紧围绕题材，并且精准、恰当、简洁	14～17分 PPT内容、形式等较好围绕题材，并且比较精准、恰当、简洁	10～13分 PPT内容、形式等基本围绕题材，并且比较精准、恰当、简洁	5～9分 PPT内容、形式等有些偏离题材，并且不够精准、恰当、简洁	0～4分 PPT内容、形式等未能围绕题材，并且不精准、恰当、简洁
	歌曲演唱（20分）	18～20分 表演形式新颖，声情并茂，演唱富有激情，表情自然，富有感染力，整体效果好	14～17分 表演形式有所创新，精神面貌好，演唱有激情，表情自然，有一定感染力，整体效果较好	10～13分 表演形式较好，精神面貌好，演唱整齐，有一定感染力，整体效果较好	5～9分 表演形式一般，精神面貌较好，演唱较整齐，缺乏感染力，整体效果一般	0～4分 表演形式一般，精神面貌不太好，演唱不整齐，没有感染力，整体效果不好

第八讲

节庆民俗

考考你

广西各民族传统节日众多，素来有"四季皆聚庆，无月不过节"之说。其中，有一个民族的节日被定为广西的法定节日。这个传统节日"既有汉族之俗又有少数民族之风"，还被称为女儿节、中国情人节，你知道是哪一个节日吗？

教学目标

知识目标

了解广西各民族传统节庆习俗及其丰富的文化内涵，加深对广西各民族传统节庆活动特点、特征和历史文化的认识，感受广西各民族传统节庆活动蕴含的民族文化、民族情感和家国情怀。

思政目标

通过对广西各民族主要传统节庆活动的了解，引导学生传承和弘扬广西各民族优秀传统文化，增强民族文化认同感，树立社会主义文化自信，铸牢中华民族共同体意识。

专题点击

一、广西节庆民俗概述

节日是民众在特定时空参与特定习俗活动的特定时日。节庆活动是指人们为适应生产和生活开展特定主题活动的一种社会民俗活动。由节庆活动形成的节庆文化，则是一个民族或地区的物质文明和精神文明在传统节庆上的积淀或反映。广西是我国少数民族人口最多的省区，各民族除了有共同的节日，还有不少专属某一民族的节日。在漫长的历史进程中，广西各民族创造和形成了很多独具地域特色的传统节日及庆典活动。这些节庆活动内容丰富、形式多样，与广西的地理环境和历史发展紧密相关，具有趣味性、参与性、艺术性和民族性，是广西各民族文化的重要组成部分。

（一）广西节庆民俗历史发展

传统节庆或源于劳动实践活动，或源于生育婚恋，发展初期表现为对自然鬼神的祭祀，或者与某个历史事件、历史人物相关，反映了一定历史阶段民众的社会生活、心理状态和文化风貌。广西各民族都有自己的传统节日，具有浓郁的民族特色和地域特色，随着时代发展，形成了内容丰富多彩、形式多变的广西传统节庆文化。其中许多节庆民俗成为了各级非物质文化遗产。截至 2022 年，广西入选的国家级、自治区级非物质文化遗产代表性项目名录中属于节庆的有壮族歌圩、三月三（壮族三月三）、壮族蚂蚂节、壮族霜降节、瑶族盘王节、京族哈节、仫佬族依饭节、毛南族肥套、宾阳炮龙节等 14 项。这些传统民俗节庆，一方面，继承了本民族的民风民俗，成为社交娱乐、歌舞戏剧、服饰饮食等民族文化集中展示的窗口，展现了广西民族团结、边疆稳定、社会和谐、人民幸福的面貌；另一方面，也融进了经贸、旅游、电商等活动，带动了当地经济社会的发展，带给人们一种别具特色的消费和文化盛宴。

（二）广西节庆民俗内容分类

广西传统民族节日众多，既有多个民族的共同节日，又有单个民族的特有节日。大致可分为祝祭节日和时令节日两大类。广西民族传统节日文化具有极强的包容性和聚合性，囊括了广西 12 个世居民族的农耕文化、服饰文化、饮食文化、原始崇拜文化，节日习俗大多含有饮食、服饰、信俗、娱乐、社交等内容。

1. 祭祀性节日

农耕时代，广西各少数民族大多居住在偏远的山区丘陵地带，对于无法客观解释的自然现象，人们希望通过模仿动物形态的舞蹈来取悦神灵，表达对万物之神的崇拜，祈望可以祛除灾难，保佑人畜平安、五谷丰登。这种原始的神灵祭拜活动逐渐演变为节日习俗而流传后世。比如，河池环江等地的毛南族群众，每年在农历夏至后的第一个辰日（龙日）前后举行分龙节，以祭祀龙的仪式祈求风调雨顺以获得好收成。依饭节是仫佬族的传统节日，每三年或五年举办一次，于立冬后择一吉日，以同姓家族为单位举行，通过祭祖活动祈求人畜平安、五谷丰登。

广西各地普遍流行的中元节俗称七月半，以祭祀、放河灯、焚纸锭等为主要节日内容。广西资源河灯节（中元节）历史悠久，是资源民间的传统节日，以丰富多元的仪式风俗著称。根据历史记载，这一节俗起源于唐宋年间。资水是连接桂北与湖南的水上交通枢纽，资源水路运输繁忙，常常发生舟覆人亡事故，于是当地百姓在江中放河灯祭祀水中亡灵，以寄托哀思、祈祷平安。现在，每年农历七月十四日，资源群众就会相约到资水漂放敬神灯（头灯）、莲花灯、粽子灯、宫灯等各种精美河灯缅怀先人。2014 年资源河灯节入选第四批国家级非物质文化遗产代表性项目名录。

2. 纪念性节日

广西的纪念性节日多为纪念本民族历史上的重大事件或英雄人物而设立。东兴市的京族哈节是一个纪念海神公的节日。京族人每年过节都会把海神从海边迎回哈亭敬奉，祈求族人四季平安。瑶族的盘王节由祭吊、祠祀仪式逐渐演变而成。每年农历十月十六日，瑶族同胞便汇聚在一起，以祭盘王为中心，唱盘王歌，跳盘王舞。每年农历四月上旬，广西那坡县彝族村寨都会举行"跳公节"。相传古代，彝族首领九公率部出征斗敌，被敌方围困，后依靠全族人的智慧，以竹子做弓箭，奋起反击，终获胜利。九公率族人在村寨种下金竹以谢救命之恩。后人沿袭成俗，演变成那坡地区彝族人民的传统节日。

3. 庆贺性节日

百岁年为首，过年是人们迎新纳福的最重要节日。与汉族一样，春节是广西壮族的重大节日。节日期间，壮族各地区会举办丰富多彩的民俗活动，喜迎新春佳节。侬峒节是壮族的新年，是广西崇左市壮族特有的节日，主要流传于广西中越边境左江流域的崇左市龙州、大新、天等、江州等地。传统的侬峒节祭祀天神，祈盼上苍赐福，祈求风调雨顺。在侬峒节期间，群众会举行舞龙、斗鸡、唱山歌、抛绣球、跳竹竿舞等具有壮家特色的民族风情活动。壮族侬峒节2021年入选国家级非物质文化遗产代表性项目名录。

每年农历正月十一是南宁市宾阳县举行炮龙节的日子。这天晚上，宾阳县主要街道群龙劲舞、鞭炮齐鸣。炮龙节不仅通过抢花炮营造喜庆的节日气氛，还会举办游彩架、踩高跷、师公舞、彩凤舞等群众性活动吸引了大量当地居民与游客，被称为"东方狂欢节"。2008年宾阳炮龙节入选国家级非物质文化遗产名录。

尝新节是广西仡佬族和部分苗族、瑶族、壮族欢庆丰收的传统节日。各地举办时间不一，有的选择在每年农历六月早稻抽穗将近成熟时举行，有的选择在晚稻黄熟时过节。节日的内容是"吃新"，即尝新米。当天除准备好鸡鸭鱼肉外，各家还到地里摘一些新谷来煮，煮熟后先祭神和祖先，然后再品尝。具体的过节形式各地稍有不同。

4. 社交娱乐性节日

壮族三月三、仫佬族走坡节、隆林苗族跳坡节等是带有交友择偶色彩的社交娱乐性节日。广西少数民族大多居住在偏远山区，由于交通不便，平时来往很少，只有节日青年男女才能聚会交往。农历三月初三，这天壮家青年男女穿上节日盛装，相聚在一起唱山歌、抛绣球以传递爱慕之情。仫佬族的走坡节多在春秋农闲时举行，届时，青年男女成群结队，到坡场唱歌传情，互唱互答，增进彼此的了解。隆林苗族跳坡节已有100多年的历史，是苗族青年男女交友的重大节日。

（三）广西节庆民俗文化特征

广西传统节日是广西各民族悠久历史文化的重要组成部分，承载着广西各民族的文化、历史、情感，是各民族先民丰富而多彩的社会生活内容与历史文化的积淀，在悠久漫长的历史进程中逐渐形成了鲜明的特点。

1. 鲜明的稻作文化

广西地处华南稻作文化圈，以种植水稻作物为主。广西各族的传统节日起源于农耕时代，形式多样，内涵丰富，经过千百年的淬炼和代代相传，成为中华民族悠久历史文化的重要组成部分。根植于农耕文化土壤中的广西传统节日，具有鲜明的稻作文化色彩。

广西很多传统节日都源于稻作生产。壮族的尝新节、稻花节，侗族的新禾节等，都与水稻作物有关，人们用庆贺稻谷丰收的方式来感谢大自然的恩赐。

壮族是稻作民族，对自然环境依赖性比较大，怕旱怕涝。壮族先民在长期的生产实践中，发现青蛙的叫声与天气阴晴有关，于是就根据它的鸣叫规律来预测天气，由此产生了崇拜青蛙的壮族蚂𧊅节。壮族蚂𧊅节主要流行于广西河池市东兰县境内红水河两岸地区。节日从正月初一开始，历时各地不一，有的5～7天，有的长达一个月，以找蚂𧊅、祭蚂𧊅、游拜蚂𧊅、葬蚂𧊅为主要内容，同时会有敲铜鼓、跳蚂𧊅舞等民俗表演。入夜，人们举办篝火铜鼓山歌会，载歌载舞，祈求风调雨顺、四季平安。

在广西，有的民族认为，牛不仅是稻作生产重要的劳动工具，牛还具有通灵、求雨、逐疫等作用，于是将牛作为图腾崇拜。壮族人民在农历四月初八过牛魂节，每年春节举行舞"春牛"活动，祈求六畜兴旺、谷物丰收。

稻作农业的文化特性也反映在节日饮食习俗中。广西有的少数民族在"三月三"吃五色糯米饭，清明节蒸艾叶糍粑，端午节吃三角粽，过年包年粽。这些节日食品都是用稻米制作的，既用以祀神，又是各种节日美食，构成了广西独特的饮食文化。

2. 独特的祭祀文化

在广西传统节庆中，祭祀文化特征明显。广西多地都有在"二月二"祭祀土地神的习俗，这是人们对大地母亲繁衍万物的回报。"三月三"等节庆会举行敬仰古圣先贤和宗族祖先的祭祀活动。在桂西地区"三月三"时家家户户都会隆重举行祭祖活动，慎终追远的尊祖情怀成为广西文化的一条重要根脉。小年腊月祭祀灶神的节日习俗则是人们对灶火烧食之功的感念。毛南族的分龙节通过祭祀龙王与河神表达了祈水降福的期盼之情；祭祀中善待牛、马等各种家畜，传递了对动物的感恩之心。这些祭祀仪式，是广西各族人民与大自然沟通、对话的方式，也是追求人与自然和谐相处的写照。

3. 与生产实践紧密相关

岁时节令文化是人们在长期的生产、生活实践中不断认识自然、适应自然而逐渐形成的文化成果。花开花谢、日升日落、月圆月缺、寒去暑来，自然节令的循环往复成为人们设立人文节令的基础。广西岁时节令的形成与农业生产实践有密切的关联，许多节日本身就是由农业节气演变而来。每年农历九月壮族的霜降节是具有农家特色的节日。在晚稻收割结束之后的霜降期间，壮族乡民们用新收获的糯米制作"迎霜粽"，除了供全家人享用之外，还用来招待亲朋好友。人们趁着农闲走亲访友、看戏对歌、买卖农产品、购买生产农具，为第二年的春耕做准备，人们也用这种方式让辛苦劳作了一年的自己在身心上得到放松。2014年11月，壮族霜降节被列入第四批国家级非物质文化遗产代表性项目名录。

广西的很多节日也与农业生产实践有明显的对应关系，一年四季的重要时间节点逐渐演化成与之相应的节日节庆活动。二月二龙抬头的社日节，天气回暖，大地回春，村民会带上香火蜡烛等到村边土地庙祭祀土地神，祈求风调雨顺。四月初八"农具节"正好是农历四月稻谷生长的季节，"求雨""祭农具"成了主要内容。农历六月初六是稻神娅王的生日，壮族先民会举行盛大的祭祀活动，祈求稻神娅王保佑水稻顺利抽穗扬花，后来此习俗发展成为隆安"芒那节"。农历七月初七，又称"尝新节"，成为仡佬族、苗族、布依族、白族、壮族、侗族的传统节日，家家户户放土炮、鞭炮进行扫寨、演傩戏、唱山歌、耍武术，寨老用竹筛盛鸡、肉、酒，将拴有红辣椒和青蒜的竹竿插在田间地头，以示送祖，最后全家聚餐，以此预祝五谷丰登。

4. 浓郁的民族礼俗文化

节日是特殊的日子，千百年来，广西人民的生活离不开节日的陪伴。人们喜欢过节、热衷过节，因为它承载着对生活的美好期盼。节日与日常生活的区别体现就在于节日有庄严的仪式和丰富多彩的节庆活动。广西节庆仪式承载和传递着各民族的生活方式、社会结构、人伦礼俗等重要文化信息，有着强烈的民族礼俗文化。节日举办的各种庆典、祭祀、祈福，寄托了人们心中美好的感情，是情感认同的一个重要支点。"壮族三月三"，全族集体拜山祭祖、感恩缅怀先人、抢花炮求花神送子送福、赶歌圩唱山歌寻觅意中人等，各种节日民俗蕴含着浓郁的民族礼俗，人们通过仪式找到情感寄托和族群归属感。在节日的乡俗民情中体会着各族人民团结协作、守望相助的温情。

（四）广西节庆民俗文化价值

广西传统节日文化是民族特色和个性文化的集大成者，集中体现了广西传统文化的核心价值，生动展示了广西民众的精神世界。这些节日经过时代发展，凝聚着各族人民的智慧和情感，以喜闻乐见的形式传承下来，蕴含着丰富的文化价值。

广西节庆民俗蕴含着丰富的民族文化内涵，如土地崇拜、祖先崇拜、动物崇拜、尊重自然规律、懂得感恩与回馈、强调身心健康等，是广西各民族优秀传统文化的重要内容。广西节庆民俗体现的注重血缘、敬仰祖先、敬畏生命等文化内涵和精神内核成为塑造广西各民族气质、增强民族凝聚力、留住乡土情怀的共同心理纽带和精神支柱。

广西节庆民俗促进了各民族的文化交流和民族团结。2014年，"壮族三月三"成为广西的法定节日。"壮族三月三"由民间节日上升为法定节日，由壮族过节变成了全区各民族共同过节，既保留了民族特色和节日传统，又体现了尊重广西各族人民和执政为民的理念。作为法定节日的"壮族三月三"，其价值不仅体现了传统文化的传承，同时为促进广西各民族的交往交流交融提供了新的载体和模式。通过共同欢度节日，广西各民族既可以在经济贸易上加强合作、携手发展，又可以在精神文化方面相互交流、相互学习，有助于吸收各民族的优秀文化成果，共建壮美广西。

广西节庆民俗增强了各民族的情感和心理认同。传统节日具有民间性和民众性，强调群体的参与和体验。在全民欢度节日的各种民俗活动中，人们感受节日的欢乐，享受假期的休闲，喜悦于亲朋好友的欢聚。

二、广西节庆民俗举隅

（一）"壮族三月三"

"壮族三月三"又称歌圩节，是祭祀祖先、倚歌择偶的传统节日，于2014年11月被列入国家级非物质文化遗产代表性项目名录。

1. 历史溯源

在中国传统节日里，农历三月三起源于上巳节，也被称为中国的情人节、女儿节。魏晋以后，上巳节改为三月三，到汉代定为节日。

先秦上古时期，每年上巳三月，春暖花开，人们都会走出家门，集中水边，举行洗濯去垢、消除不祥的被除仪式。《论语》中描述为："莫春者，春服既成，冠者五六人，童子六七人，浴乎沂，风乎舞雩，咏而归。"可见，"被除畔浴"活动已成为当时上巳节最重要的内容。

上巳节不仅是祛邪求吉的节日，更是青年男女自由快活的春游。《诗经·郑风·溱洧》文中记载："溱与洧，浏其清矣。士与女，殷其盈矣……维士与女，伊其将谑，赠之以勺药。"文中描述的就是阳春三月的溱洧河畔，青年男女在上巳节出游相会，赠以芍药定情的场景。古人认为，春天是生育的好季节。春日里男女郊外踏青相会，河畔泼水相戏，自由择偶，成为了上巳节很重要的节日内容。

魏晋时期盛行崇尚自然、纵情山水之风，此时被除之意逐渐淡化，迎春赏游之意越发浓郁，上巳节逐渐成为皇室贵族、公卿大臣、文人雅士临水宴饮的节日。上巳节时，古人有"临水浮卵"和"水上浮枣"的习俗。即把煮熟的鸡蛋或者红枣放到河里，让它随水漂流，停留到谁的身边，谁就可以把它吃下去，这个习俗有早生贵子的寓意。

到了唐代，春游踏青、临水宴饮成了主要习俗，"三月三"成为当时隆重的节日之一。上巳节中踏青被除的节日内涵逐渐被带到了清明节中，寒食、上巳、清明最终三节合一。

"壮族三月三"是对中国古代上巳节的传承。尽管"三月三"在中原地区逐渐衰落，但上巳节的节日习俗依然遗存在壮族的"三月三"中。家家户户完成祭祀祖先的仪式后，壮族青年男女会在野外举行聚集欢歌、抛绣球、碰彩蛋等活动。可见，"三月三"也是壮族最古老的情人节，壮族人民将上巳节的踏青祭祀、春日男女交友来往的节庆习俗渗透在自己的传统节日中，使其在"三月三"的节庆文化中延续传承。

2. 节庆民俗

"壮族三月三"是壮族、汉族、苗族、侗族等民族共同参与的重大传统节日，其中，赶歌圩与祭祖是节日的两大主旋律。随着时代的发展，节日逐渐增加了抛绣球、碰彩蛋、跳竹竿舞等各种民俗竞技活动。

（1）赶歌圩。广西是民歌的海洋，农历三月初三，是壮族人民的传统歌节，俗称"歌圩"。广西共有600多个歌圩点，或在圩场、坡地，或选择离村寨不远的空地、山坡上举行。

壮族歌圩最早起源于氏族部落时代的祭祀性歌舞活动，随着社会发展，这种祭祀性活动逐渐演变成以交流为主的群体性活动。壮族歌圩规模有大有小，少则一两千人，多则万余人。歌圩的主要活动是青年男女的对歌传情、倚歌择偶，也有群众性的赛歌、赏歌、盘歌、猜歌、抢歌、斗歌。这些具有民族特色的对歌活动形式多样，"歌圩"成为"壮族三月三"的代称。歌圩是壮族民歌的自然载体，它已成为壮族传统文化娱乐活动的代表形式。以歌代言、以歌传情的风俗是歌圩产生的文化土壤；壮族对偶婚制取代群婚制则是歌圩产生的社会因素。歌圩体现了壮族人民的信仰观念、文化心理、审美观念、生活追求。

（2）祭祖。"壮族三月三"还有一个重要的习俗就是拜山祭祖，这是上巳节与清明节祭奠祖先习俗的融合。

壮乡不少地方会在农历三月初三举行公祭始祖的仪式，即多个家族一起共同祭祀同一个祖先。公祭始祖包括重新堆土、烧香、供奉祠堂等多个礼仪步骤。在供奉祠堂时，一些村落的族长会拿出族谱和家规进行宣读，在悼念祖先的同时，还起到了教育后代、加强邻里族里团结、传承民俗文化的重要作用。

桂西壮乡把农历三月初三定为扫墓日。广西马山、都安、上林、忻城等地壮族人民祭拜祖坟从农历三月初三开始，到三月十五才结束。仪式主要包括先把五色糯米饭和猪肉、鸡肉、腊肉摆上坟头，点烛燃香之后，子孙们便除草添土，修整墓地，烧香上坟，供上祭品，跪拜敬酒，燃放鞭炮，祈求祖先保佑家人幸福安康。祭拜完了大家会聚在一起吃饭，彼此增进交流，加强家族感。

"壮族三月三"的祭祖仪式体现了壮族人民朴素的天人合一的理念、敬亲孝亲的观念，有很强的感染力。"壮族三月三"祭祖活动举行的时间顺应了农事的时间节律，便于大家行动的统一。在外的人们都会在这一天与家里或族人共同参与祭祖活动，祭祖过程中供奉的祭品与祭拜仪式基本一致，体现了村落内部很强的趋同性。同时，祭祖也是一种尊敬长辈的孝道传承过程。

（3）抛绣球。抛绣球是壮族人民在歌圩中开展的一项传统民族体育活动。壮族抛绣球的习俗源来久远，2000多年前就绘制在广西宁明花山壁画上。当时用来甩投的是青铜铸制的古兵器"飞砣"，多在狩猎中应用。后来，人们将飞砣改成了绣花布囊，互相抛接娱乐。到了宋代，逐渐演变成壮族男女青年表达爱情的方式。宋代朱辅在《溪蛮丛笑》中记载："土俗岁极日，野外男女分两朋，各以五色彩囊、豆粟往来抛接，名飞砣。"这种彩球多为圆形，也有椭圆形、菱形等，它大如拳头，内装实物，上下两端分别系有彩带和红坠，扔抛之下彩带飞舞，耀眼夺目，这就是绣球的雏形。如今，"三月三"歌圩的绣球是精美的丝织工艺品，12个花瓣连接成圆球形，上面绣有精美花卉，球上连着一条绸带，下坠丝穗和装饰的珠子。绣球内装有豆粟或棉籽，象征着永结同心的坚贞爱情。

"抛绣球"在广西百色、柳州、南宁、河池等壮族地区广为流传，其中尤以百色靖西等最为著名。抛绣球能促进人们的友谊，起到以球传情、以球传神的作用。

（4）碰彩蛋。把熟鸡蛋染成红色、黄色、蓝色、紫色的彩蛋，也是"三月三"的传情之物。在广西红水河流域的巴马、凤山、都安、马山等地都有碰彩蛋的习俗。当地赶"三月三"歌圩的青年男女都会随身带上熟鸡蛋。女的把彩蛋装在竹篮或网兜中，男的则藏在衣裤兜里。歌圩场上，要是小伙子通过对歌看中某位姑娘，便找姑娘碰蛋。如果姑娘对小伙子不中意，她会紧握手中的彩蛋，不让小伙子碰到，这时小伙子便知趣离开。若姑娘也中意小伙子，便会将手中的彩蛋露出来，与小伙子的彩蛋互碰，彩蛋被碰烂则表明姑娘已敞开心扉，便双双离群去吃彩蛋。姑娘将蛋黄喂给小伙子，表示她将忠于爱情；而小伙子则将蛋白喂给姑娘，表示他的心洁白无瑕，对姑娘一往情深。碰彩蛋是"壮族三月三"歌圩中男女青年的交际习俗。而今，碰彩蛋又增添了"碰出好运气"的讨喜意头。

（5）跳竹竿舞。竹竿舞又称竹杠舞，是"壮族三月三"常见的活动。持竿者姿势有坐、蹲、站三种，可交替变化，形式多样。在有节奏、有规律的碰击声里，跳舞的人不仅要在竹竿分合的瞬间敏捷地进退跳跃，还要潇洒自然地表演各种优美的动作。如果跳舞的人不熟练或胆怯，就会被竹竿夹住脚。善于跳竹竿舞的小伙子往往因机灵敏捷、应变自如而博得姑娘的青睐。壮族竹竿舞是一种可以与客人共舞的娱乐性舞蹈。从1985年起，在武鸣"三月三"歌圩活动中，千名壮家青年男女以跳竹竿舞来庆祝自己的节日，形成了千人齐跳竹竿舞的壮观场面。

3. 文化内涵

"壮族三月三"作为民族传统节日，以歌传情，以歌择偶。依歌择偶是壮族婚俗演变与社会历史发展的必然结果。壮族歌圩源于对偶婚的出现。壮族先民进入农耕社会后，对偶婚制逐渐代替了群婚制，男女婚配禁止同族男女结婚，择偶必须同氏族、家族之外的异性交往。为解决青年男女的婚配问题，氏族（部落）酋长们便共同商定，在劳动生产之余，选择适当的时间、地点相会，以便青年男女互相接触。青年男女在集会上对歌为乐，并从中择偶。这个过程，就是"以歌为媒"。

"以歌为媒"的魅力在于对歌比才艺、比能力、比智慧，歌场就是考场，它缘于歌而重于情，在多次歌场交往中，双方建立深厚感情，追求自主婚姻，歌圩中"倚歌择偶"的习俗与当今提倡恋爱自由、婚姻自主的风尚吻合。

青年男女的"以歌为媒""倚歌择偶""答歌成婚"活动，强化了民歌的文化交流与审美交流功能，使人们在活动中获得审美愉悦和精神享受。歌圩不仅成为青年男女交往的媒介，还承载着延续族群血脉、组建家庭、繁衍后代的愿望和理想，更是保证社会和谐稳固的基石，散发出别样的魅力。

（二）苗族坡会

1. 历史溯源

苗族是一个多节日的民族，一年十二个月，月月有节。2015年，融水苗族自治县被认定为"中国百节民俗之乡"。据统计，融水县目前共有 138 个民间节日，其中较有代表性的是苗族坡会、芦笙斗马节、苗族春社节、良双闹鱼节、苗族拉鼓节等。每年农历的正月初三至十七，广西融水各乡镇村屯的苗族群众会举行系列坡会，每天一个坡会，排列成序，连续不断，这是苗族人民祭祖消灾祈福、集体聚会交流的盛大民间传统节日。典型代表有正月十三安太坡会、正月十六香粉古龙坡会、正月十七安陲芒哥坡会等。

2. 节庆民俗

苗族坡会汇集了多彩的信仰、服饰、音乐、舞蹈、美食、体育等民族民俗文化，融水苗族系列坡会群的文化形态充分体现在歌、舞、乐当中。坡会上，青年男女三五成群，互唱苗歌对答，抒发他们对美好生活的向往和纯真爱情的追求。赶坡的姑娘们穿上漂亮的百鸟衣，迈着欢快的脚步，围圈跳着踩堂舞。芦笙是苗族的专属乐器。每当坡会举办时，苗族同胞身着节日盛装，聚集在高耸的芦笙柱下，举行祭祀活动。男青年吹着芦笙，绕着芦笙柱翩翩起舞。坡会还同时举行舞龙、耍狮、芦笙踩堂、斗马、斗鸟、赛马等文体活动。在融水县流传着"无马不雅，节庆不斗马不成节"的说法，斗马以激烈、惊险吸引着大批观众，成为坡会最热烈的传统娱乐活动。

每年正月十六、正月十七这两天，融水苗族自治县香粉乡会举办"芒蒿"节。在坡会上，男性身着芒蒿，跳起芒蒿舞。芒蒿，是苗族民间传说中的娱乐神，是苗族人民勤劳善良、吉祥幸福、健康长寿的寄托。苗族人民为了纪念芒蒿，请来头戴面具、身披芒草的"芒蒿"欢聚，以此祈求新年平安幸福。

3. 文化内涵

苗族系列坡会作为苗族人民独特的节日，不仅给当地群众带来欢聚的机会，更让他们在赶坡中展现才华、谈情说爱、交友叙旧、传递信息，呈现出苗族的生产生活特征、风俗习惯和民族审美情趣。苗族坡会最大的特点在于时间跨度长，从正月初三到十七，形成了连绵不断的节日链条，也形成了苗族的专属文化空间。2006 年，苗族系列坡会群被列入国家级非物质文化遗产名录。作为苗族文化集中展现的空间，融水苗族系列坡会培养了苗族人民对民族文化的认同感、凝聚力和向心力，促进了多民族间的融合与团结，具有鲜明的非物质文化遗产价值。

（三）瑶族盘王节

1. 历史溯源

在瑶族众多的民间节日当中，盘王节是最隆重的传统节日。一年一度的盘王节是瑶族独特的历史文化缩影和集大成者。瑶族有千年的迁徙史，是中国分布最广、支系最多的少数民族。作为多族系的民族，本无全民族统一的节日。1984 年 8 月，来自全国各地的瑶族代表汇集南宁，大家一致赞成在盘王诞生日即每年农历十月十六举行活动仪式，盘王节从此成为瑶族的统一节日。

广西的金秀、全州、富川是瑶族聚集地，其中贺州盘王节最具代表性。盘王节的内容主要是祭祀盘王和举办民间文艺活动。这一天，各地瑶族群众盛装打扮，簇拥着盘王巡游，场面宏大热烈。家家户户都拿着美酒香肉到盘王庙和家族宗祠进行供奉，祈求盘王为他们驱邪降福。之后，瑶寨里还会大摆宴席，庆贺家族团聚、人丁兴旺。

2. 节庆民俗

盘王节活动丰富多彩，歌唱舞蹈活动以唱盘王歌和跳长鼓舞为主。

（1）跳盘王。盘王庙的祭祀活动又叫"奏堂"或"跳盘王"，多由德高望重的祭师主持进行。盘王节仪式由4名师公主持，还愿师、祭兵师、赏兵师、五谷师各司其职。师公每人1名助手。此外还有4名歌娘歌师、6名童男童女、1名长鼓艺人和唢呐乐队参加跳盘王。其传承方式以师承和家传为主。这些祭师或唱或跳，展示瑶族先祖的生活，内容围绕创世、迁徙、耕山、狩猎等生活场景展开。宋代周去非在《岭外代答》中描述："瑶人每岁十月，举峒祭都贝大王于庙前，会男女之无实家者，男女各群连袂而舞，谓之踏瑶。""踏瑶"即"跳盘王"，也称为"还盘王愿"。盘王节是用跳舞的方式赞颂盘王，抒发瑶胞怀念和感激盘王之情。盘王舞以鼓作为主要乐器，分两类：一类是直接表现盘王生平及其将兵本领的盘王舞，另一类是日常跳的具有娱乐性的各种民间舞。盘王节舞蹈古朴、生动，展现了瑶族悠久的历史文化传统。

（2）唱盘王大歌。祭师演唱的经诗，民间俗称盘王大歌，是瑶族最重要的歌谣典籍，内容涉及神话传说、宗教礼仪和世俗民情，描述了对祖宗神灵的赞颂和感恩。盘王大歌能流传至今，仰赖于瑶族人民强烈的寻根意识。瑶胞虽然分散在世界各地，但他们无论走到何方，都随身携带本族典籍，期待有朝一日落叶归根。盘王大歌无疑成了他们维系民族传统的精神纽带。

3. 文化内涵

盘王节蕴含着丰富的瑶族文化特质，其仪式、民俗活动皆脱胎于瑶族人民长期的生产、生活、交往实践。盘王节是一种活体文化，它不仅架起盘瑶文化传播的桥梁，使其能代代口耳相传，铸就了一个具有独特文化和精神的民族，同时也是了解瑶族历史文化的快捷途径。和很多节日一样，盘王节也是瑶胞阖家团圆、朋友相聚的好日子。今天的盘王节已逐步发展为庆祝丰收的联谊会。青年男女则借此机会以歌道情、寻觅佳偶。新时代的盘王节，是瑶族历史文化的缩影和艺术盛会，也是海内外瑶胞割不断的精神纽带。2006年，瑶族盘王节被列入第一批国家级非物质文化遗产名录。盘王节作为历史悠久、分布广泛的大众节庆活动，集瑶族传统文化之大成，是增强民族向心力、维系民族团结的人文盛典。

（四）侗族花炮节

1. 历史溯源

侗族的传统节日按内容可分为生产生活性节日、祭祀纪念性节日和社交娱乐性节日三大类。"三月三"的花炮节是侗族人民喜爱的传统娱乐性节日。"抢花炮"是花炮节一项具有浓郁民族特色的活动，源于古代放炮还愿酬神仪式。由于抢花炮具有强烈的对抗性、娱乐性和独特的民族风格，数百年来长盛不衰，被誉为"东方橄榄球"。每年农历"三月三"，三江、邕宁、上林等侗族与壮族聚集地都会开展抢花炮活动，而影响最大的莫过于广西三江侗族自治县的花炮节。

2. 节庆民俗

抢花炮活动原先为求子嗣的个人参与争夺，后来演变为了村寨的福祉荣耀而有组织地进行竞争。"花炮"实际上是铁制圆环，把直径约 5 厘米的铁环用红布或红绸缠绕，置于送炮器（即铁铳）上，内装火药，燃放后，花炮被轰上空，待落下时参加者奋力夺取。

按民间传统，花炮燃放 3 炮，抢得头炮者，象征人财兴旺；抢得二炮者，象征五谷丰登；抢得三炮者，象征万事吉祥如意。抢花炮场地通常设在河岸或山坡上，无一定界限，这就需要抢花炮的人具有强健的体魄、顽强的意志和敏捷的反应能力。一旦花炮分清得主，顿时唢呐声、欢呼声、鞭炮声响成一片，抢到花炮的人相当于抢到了"头彩"，胜利者成为人们心目中的幸运者，寓意着吉利幸福，获胜者还可获得猪、羊、红蛋、酒和镜屏等奖励。

3. 文化内涵

花炮节蕴含丰富的民俗文化内涵和精神特质。花炮节最早的社会功能是求子求嗣。壮、汉、苗、瑶等族皆称送子神为"花王"或"花婆"。"花炮"之"花"，正是"花婆"送子，有开花结果之意，蕴含着谁抢得花炮，谁家就会多子多福、人丁兴旺、吉祥美好。在"花炮节"上千百人中抢得"花炮"，意即花婆神降临，此后将人丁兴旺。"花炮节"的奖品是一面"花镜"，一面两尺见方的玻璃镜屏，彩纸彩布装饰，上面还缀以男女童子各一名，写有"人丁兴旺"字样。奖品由得胜者永久保存，并供在家中香堂之上。如今农村各地举办婚礼，亲戚朋友总是赠以一面大玻璃镜屏，这个风俗就是来自花炮节，蕴含着新人早得贵子的美好祝愿。

现在，抢花炮变成了村寨之间，侗、壮、汉族等不同民族参与的一项传统体育竞技。抢花炮不仅是对体魄的考验，更是智勇的比拼，促进了民族文化交融。花炮节上，吹芦笙、跳踩堂、对歌、演桂戏、唱彩调、斗牛、斗马、斗鸟、拉鼓等文体活动丰富多彩，男女青年传歌择友、谈情说爱。花炮节就像一条联结友邻之情、兄弟之情、朋友之情、恋人之情的"情链"和纽带，把各族人民的心紧密连在一起。

（五）毛南族分龙节

1. 历史溯源

龙是毛南族的图腾。分龙节是广西环江毛南族祈神保佑丰收的传统节日，于农历夏至后的第一个辰日（龙日）前后举行。相传这个时候是龙到各地去行云布雨的日子，因毛南族所居之地易旱易涝，而"龙"是管雨水的，"龙日"前后祭拜它是求其均匀降雨以获得好收成。祈雨祭龙活动会持续三天。

在环江毛南族自治县，有一个流行较广的传说："三界公"是个牧童出身的半人半仙，他常常奔走于三界，知晓天上、地下和人间三界的事情，所以他成了能将人们的愿望传达到天庭的特别使者。人们对他毕恭毕敬，都愿意把味道最鲜美的牛肉奉献给他。于是，就有了在祭"三界公"时必须举行的椎牛仪式。每逢分龙节的第一天，毛南族群众都会精心挑选刚满两岁、长得肥健的环江黄牛（菜牛），将其牵到被称为纳牛福地的三界庙前，围绕着黄牛进行祈祷唱跳，祈求来年风调雨顺。

2. 节庆民俗

（1）跳傩面舞。分龙节第二天，毛南族群众会将三牲熟肉、糯米饭、禾穗等陈放在三界公神像前，还会把捏成果子状的五色糯米饭黏结在庭院或门前的小树上，任人观赏和品尝。结满五颜六色糯米果的树被称为丰收树和吉祥树。

傩面在毛南族的生产生活中有着举足轻重的地位。戴上傩面后，人们能比较顺畅地表达自己的愿望。鞭炮燃放后，神职人员戴上傩面具，腰系羊皮陶鼓，手持简笏，吟诵经文，唱乐神歌，跳乐神舞。众人也纷纷戴起了傩面，踏歌起舞。歌舞狂欢时，空中会洒落下象征"福、禄、寿、喜"的大米，如雨点般密密麻麻数不清，意为喜事连连。天空也会降落"幸福鸟"，这是毛南族同胞用菖蒲叶包扎糯米所制成的外形似鸟的糕粽。人们纷纷争抢着接粽子，"得粽"即"得中"，谁接到的米粒和粽子最多，就意味着得到"三界公"的应允最多，运气就越好。

（2）肥套。带着傩面跳傩舞也称"还愿舞"，毛南语称"肥套"，是毛南族还愿等活动的总称。其歌、舞、乐、戏等艺术形式承载着毛南族人祈求民族生生不息，期盼来年风调雨顺、五谷丰登的美好愿望。它既是毛南族发展的历史见证，又是毛南族传统文化的珍贵遗产。2006年5月，该民俗被列入第一批国家级非物质文化遗产名录。

（六）京族哈节

1. 历史溯源

京族是海洋民族，主要聚居在广西东兴市的万尾、巫头和山心的半岛，岛上的京族人民主要靠海洋捕捞和海洋养殖为生。哈节是京族人民一年之中最隆重、最热闹的传统节日，节期一般为三天，通宵达旦。"哈"或"唱哈"，在京语中有唱歌之意，哈节就是歌节。2006年5月，京族哈节被列入第一批国家级非物质文化遗产名录。

关于哈节来源有不少民间传说。传说在几百年前，北部湾岸边的白龙岭下有一条巨大的蜈蚣精在海里兴风作浪，沉船吃人。有位神仙化作乞丐，搭船过海，船驶到蜈蚣精洞口时，神仙把煨得滚烫的大南瓜塞进蜈蚣精口里，蜈蚣精吞下大南瓜，烫得直打滚，尸断三截，后成为万尾、巫头、山心"京族三岛"。蜈蚣精死后，附近海域居民得以安居乐业，于是京族人把大仙尊奉为"镇海大王"，立庙祀之，每年都到海边迎接"镇海大王"来享祭，这就成了一年一度的哈节。

节日活动在固定的地点"哈亭"举行。哈亭是京族聚会的场所，兼有神庙、祖庙、乡饮堂、歌堂等功能。在京族聚居地，每个村寨都建有哈亭，其用上等木料建成，坚固美观。哈亭正堂设有神台，供奉着"镇海大王"以及每个家族的祖先牌位。过哈节时，村子里男女老少穿着新衣服，聚集在哈亭举行迎神、祭祖、唱哈，有专门的人用独弦琴为大家伴奏。独弦琴是京族特有的传统乐器，声音清脆，幽雅委婉。京族人伴着琴声在海边的哈亭里尽情歌唱欢度节日。

2. 节庆民俗

哈节是京族重大的节日庆典。每年一度的京族哈节通常由"翁村"（村老）主持。节庆之日，除了全村人都要参加外，在外地的京族人一般也要赶回来参加。哈节活动可分为四个程序：迎神、祭神、入席和唱哈。送神"唱哈"是哈节的高潮，所占时间最长。有"哈哥""哈妹"调琴击梆配唱，曲调有30余种，有叙事歌、劳动歌、风俗歌、颂神歌、苦歌、情歌等。"听哈"者以8人一桌入席，一边欢宴，一边"听哈"，其乐融融。送完神，历时数天的哈节才算结束。哈节期间还会举办斗牛、比武、角力等比赛。

3. 文化内涵

京族作为海洋少数民族，一直以来渔业是其主要的生计来源，他们对大海有着极为深厚的感情。京族人民主要通过集体祭祀和唱哈这种质朴、自然流露的"原生态"方式，以崇尚大海、信仰神灵、感恩生活的渔家情怀，赋予了京族哈节充满生活气息的原生态文化价值。

三、广西节庆民俗的传承与发展

当前，由于时代快速发展，不少人对广西节庆民俗认识不深、重视不足。与此同时，有的传统节日在仪式感、载体、符号等方面逐渐缺乏时代感，不能满足人们特别是青少年在审美、娱乐等方面的需求，与现代人的生活方式融合不够，降低了传统节日在人们生活中的价值感和存在感。对此，加强优秀传统文化教育，突出节日符号，创新节日形式，让更多人了解传统节日的丰富内涵，将"节"与现代人的生活更加紧密连接，才能激活蕴藏在传统节日中的文化基因，让民族传统节日得以有效传承。

创新方式，讲好传统节日故事。要通过节日主题展览、节日民俗分享会等活动，挖掘民族传统节日的文化魅力，借助新媒体平台以及动漫、情景剧、微纪录片等形式，广泛传播广西优秀传统文化。

丰富形式，激发传统节日新活力。要以传统节日为载体，广泛开展专题宣传活动，拓展节日文化新境界，激发群众参与民族节日的情感共鸣。

突出传统节日的符号、载体、仪式感，把传统节日文化融入日常生活中。通过旅游、参观、购物、休闲等各种契合现代社会的表现方式，让传统节日融入百姓生活。通过传统节日进校园、进课堂，努力营造传统节日的文化氛围，提高学生对广西传统文化的了解和认同。

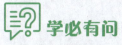 **学必有问**

1. 截至 2022 年，广西各有多少项节庆民俗入选国家级、自治区级非物质文化遗产代表性项目名录？

2. 广西节庆民俗内容大致可以分为哪几类？

3. 请以"壮族三月三"为例说说广西节庆民俗有哪些特色内涵。

文化大使·我为广西文化代言

【任务描述】

请认真阅读任务情境，完成一个节庆文化短视频制作任务。

为塑造广西民族节庆文化品牌，推动广西文化旅游业的发展，请拍摄一个以"壮美广西，多彩节日"为主题的文旅短视频，让游客看见、听见、遇见广西的山水和民俗风情。广西各民族节日众多，如壮族"三月三"歌圩节、侗族花炮节、京族哈节、瑶族盘王节、苗族芦笙节等。游客们不仅可以身临其境体验广西丰富独特的民族节庆文化，感受到节日的喜庆和欢乐，还可以游览广西各地自然景观，观赏广西的山清水秀，旖旎风光。

【任务分析】

视频拍摄内容包括：

（1）广西各民族的主要节日习俗。

（2）与广西节庆相关的民俗风情、体育竞技、传统工艺品、壮乡美食等节庆文化。

【任务要求】

步骤	要求
1. 形成任务小组	形成 6～8 人小组
	确定小组长
2. 分析任务情境	小组研讨任务情境，选定一项节日习俗，确定短视频的制作思路
	小组代表在课堂上汇报视频制作思路，教师对小组研讨结果做记录并点评
3. 短视频制作	小组参照短视频制作思路完成脚本写作
	小组根据脚本进行短视频制作
4. 作品研讨	各小组展示短视频
	教师对小组作品进行点评
	通过投票选出 3 个优秀作品

【任务提醒】

1. 可从导游、游客、主播等不同角度介绍广西各民族的节庆文化。

2. 可以通过亲自参加广西各民族的节日体验，也可以通过实地考察、网络搜集广西各民族各地的节庆民俗内容来设计拍摄内容。

【任务测评】

任务完成情况和展示环节的评分表

任务编号	8		任务名称		"壮美广西，多彩节日"节庆短视频制作	
学生姓名		组别		组内职务		
评量项目			自评	小组评分	教师评分	
课堂表现	学习态度（10分）					
	沟通合作（15分）					
小组任务	脚本策划（20分）					
	视频制作（20分）					
	作品效果（20分）					
个人任务	个人贡献说明（15分）					
评分结果	小计					
	总分					
学生签字		年　月　日	教师签字		年　月　日	

评分标准						
项目		A	B	C	D	E
课堂表现	学习态度（10分）	9～10分	7～8分	4～6分	2～3分	0～1分
		在积极主动、虚心求教、自主学习、细致严谨方面表现优秀，令师生称赞	在积极主动、虚心求教、自主学习、细致严谨方面表现良好	在积极主动、虚心求教、自主学习、细致严谨方面表现较好	在积极主动、虚心求教、自主学习、细致严谨方面表现尚可	在积极主动、虚心求教、自主学习、细致严谨方面均有待加强
	沟通合作（15分）	13～15分	9～12分	6～8分	3～5分	0～2分
		在师生之间具有很好的沟通能力，在小组学习中具有很强的团队合作能力	在师生之间具有良好的沟通能力，在小组学习中具有良好的团队合作能力	在师生之间具有较好的沟通能力，在小组学习中具有较好的团队合作能力	在师生之间具有一定的沟通能力，在小组学习中能够参与团队合作	在师生之间沟通能力较弱，在小组学习中参与团队合作较弱

评分标准					
项目	A	B	C	D	E
小组任务 脚本策划（20分）	18～20分	14～17分	10～13分	5～9分	0～4分
	脚本文案创意独特，视角新颖能从导游、游客、主播等4～5个不同角度介绍广西民族节庆文化	脚本文案有创意，能从导游、游客、主播等3～4个不同角度介绍广西民族节庆文化	脚本文案能从导游、游客、主播等2～3个不同角度介绍广西民族节庆文化	脚本文案仅从1个角度介绍广西民族节庆文化	脚本文案撰写杂乱，抄袭痕迹明显
视频制作（20分）	18～20分	14～17分	10～13分	5～9分	0～4分
	运镜合理，能灵活运用滤镜、覆盖、转场等特效，有背景音乐。图片色彩运用得当、版面设计合理。有标题、片头与片尾添加字幕、中间字幕同步	运镜合理，能灵活运用滤镜、覆盖、转场等特效。图片色彩运用得当、版面设计合理。有标题、片头与片尾添加字幕	运镜较合理，能运用滤镜、覆盖、转场等特效。有标题、片头与片尾添加字幕	运镜较合理，有标题、片头与片尾添加字幕	运镜不太合理
作品效果（20分）	18～20分	14～17分	10～13分	5～9分	0～4分
	视频内容、形式、音画等均能凸显广西民族节庆文化特色，能充分展示节庆习俗、民俗风情、体育竞技、传统工艺品、壮乡美食等，能激发观众热情	视频内容、形式、音画等均能展示广西民族节庆文化特色，能充分展示节庆习俗、的民俗风情、体育竞技、传统工艺品、壮乡美食等，能引起观众注意力	视频内容、形式、音画等较能展示广西民族节庆文化特色，能展示部分节庆习俗、民俗风情、壮乡美食等	视频内容、形式、音画等能展示广西民族节庆文化部分特色	视频内容、形式、音画等不太能展示广西民族节庆文化特色
个人任务 个人贡献说明（15分）	13～15分	9～12分	6～8分	3～5分	0～2分
	本人在团队中的贡献高，对作品完成发挥了主要作用	本人在团队中的贡献较高，对作品完成发挥了重要作用	本人在团队中的贡献一般，对作品完成发挥了一般作用	本人在团队中的贡献极少，对作品完成发挥很小的作用	本人在团队中没有做出贡献，对作品完成没有发挥作用

第八讲

节庆/民俗

第九讲

民间文学

 **考考你**

在广西民间文学中，有一部壮族史诗，长达万行，分四个部分十九章，以诗歌的语言和形式生动地叙述了天地日月的形成、人类的起源、农作物的栽培、牲畜的饲养，以及远古先民的生产生活，充满了丰富的艺术想象和强烈的浪漫色彩。你知道这部壮族史诗的名字吗？

教学目标

知识目标

了解广西民间文学概况，理解广西民间文学与广西历史发展、民族文化之间的密切关系。

思政目标

通过深入了解广西民间文学所蕴含的历史价值和文化内涵，加深学生对民族文化的认识，增强文化自信，促进广西各民族优秀传统文化的传承与传播。

专题点击

民间文学是一个民族在生活语境里集体创作、在漫长历史中传承发展的语言艺术，是该民族生活、思想与感情的自发表露和有关历史、科学、宗教及其他人生知识的总结，主要包括神话、民间传说、民间故事、民间歌谣、民间长诗等体裁和形式。

广西是多民族聚居地区，在漫长的历史岁月中，各族人民创造了内容丰富、题材广泛、形式多样的民间文学作品，其中既有反映宇宙和万物起源的创世史诗，也有以人民群众生产、生活为题材的民间故事，还有历史人物和地方风物传说等。这些丰富多彩的民间文学充分展现了广西各民族的历史文化，蕴含着八桂人民独特的审美情趣，形成了别具一格的民间文学艺术传统。千百年来，古老的壮族创世神话《布洛陀》、动人的刘三姐歌谣、瑶族的创世传说《密洛陀》、奇幻的民间故事《百鸟衣》、生动活泼的仫佬族古歌等民间文学陶冶了一代又一代的广西人。直到今天，唱山歌、讲故事仍是广西人民非常重要的娱乐方式。

一、广西民间神话

神话是原始先民集体创作的反映自然界、人与自然关系以及社会形态的幻想性故事。它产生于远古时代，通过联想将自然"人格化"，把人的力量"理想化"，蕴含着原始先民们对客体的尊敬、恐惧、崇拜等情感，反映了原始人类生产斗争和征服自然的愿望，是对社会生活的反映。由于受自然、社会、经济、文化等诸多因素的影响，广西各民族都传承下来了不同的神话作品，下面进行详细介绍。

（一）创世神话

创世神话是人类幼年时期用幻想的形式对宇宙起源及其基本面貌进行解释和描述，反映了先民对天地宇宙的原始观念。

在壮族布洛陀神话中，布洛陀是壮族开天辟地、无所不能的创世始祖。他造天地、定万物、发展农业、造文字历书和伦理道德等。古时候天地分为天上、地上和地下三界，分别由雷公、布洛陀和龙王管理。天只有三尺三寸高，地只有三尺三寸厚，人们没有办法正常生活和劳动，于是布洛陀砍了一棵大树，将其扛到山顶把天顶起来，创造了适合人们生存的世界。

壮族还流传着女神姆洛甲（也叫粳洛甲）创世的神话。她神力无比，吹一口气成天空，棉花化作白云。地太宽广，天无法将其笼罩，于是姆洛甲用针线把地边缝起来，让天盖住地，缝线造成不平整的地方，高突起来成了山，低洼下去就成了江河湖海。

瑶族神话中的创世之母是密洛陀。密洛陀的神话在广西都安、巴马、南丹等地的瑶族民间广为流传，并有多种变体。密洛陀在天地间的一面铜鼓里沉睡了九千九百年，直到九十九条金龙和九十九只凤凰把她叫醒。密洛陀用手顶起了天，用脚踏出了大地。在神话中密洛陀不但可以开天辟地，创造太阳、月亮、蓝天、云彩和星星，而且还可以请来其他神帮助开辟山川、疏导河流、造田造地。

苗族神话中的纳罗引勾分开阴阳后，把自己的四节脚分别插在东南西北四个方向，把天撑了起来。纳罗引勾把天心抠下来，把地掏空，落到地上的粉尘，堆积多的地方成了大山，没有粉尘的地方成了平原。但是纳罗引勾觉得天不够大，地不够宽，于是又把天来拍，把地来捏，从此天地无边无涯。天地造好了，一片漆黑，纳罗引勾又带来太阳，照亮天地。

壮族、瑶族、侗族、苗族、汉族等民族把盘古视为开天辟地之神。在壮族远古神话中，布洛陀和盘古同为开天辟地的神。在神话中，盘古开天辟地后，左眼为日，右眼为月，骨肉化为山石土，肚肠化为江河海，手指化为天星斗，毛发化为草木根。在壮族先民的创世经诗《布洛陀》中，盘古是受布洛陀指派到人间创世的。为了纪念创世先祖，人们纷纷以盘古的名字命名地名。广西来宾市象州县妙皇乡有盘古村，来宾市兴宾区的西北部有盘古山，各地还有盘古庙，过盘古节。

广西各民族的创世神话内容丰富、形式多样，除了解释天地的来源，其他天文、气象现象，如雷电、彩虹、昼夜更替、四季循环也是创世神话的主要内容。广西各民族的创世神话解释了天地宇宙万物的由来，表现了原始先民朴素的唯物观，歌颂了原始先民征服自然的大无畏精神和坚强意志，表现了各民族间的深厚情谊。

（二）人类起源神话

布洛陀、姆洛甲庙
或神像图

"我从哪里来？"这是人类一直叩问的终极哲学问题。天地日月形成后，人类及万物从哪里来？先民们通过人类起源神话回答了这个问题。广西少数民族中关于人类起源的神话很丰富，可以划分为三类：单性别神造人、异性神共同造人、洪水后兄妹再殖人类。

1. 单性别神造人

汉族女娲抟土造人，壮族也有类似的故事。壮族女神姆洛甲将泥土泡湿后，照着自己的样子捏成泥人，然后把泥人用草盖起来，49 天后泥人活了。姆洛甲把杨桃和辣椒撒向人群，抢到辣椒的是男人，抢到杨桃的是女人。

水族的造人女神伢俣，造了雷公、水龙、老虎和人。她造出的人开始尚未开化，后来伢俣把愚蠢给了兽类，把智慧给了人群。

瑶族创始者密洛陀用蜜蜡造人。她照着蜜柚做人头，仿着冬瓜做人身，接着捏了耳朵、嘴巴、鼻子和眼睛，最后捏了手和脚，让人用双脚来走路，用双手来劳动。密洛陀把捏好的人形放在箱子里，用自己贴身的衣裙包裹起来，并用她慈母的血气呵护了这些人形 270 个日夜，世间终于传来了婴儿的啼哭声。

在广西大化县流传的壮族神话中姆洛甲造了三批人：第一次造人是用泥巴捏的；第二次造人是用生芭蕉刻的；第三次造人是用蜂蛋和蝶蛋做的。这则神话细致描写了用泥土、芭蕉、蜂蛋和蝶蛋造出的人的优缺点，姆洛甲为了造出更完美的人，尝试了用不同的方法进行改进，最后终于如愿。

在这类人类起源神话中有一个共同点：不论是用泥土造人，还是用蜜蜡、芭蕉等造人，人类的生育和繁衍任务只由女性神完成。因此，可以推断此类神话产生于母系社会。当时的母系社会，因为人们所掌握的科学知识有限，不知道男女结合是人类生育繁衍的原因，他们只看到女性与生育的直接联系，所以出现了女性神创造人类的神话，这反映了各民族先民们只"知其母不知其父"的观念。

2. 异性神共同造人

壮族民间有古歌这样唱道："生我布洛陀，生我姆洛甲。洛陀举天起，洛甲压地下……样样事办完，样样事办妥，两人才相配，才成藤相交，恩爱说不完，生我后代人。"随着壮族先民们认知的深入，他们了解到人类生育是男女结合所为，于是神话里便出现了男性人类始祖布洛陀与女性人类始祖姆洛甲一起创造人类的情节。这反映了当时人类社会由母系社会向父系社会发展演进的历史进程。

3. 洪水后兄妹再殖人类

洪水神话流传十分广泛，广西很多民族都有自己的洪水神话。洪水神话的基本情节是人类触怒了自然力，因而引发洪水惩罚人类。洪水泛滥，只有兄妹二人在神力的帮助下乘坐葫芦或者船得以存活。兄妹二人按照天意结为夫妇，生儿育女，人类得以再生。

仡佬族神话说：第一曹人是神用泥巴捏的，被风吹化；第二曹人用草扎的，被火烧掉；第三曹人是星宿下凡变的，被洪水淹死只剩阿仰兄妹，天神彻格让他们结婚繁衍人类。京族神话说，洪水后，在雷公、竹等劝说下，兄妹通过滚磨等占卜成婚。怀胎三年，生下一个没头没脑、无手无脚，像团磨石样的肉球，砍成肉块后变人。在侗族神话中，洪水过后，姜央姜美兄妹结为夫妇繁衍人类。环江毛南族一带流传着盘古兄妹逃过洪灾后，结婚生子。在那坡彝族神话中，天公降下洪水淹没人间，善良的兄妹威志和米义劫后余生，诞下后代。玉林汉族神话伏羲伏姬兄妹婚配生儿育女。

　　广西的洪水神话是悲壮的，一方面反映了原始先民对洪水这一自然现象及其灾害的认识；另一方面兄妹婚配折射出人类历史上曾存在过的血缘婚制。原始社会生产力低下，人类在自然面前无能为力，在神的帮助下兄妹二人才得以逃生，人类免于绝种。而兄妹婚后所生小孩，有生下怪胎和畸形儿的描述，说明当时人们已经认识到近亲结婚的恶果。

（三）射日神话

　　广西各民族流传着情节曲折动人、文化内涵深厚的射日神话。射日神话的常见模式是多日并出、引发灾难，英雄射落多余的太阳，留下一个太阳。

　　侗族的皇蜂射太阳神话中说，天上有十个太阳，人间酷热，人类无法正常生产生活，皇蜂克服种种困难，终于射落了九个太阳，拯救了万物。壮族神话中特康背弓挎箭，射落十一个太阳，剩下一个太阳照耀大地。瑶族的格怀射日神话中，九个太阳晒得地干石裂，人们白天无法干活，只能躲到岩洞中，格怀射下七个太阳，还有两个太阳被吓得躲了起来。于是请公鸡帮忙请出太阳，他又射落一个，剩下一个太阳，人们从此得到安生。

　　广西各民族过去生存条件相对恶劣，生产力不发达，先民们把大自然和地球万物进行神化，他们希望通过神力可以达到人与自然的和谐。射日神话一方面反映了在生产力极端低下的状态下人们试图征服自然的愿望，另一方面通过射日者表达了人们对自身力量充满自信的豪情壮志。射日的英雄在神话中虽然被赋予了神力，但实际上他们是族群中的一员，他们是维护族群共同利益的代表者，受到人们的称颂和敬仰。

（四）英雄神话

　　广西各民族的神话中还塑造了不少英雄人物形象。这些英雄人物往往是神化的人，具有超人或超自然的力量。他们的命运总是与本民族的命运联系在一起，为了族群和人类的福祉奋斗不息，甚至牺牲自己，因此受到本民族的敬仰和崇拜。这些英雄人物的神话传说常常与创世神话、人类起源神话和射日神话等紧密结合在一起。

　　在金秀瑶族自治县流传着盘瓠的神话故事。盘瓠是一只有功于国家的"龙犬"，因咬杀了叛乱的高王，得以同评王三公主婚配，生育六男六女，从此子孙繁衍形成现在的盘瑶。盘瓠死后依然庇佑着族人，有神话说瑶族先民吃尽青山万物，在迁徙路途中被困于洪水差点船毁人亡，人们祷告先祖盘瓠保佑，最终脱险上山耕种落业。把盘瓠神话与盘瓠显灵救十二姓瑶民的渡海神话相结合，成为瑶族祭盘王、还盘王愿仪式的根源，并强化

瑶族"盘王节"节庆图

民间/文学

了对盘瓠始祖神的认同感。为纪念民族这位英雄，每年农历十月十六为瑶族"盘王节"。这一天人们会敬奉盘王，唱盘王歌，跳盘王舞，盘王节成为维系民族团结的人文盛典。

英雄也总出现在射日神话中。这些射日的主角常常是各民族中勇于克服困难、充满智慧的英雄。此外，英雄斗雷神的神话也在很多民族中流传，如壮族英雄布伯为保护族人智斗雷王，融水苗族英雄亨英整治雷公。这些英雄神话讴歌了先民们战天斗地、征服自然、改造自然的勇气，是族群集体智慧想象的凝聚和再现。

生存与抗争是广西各民族英雄神话传说的重要命题，是人类在前行过程中生命与生态交融碰撞的印记。在谋得生存的艰辛突围中，英雄一次次挺身而出护佑族人，带领民众抵御灾难，实现秩序的平衡与家园的重建，表现出顽强的抗争精神和不屈的生命意志，成为救赎与希望的象征。人们崇拜英雄、歌颂英雄，反映了人民对勇气的赞美与讴歌。

二、广西民间传说

民间传说是人民群众口头创作并传播，与历史人物、历史事件、地方风物、社会习俗相关的故事。民间传说通常就历史上的某一人物、某一事件或某地的山川风物演化出生动的情节，并对此进行幻想性的解释和说明。

广西各民族的民间传说不同程度地反映了本民族的社会风貌、民族心理和地方风物特征，勾勒出本民族地区独特的地方特色，如三月三传说、蚂蜗节传说、侗族的风雨桥和鼓楼传说、容县真武阁传说、大明山传说、五色糯米饭传说等。

广西民间传说情节夸张，富于想象力，往往是在相关历史、地理基础上通过大胆的艺术夸张编织成故事，赋予浪漫主义色彩，比如刘三姐传说、梁山伯祝英台传说等。广西各民间传说中，反帝爱国传说占据着重要位置，如瓦氏夫人传说、班夫人传说、太平天国人物传说等，这和广西地处祖国西南边陲，经常受到外国侵袭有着密切联系。

广西民间传说类型丰富、情节生动、情感丰沛，可以分为人物传说、史事传说、风物传说和习俗传说四类。

（一）人物传说

这类传说以人物为中心，叙述他们的事迹和遭遇，包含着民众对这些历史人物的评价，带有民众的普遍价值判断。人物传说中大多是有据可考的历史人物，也有少量虚构创作出来的典型。广西传说中的人物有壮族的莫一大王、仫佬族的七里英王、毛南族的覃三九、彝族的支格阿龙等。起义领袖有侗族的吴勉、京族的杜光辉等，反外族侵略人物有瓦氏夫人、班夫人、伏波将军等，物质生产和文化生产杰出人物有刘三姐等。这些人物具有鲜明的个性，蕴含着时代特征和民族精神，反映了民众对他们的热爱和敬仰之情。这里重点介绍两位。

1. 刘三姐的传说

刘三姐是广西民间家喻户晓的歌仙、歌神。刘三姐的传说广泛地流传于广西宜山、罗城、恭城、融水、容县、岑溪、桂平、扶绥、平南等地的壮、苗、瑶、布依、仫佬、汉等民族中，以壮族地区流传最盛。

在刘三姐的传说中，基本形态和故事内容大致包括对歌、禁歌、赛歌、传歌，故事构成线索是反抗和爱情。传说中刘三姐聪慧过人、勤劳善良、能歌善唱。有一天，三位广东秀才慕名而来，找刘三姐对山歌。两个回合后，秀才们就无力招架、无歌以对，只能调转船头离开。后来刘三姐到了龙潭村生活，与人们对山歌、传歌，最后骑着一条大鲤鱼上天成仙了。1961 年，导演苏里根据这个民间传说进行改编，加上刘三姐和农民一起以山歌为武器智斗财主的情节，拍摄了电影《刘三姐》，获得了巨大成功。刘三姐的传说反映了广西人民以歌代言、以歌述志、以歌娱人、以歌传媒的恋爱交友方式，显示了歌圩习俗对人们生活的影响，体现了八桂女性特有的智慧、才气，表达了她们追求自由、爱情和公平的理想。

电影刘三姐海报

2. 瓦氏夫人的传说

瓦氏夫人生于嘉靖年间今天的靖西县旧州街，她自幼聪明好学，随从政的父亲熟读诗书，习练武艺，精通兵法，在嫁与田州土官岑猛后改称瓦氏。

瓦氏夫人一生历尽坎坷，丈夫、儿子先后死在战场上，她辅佐孙子治理田州政务，善理州政，同时积极发展农业生产，建义学，兴教育，田州秩序井然，人民安居乐业。

公元十四世纪日本内斗，失败的武士窜逃海上结成海盗集团，大肆骚扰中国东南沿海，烧杀掠夺，史书上记载为倭患，进犯者被称为倭寇。明朝廷多次派兵征讨倭寇均败，于是请求田州出兵抗倭。57 岁的瓦氏夫人以祖母的身份，率领数千广西狼兵，奔赴江苏、浙江前线，取得了抗倭战争中关键战役的胜利，最终帮助朝廷击退了倭寇的进犯。瓦氏夫人抗倭"三战三胜"，被朝廷封为"二品夫人"。许多壮族地区现在还供奉着瓦氏夫人庙，在田阳县田州镇隆平村有她的墓地，人们常去祭拜她。

靖西锦绣古镇瓦氏
夫人塑像

（二）史事传说

在广西各民族的史事传说中，大多描述的是历史上发生过的，对于本民族的历史进程、社会生活具有一定影响的事件。史事传说不是历史事实的客观记录，不可避免地有虚构和夸张的成分，但一定程度上反映了事件的发展，反映了人民对历史的认识，表现了人心向背。在广西民族史事传说中，反对压迫、反对外来侵略、捍卫民族尊严是常见的主题。

广西宜山地区至今流传着《岩顶上的脚印》传说。传说寡妇马四娘被财主看上，要强娶为妾，马四娘不从，财主把她关进监牢。四娘在财主的长工帮助下逃跑后遇上到达宜山的太平军。太平军得知四娘的遭遇后，杀了财主为民除害，并给了四娘银钱。四娘和当初帮助她的长工结婚后随天平军征战。在一次战斗中，四娘和队伍走散回到家乡，天天爬到岩顶眺望，盼望太平军归来，日复一日、年复一年地站在岩顶等候，石头上就留下了一双深深的脚印。太平天国运动虽然失败了，但在人们心中播下了希望的种子。这双深深的脚印反映了受剥削压迫的底层人民对光明和幸福的深切期盼。

民间
文学

八桂文化

（三）风物传说

风物传说在广西各民族中流传最为广泛、数量众多，主要是解释山川湖海、文物古迹、乡土特产等的由来和命名。广西各民族的风物传说蕴含着稻作文化对人民生活的影响，蕴含着浓浓的民族风情和人们对美好品质的赞美。

关于大明山的由来在上林县流传着这么一个传说：一位叫大明的壮族姑娘为了让乡亲们不再摸黑种田，排除万难去找一条能在夜间照亮黑暗的大龙。大明经艰难险阻终于把大龙带回了家乡，不料大龙挣脱逃跑，筋疲力尽的大明化作了大明山。

广西龙胜县流传着风雨桥的传说。传说侗寨深潭中盘踞着一条黑蟒和一条青龙。黑蟒天性恶劣，想把侗族姑娘银姑占为己有。青龙救下银姑，并化身为木匠去看望被惊吓的银姑，帮助侗寨人修楼架桥。黑蟒心生妒忌，引来山洪想要冲毁侗寨，青龙化身长桥救下百姓。后来在青龙和人们的一起努力下，终于杀死黑蟒，但在和黑蟒的激战中精疲力竭的青龙化为了彩虹，永远守护着侗寨。人们为了纪念青龙，建造起一座座风雨桥，并在桥身上绘制龙纹，以祈求青龙保佑、风调雨顺。当地人称这些桥为风雨桥或回龙桥。这个传说表达了侗族人民借助超自然力征服与改造自然的愿望，赋予了风雨桥丰富的文化内涵，表达了侗族民众对风雨桥作为文化象征的特殊感情。

（四）习俗传说

习俗传说是人们日常生活中有关风俗习惯方面的传说，包含衣食住行、婚丧嫁娶、人生礼仪、喜庆节日、宗教信仰等方方面面。

广西各民族的习俗传说数量大、形式多，对本族传承久远的习俗进行了解释，具有本民族的文化特色，反映了本民族的思维和审美需求。

农历三月三是壮族祭祀祖先、倚歌择配的传统节日，广西各地关于三月三的传说各不相同。一个传说是有一年大旱，田中的禾苗都快枯死了，人们聚集在一起唱歌求神降雨，终于天降甘霖，人们喜获丰收。于是人们便认为唱歌可以怡神，可以免除天灾人祸，这种仪式后来慢慢发展成歌圩。

每年农历三月三或清明节时节，壮族人民保留着制作五色糯米饭的习俗。在平果市流传着五色糯米饭的传说，即很久以前人间突然流行一种奇怪的疾病，人们患病后纷纷死去。七仙女受上天委派独自到人间为百姓治病。她不辞辛劳，日夜奔忙，采草药熬药水分发给百姓，人们喝了药都好起来了。转眼七仙女回天宫的时间就要到了，她把用枫树叶、黄饭叶等五种不同的草药煮出不同药水的治病方法传给了人们。每年农历三月三，人们用仙女教的方法熬制药水浸染糯米煮成饭，摆在桌上供奉她。

五色糯米饭（造型）

三、广西民间故事

妙趣横生的民间故事是人民群众自我教育、自我愉悦的重要手段。广西各民族在民间故事中融入了生活的智慧，表达了人们对世界的看法和对生活的乐观态度，同时热情讴歌真善美，批判假丑恶。广西民间故事主要有幻想故事、生活故事、民间寓言和民间笑话四种类型。

（一）幻想故事

幻想故事又称民间童话、魔法故事、神奇故事等。这类故事中的人、物或者情节带有一些超乎寻常的色彩。广西民间流传的幻想故事可以细分为魔法故事、宝物故事和动物故事三类。

魔法故事也叫变形故事。这类故事情节奇幻，充满神奇的想象。比较典型的形象有田螺姑娘、青蛙少年、龙女等。

宝物故事中的宝物既有神物聚宝盆、宝葫芦、神笔等，也有具有魔力的日常用具。这些宝物不但是改变主人公命运的法宝，也是惩恶扬善的利器。例如横县壮族《百鸟衣》故事，主人公古卡用百鸟的羽毛制成神衣，杀死了土司，救回了妻子。它讴歌了壮族人民不畏强暴，勇于和恶势力抗争的精神。

动物故事主角通常是人格化的动物、植物或其他自然物，人们借助这些形象间接地表现人类的社会生活和情感。这类故事中的动物被赋予了人的思想和性格，借助动物的形象来表现人间世态。

（二）生活故事

生活故事也叫写实故事，讲述的是现实生活中的人和事。广西民间生活故事涉及各民族人民生活的方方面面，常见的有反抗斗争故事、劳动故事、家庭伦理故事和机智人物故事。

反抗斗争故事最常见的是农民长工斗地主、奴仆戏老爷、百姓打官司等。这类故事中勤劳、乐观、富有斗争精神的农民或长工利用地主的贪婪、愚蠢，巧妙地戏弄、打击地主，使其受到经济上的损失又无话可说。这类故事站在劳动人民的立场上，以鲜明的倾向性描述农民长工对地主的反抗斗争，具有幽默讽刺的艺术效果。

劳动故事以生产劳动的态度和生产经验为主要内容，歌颂劳动、讽刺懒惰。环江毛南族有银坛，隆林仡佬族有拉郎找金，瑶族有白翁藏银等故事。

家庭伦理故事倡扬人们理想的家庭伦理观念，主要有对父母要尽孝，夫妻间要忠贞，丈夫对妻子要尊重、信任，父母要用正确的教育方法教育子女，后母要善待前妻子女等。柳城县《留猪笼》的故事说，父亲让儿子一起把爷爷装进猪笼，抬到河边准备把老人淹死。到了河边，儿子说要把猪笼留下来，以后用来淹死父亲。父亲一听羞愧万分，赶紧和儿子把爷爷抬回家

漫画插图

并好好孝敬。劝孝故事强调父母的养育之恩以凸显"孝"的人伦情感意蕴和伦理义务，倡导子女感恩父母，用语言和行动孝顺父母。

机智人物故事是以某个机智人物为中心而编织的故事。故事的主人公往往具有幽默机智的性格。从一定意义上说，机智人物的形象是一个民族智慧的化身。在机智人物身上，既能体现人民群众的聪明才智，又代表了他们对美好生活的追求。机智人物形象在广西

民间

文学

各民族中广泛存在，壮族有公颇、卜火、辣椒四、老登，仫佬族有潘曼、曼花，瑶族有卜合，苗族有夏络，侗族有卜宽，毛南族有李海进，水族有阿旺，京族有计叔等，都是为了维护广大群众利益和尊严用各种方式进行斗争的智慧人物。

（三）民间寓言

民间寓言是由民众集体创作并流传的带有明显训导寓意、富有哲理的口头故事。广西丰富的民间寓言故事体现了八桂群众在生活斗争中提炼出来的生活哲学，分为下述三个类型。

反映道德观念的民间寓言。柳州流传着懒汉找锄头的寓言，说懒汉一连睡了三天三夜，想起土地荒了两年该种点东西了，他到屋外找锄头。锄头在门背急得连忙叫他，他却没听到。于是锄头倒下，他才看到。他拿起锄头说："要是永远找不到，该多好呀！"瑶族《蚂蚁和穿山甲》的寓言说，穿山甲骗蚂蚁说自己的唾液又香又甜，让蚂蚁尝尝。蚂蚁尝了一下果然如此，于是叫来兄弟姐妹一起到穿山甲的舌头上吃唾液，结果都成了穿山甲的美味佳肴。这些寓言通过简单精练的描述嘲笑了那些懒惰、自作聪明的人，给人以启发和教育。

总结经验教训的民间寓言。在壮族哈俚学织锦的民间寓言中，哈俚想知道织好一幅壮锦的秘诀，于是拜老艺人学艺。老艺人答应哈俚，只要她能织出和《孔雀》一模一样的壮锦便告诉她。哈俚起早摸黑，辛勤织锦，历经艰辛终于织好了。这时，老艺人告诉她：秘诀就是勤学苦练。哈俚明白了，继续努力学习，终于成为一个远近闻名的织锦能手。

反映思想认识的民间寓言。壮族有个寓言说一个穷人变成富人后，冬天穿上了厚厚的棉衣不再觉得冷了，他便觉得现在的天气变了，冬天不像以前那样冷了。旁人提醒他，变的是人，不是天气。这则寓言讽刺了凭主观推论思考问题，盲目臆断，让人们引以为戒。

（四）民间笑话

民间笑话是一种以愉悦情节构成的富有启示或嘲讽意义的短小故事。它以日常生活为题材，通过辛辣的讽刺和机趣的调侃，一针见血地揭示生活中存在的各种矛盾现象，凸显民众的智慧和才干，具有强烈的喜剧、幽默意味。广西民间笑话主要有以下两大类。

揭露和讽刺统治阶级虚伪和丑恶的笑话。崇左流传着名为《错过时机》的笑话，说的是一个吝啬的财主经常威吓长工："你们要安分守己，勤勤恳恳为我做工，不要偷懒。我即使睡着了也知道你们在做什么。"一天，新上任的知县送来请柬，请财主赴宴。长工李六接下请柬后连忙到财主卧室欲通报此事，谁知财主正在午睡。李六想：要是这会叫醒老爷，恐怕要挨骂，怎么办？李六灵机一动想出了一个办法。他轻手轻脚走到财主床前，打开请柬在财主的脸上晃了晃，便将请柬折好放在桌上。财主在太阳将落山时才醒来，他打开桌上的请柬，惊呼道："我的天呀，宴会时辰过了。"财主气急败坏地把李六叫到跟前问："知县邀我赴宴，为什么不向我禀告！"李六回答说："老爷，我已给你看过请柬了。""岂有此理！你什么时候给我看过？"李六说："你睡着的时候时我给你看了。老爷，你不是

漫画插图

常说你睡着了也知道我们在做什么吗？那你肯定是晓得这事的。"

老百姓对自身的缺点进行自我批判的笑话。宜州壮族有一个笑话说有甲乙两老庚。一天，甲老庚请乙老庚来家里吃饭，煮的是青菜和豆腐。乙老庚一直夹豆腐吃，很快豆腐就被他吃光了。甲老庚问道："老庚，你很爱豆腐？"乙老庚说："豆腐是我的命。"过了几天，甲老庚又请乙老庚吃饭。这次煮的豆腐和猪肉。上桌后，乙老庚一直夹猪肉吃，一碗饭未吃完盆里的猪肉却剩下不多了。甲老庚问道："老庚，你不是说豆腐是你的命吗？"乙老庚说："豆腐是我的命，但见了猪肉我连命都不要了。"

四、广西民间歌谣

民间歌谣是民众集体创作的口头诗歌，是民间文学中可以歌唱和吟诵的部分。广西有"歌海"的美称，广西各民族人民以好歌善唱著称，创作了大量的民间歌谣。广西歌谣按照内容可分为劳动歌、时政歌、仪式歌、情歌、生活歌、历史·传说·故事歌、儿歌七大类。通过歌圩、歌节、仪式、歌手传播等方式，广西民间歌谣得到了较好的传承。

（一）劳动歌

劳动歌是伴随着劳动而产生的一种歌谣，是劳动人民用来组织生产、记叙规律和表达心态的歌谣。有的劳动歌配合动作节奏，指挥协调人们的动作，如合浦的《推艇歌》所唱："艇出海——嗨！好运彩——嗨！滑溜溜——嗨！冲得快——嗨！利笑笑——嗨！顺水来——嗨！……"有的劳动歌描述劳动的动作、场面，如描述春天插秧情景的劳动歌："四月布谷叫连连，男女老少忙插田，选完种草好插秧，好比绣花在田间。"有的劳动歌表达劳动者的心态和体验，如崇左的《叹歌》："大路弯弯像条龙，一家发财九家穷，穷人早起去做工，财主睡到日头红。乌鸦毛色黑沉沉，哪个财主不害人？春耕对你笑吟吟，秋收就要抽你筋。"有的劳动歌总结了人们的劳动经验，传授生产知识，如来宾的《天气预测歌》："正月，岁朝蒙黑四边天，大雪纷纷是旱年；但得立春晴一日，农夫不用力耕田。二月：惊蛰闻雷米似泥，春分有雨病人稀；月中但得逢三卯，到处棉花大麦密……"

（二）时政歌

时政歌是反映时代政治和斗争的歌谣，分为讽刺歌和颂歌两类。讽刺歌是对社会上的不良现象的针砭、讽刺，对反动、侵略者的抨击。如金秀山歌唱道："牛耕田来马吃谷，造房工人住茅屋，养蚕姑娘穿粗布，杀猪的人吃残骨。"其表达了底层受压迫人们的愤懑和抗议。颂歌则是歌颂中国共产党领导的革命事业，如玉林山歌唱道："山歌越唱心越乖，唱得天门地户开；唱得蒋匪夹尾走，唱得救星共产来。"贺州山歌唱道："天上乌云堆打堆，若无祥风难吹开；中国若无共产党，幸福生活从何来？花开全靠雨露来，船高全靠河水涨，夜行要靠灯引路，'四化'要靠党领航。"人们用最朴素的语言歌唱中国共产党，歌唱人民当家作主的新生活。

八桂文化

（三）仪式歌

仪式歌是民间举行仪式时唱的歌。仪式歌反映了八桂各民族的风俗，包括婚嫁风俗、丧葬风俗和日常风俗三类。比如婚嫁歌中的说媒歌、求八字歌、定亲歌、结婚歌、回门歌。仪式歌反映人们日常生活的风俗，体现人情世故，是研究一个民族的社会历史、心理特征和传统文化的重要材料。

（四）情歌

情歌是表现人们爱情生活的歌谣，抒发恋人间悲欢离合的情感。从初识、试探、爱恋到离别相思等在情歌中均有生动的反映。广西不少民族有倚歌择偶的习俗，青年男女通过唱歌交流感情，谈情说爱，直至唱定终身。壮族有情歌唱道："竹鞭打水浪飞飞，我俩结交不用媒。哥有情来妹有意，唱支山歌带妹回。"有的情歌唱出了男女间热恋时的浓情蜜意："哥是大山一蔸树，妹是树底一蔸藤，树不攀藤藤攀树，妹不靠哥靠谁人。"一曲曲情真意切的情歌唱出了青年男女们心中炙热的情感，唱出了人们对生活的期盼。

（五）生活歌

生活歌是关于人们日常生活的歌谣，包括家庭生活和社会生活的歌。生活歌从不同的侧面表现了各行各业、不同人群的生活，唱出了他们的喜怒哀乐。旧社会，广西各族人民受到统治阶级的剥削和压迫，生活歌中苦情歌的数量很多，有长工苦歌、妇女苦歌、孤儿苦歌、单身苦歌等。如巴马县这首表现长工凄苦生活的歌："做尽牛马活，受尽奴隶苦，生无安宁日，死无埋尸土。"

（六）历史·传说·故事歌

历史·传说·故事歌是广西歌谣的一个组成部分。在广西各民族中流传着许多优美动人的神话、传说和故事，其中有不少是用歌谣的方式来唱述的。这类歌谣多为长篇作品，凝聚了民族巨大的创造力和智慧。如田阳县长篇歌谣《瓦氏夫人》片段："倭寇来侵犯，霸占我河山；强盗不赶走，国难民不安！虽说我年迈，报国志不衰。铁骑能上阵，挥戈铲恶豺！瓦氏一席话，句句如火把；旁边众人听，心里齐开花。瓦氏年虽老，身强武艺高；精忠报祖国，浩气冲云霄！"

（七）儿歌

儿歌是一种富于想象力，符合儿童理解能力和心理特点的简洁生动的口头短歌。儿歌分为摇篮曲、教导歌、游戏歌三类。东兰儿歌《彩虹》："彩虹彩虹，跨过半空，口喝泉水，像条美龙。"三言两语，用生动的比喻把彩虹的样子描述了出来。

五、广西民间长诗

民间长诗是广西各族人民以日常生活为基础创作、传承的长篇歌谣。民间长诗篇幅较长，少则近百行，多则数千甚至上万行。长诗用长篇幅讲述故事，表达人们的所思所想和处世哲学。广西各民族长诗数量很多，但是主要留存在师公唱本里，或者留在民间歌手的记忆里，还有少量寄存在一些收藏者手里。民间长诗在群众间少有流传或只有片段流传，可以分为叙事长诗、抒情长诗和说理长诗三类。

（一）叙事长诗

民间叙事长诗是人民群众集体创作口头流传的、具有完整故事情节并注重人物刻画的长篇韵文或韵散相间的诗歌作品。广西叙事长诗主要包含以下三方面内容：

传唱先民英雄智慧的长诗。这类长诗以古老的神话传说为题材编成民间长诗，其中的主人公、故事情节、主题思想都跟原神话传说无异。这类作品可以说是韵文体的神话传说，但是比一般的神话传说语言有所锤炼，通常讲究相对公整对仗、句尾押韵，人物形象更加丰富。其

《布洛陀》诗经图

中《布洛陀》诗经是这方面的代表作。《布洛陀》诗经版本不同，篇幅长短不一，有的有 2000 多行，有的有 5000 多行，有的长达万行，一般由师公或民间艺人传唱。布洛陀是壮族先民信仰中的创世神，是壮族人民世代崇奉的至上神。布洛陀创世经诗中描述了他开天辟地，创造万物，安排秩序，排忧解难，为壮族先民生存和幸福平安而忘我奋斗的故事，表现了人们对英雄特别是创世神的崇拜和颂扬。

反映人民反战反帝反封建斗争的长诗。在这类长诗中描述人们因为不义战争、封建压迫、帝国主义侵略而陷入水深火热的生活，反映人们对和平、平等生活的向往。流传在百色右江中下游地区的壮族嘹歌是一部长达 16000 多行的长诗，分为《大路歌》《贼歌》《建房歌》《三月歌》《献歌》五个长歌和十一个短歌。其中《贼歌》讲述了一对有情人因为战争，男的被抓为壮丁被迫出征、疆场拼杀、战后还乡再续前缘的故事，它通过爱情主线反映反战争反压迫的主题，反映了壮族人民对不义战争和封建统治的不满与憎恨，展现了人们对和平幸福生活的向往。

反映爱情生活的长诗。这类作品歌颂爱情，争取婚姻自由。《幽骚》叙述的是一个凄婉动人的爱情悲剧故事。一对青梅竹马的有情人，女方被官家抢去当小老婆。在同伴帮助下逃婚，两人流浪他乡，但是在异乡又被土匪抢粮霸田，只能返回家乡。刚回家乡不久又被官家抓走游行示众，两人向天祷告"活着不分离，死愿埋一堆"，突然乌云满天，狂风暴雨中两人消失了。长歌揭示了封建统治者的残暴丑恶，倾注了对坚贞不渝爱情的赞美。

（二）抒情长诗

民间抒情长诗是人民群众创作、口头流传的以抒情为主的长篇韵文或韵散相间的诗歌作品。广西抒情长诗中代表作品有汉族的《家信歌》《寡妇叹五更》，壮族的《达稳之歌》《特华之歌》，瑶族的信歌等。

《达稳之歌》是壮族妇女达稳诉说自己不幸遭遇的抒情长诗。传说达稳美丽能干，14 岁能编唱山歌，18 岁被父母嫁给一个呆子。婚后达稳受到公婆虐待。她不甘被摧残，偷跑回娘家要求离婚却未能得到父母支持。走投无路的达稳上吊自杀，自尽前，她作歌告别人世。《达稳之歌》通过主人公深沉而悲愤的诉说，刻画了一个善良淳朴、刚烈不屈的妇女形象，也控诉了吃人的封建社会。

（三）说理长诗

说理长诗主要是为了记录生产生活习俗、倡导社会公序良俗、引导人们遵守社会公德、维护社会秩序，鼓励人们实施善行善举，从而形成良好的社风和民风，促进整个社会的良好运转。说理长诗弘扬了人们推崇的高尚道德和价值观念，具有高度的社会约束力和调节功能。广西民间说理长诗中有苗族的"理词""议榔词"，侗族的"约法款词"，瑶族的"石牌话"《盘王遗训》《劝世词》，壮族的《欢传扬》等。

瑶族的"石牌话"

《欢传扬》长达 2100 行，是迄今发现的最长的一首壮族说理诗。它共有 20 个部分，论述了志气、养育、训子、勤劳、善良、交友、睦邻、孝顺、择婿、为妻、夫妇等内容，教人们认识世界的方法、做人的道理、提出了处理家庭内部关系的道德准则，如要兄弟相让、夫妇和睦、妯娌相敬等。《欢传扬》详细阐述了壮族人民的荣辱、义务和道德观，是壮族人自我教育的教科书。

广西民间文学记载了广西各民族独特的发展历史及脉络，承载着各民族的文化和精神。在历史发展的进程中，广西各族民众根据社会历史条件和自然环境，创造了具有鲜明民族和地方特色的民间文学内容和样式，逐步成为当地族群共同的文化记忆。为了更好地保护和传承民间文学，广西布洛陀、密洛陀、刘三姐歌谣、壮族嘹歌、壮族"百鸟衣"故事、仫佬族古歌六项民间文学已先后被列入国家级非物质文化遗产代表性项目名录，瑶族盘王传说、壮族民间故事"百鸟衣"、白话童谣、南宁五象传说等 70 项民间文学已先后被列入广西非物质文化遗产代表性项目名录。

学必有问

1. 在壮族创世神话中有两个创世始祖，你知道他们叫什么名字吗？他们是怎么造天地的？

2. 壮族刘三姐的传说反映了壮族群众怎样的生活方式和习俗？

3. 民间笑话的主要内容是什么？它有哪些价值和意义？

文化大使·我为广西文化代言

【任务描述】

请认真阅读任务情境，分小组完成一个民间故事的搜集和展演。

广西是多民族聚居地区，民间文学资源极为丰富。在广西各世居民族的民间文学作品中，有许多栩栩如生的人物和引人入胜的故事。为了更好地传承和传播广西优秀传统文化，讲好广西民间文学故事，班里将举办民间文学读、学、演活动。请同学们通过图书馆、网络平台、家人等多渠道了解和收集广西各民族的民间故事，并选择一个民间故事进行深度阅读，然后将其改编成舞台剧在课堂上展演。

【任务分析】

通过阅读和演绎民间故事，加深学生对广西民间文学的了解。同时通过表演向观众介绍和传播广西民间文学。为此，各组选取的民间故事要有一定的代表性，选取的人物和情节要生动精彩，能够突出展现广西各民族的生活状态。另外，为了达到更好的舞台效果，可以在忠实原故事的基础上进行一定的艺术加工和改编。

【任务要求】

步骤	要求
1. 组建任务小组	组建 7 个任务小组，每组人数根据班级实际人数情况确定。每组指定 1 名小组长，小组长负责本组工作的统筹协调，确定小组成员职责及资料报送时限
2. 分析任务情境	各组通过查阅文献资料了解民间故事的内容、蕴含的历史和文化价值。同时，对故事进行深度阅读并选定表演内容，编写表演剧本，确定表演人员，准备表演需要的道具
3. 完成工作任务	各小组完成所选民间故事的彩排
4. 成果汇报	小组上台表演，教师记录情况并作点评
	现场投票决定成果排名

【任务提醒】

1. 可查阅《中国民间故事集成广西卷》，或利用图书馆、中国非遗网、广西非遗网等完成民间故事及其背景资料的搜集和阅读，为民间故事的展演打下基础。同时观看电影《刘三姐》、动画《一幅壮锦》、歌舞剧《百鸟衣》等，借鉴如何运用不同的媒介将民间故事资源转化成不同的叙事形态和创意作品。

2. 汇报展演应小组全体成员都参加，演出前要准备好相关的道具。

【任务测评】

任务完成情况和展示环节的评分表

任务编号	9			任务名称	民间故事展演	
学生姓名		组别			组内职务	
评量项目			自评	小组评分	教师评分	
课堂表现	学习态度（15分）					
	沟通合作（15分）					
小组任务	主题内容（15分）					
	剧本创作（15分）					
	演员表演（20分）					
	舞台效果（20分）					
评分结果	小计					
	总分					
学生签字		年　月　日		教师签字		年　月　日

评分标准					
项目	A	B	C	D	E
课堂表现 学习态度（15分）	13～15分 在积极主动、虚心求教、自主学习、细致严谨方面表现优秀，令师生称赞	9～12分 在积极主动、虚心求教、自主学习、细致严谨方面表现良好	6～8分 在积极主动、虚心求教、自主学习、细致严谨方面表现较好	3～5分 在积极主动、虚心求教、自主学习、细致严谨方面表现尚可	0～2分 在积极主动、虚心求教、自主学习、细致严谨方面均有待加强
沟通合作（15分）	13～15分 在师生之间具有很好的沟通能力，在小组学习中具有很强的团队合作能力	9～12分 在师生之间具有较好的沟通能力，在小组学习中具有良好的团队合作能力	6～8分 在师生之间具有良好的沟通能力，在小组学习中具有较好的团队合作能力	3～5分 在师生之间具有一定的沟通能力，在小组学习中能够参与团队合作	0～2分 在师生之间沟通能力较弱，在小组学习中参与团队合作较弱
小组任务 主题内容（15分）	13～15分 主题鲜明且寓意深刻，内容丰富、健康向上	9～12分 主题比较鲜明且有一定的寓意，内容丰富、健康向上	6～8分 主题比较鲜明，内容健康向上	3～5分 主题不太鲜明，内容不够详实	0～2分 主题不鲜明，内容空泛
剧本创作（15分）	13～15分 剧情完整连贯，逻辑清晰，情节引人入胜	9～12分 剧情比较完整连贯，逻辑较清晰，情节引人入胜	6～8分 剧情比较完整连贯，逻辑较清晰，情节有一定的吸引力	3～5分 剧情完整性、连贯性不够，逻辑不够清晰，情节较空洞	0～2分 剧情不完整，逻辑性不强，情节空洞
演员表演（20分）	16～20分 准确、鲜明、生动地表现出故事的主题思想。演员面部表情与肢体语言运用得当，表演流畅、富有感染力；团队配合默契	12～15分 较为准确、鲜明、生动地表现出故事的主题思想。演员面部表情与肢体语言运用得当，表演流畅、富有一定的感染力；团队配合默契	8～11分 能表现出故事的主题思想。演员面部表情与肢体语言运用得当，表演较为流畅；团队配合默契	4～7分 不能准确、鲜明、生动地表现出故事的主题思想；演员表演不流畅	0～3分 不能表现出故事的主题思想。表演不流畅
舞台效果（20分）	16～20分 背景/幻灯片精美，音乐应景、恰当，道具使用恰当。服装、道具等能准确表现人物及事件，表演很有感染力	12～15分 有道具、音乐等辅助表演。服装、道具等能表现人物及事件，表演有一定的感染力	8～11分 有简单道具、音乐等辅助表演。能较完整表现人物及事件。表演感染力不强	4～7分 无背景和音乐。服装、道具能一定程度上表现人物及事件，表演不生动	0～3分 无背景、音乐、服装、道具等，不能表现人物及事件

山水人文之美

模块四

第十讲

名胜古迹

 考考你

在广西,有一条神奇的运河,因其沟通湘江漓江、连接长江珠江两大水系而名扬天下。游览了这条古运河的人们,无不对前人开运河、通水利的聪明才智啧啧称奇。更特别的是,在这条古运河上,你能看到建造于不同时代、风格各异的石拱桥,有端庄稳重的唐桥,有古朴苍劲的宋桥,有轻巧秀丽的明桥,有庄重厚实的清桥……你知道广西这条古运河的名字吗?

教学目标

知识目标

了解广西名胜古迹概貌,掌握广西山水文化特点,体悟广西古迹历史文化价值。

思政目标

培育学生热爱自然、爱国爱家的情感,提高保护资源环境、传承优秀传统文化的意识。

专题点击

八桂大地,风光旖旎、历史悠久,以"甲天下"的桂林山水闻名于世。在这里,有梦幻的漓江山水,有悠远的黄姚古镇,还有德天瀑布、龙脊梯田、离岛涠洲、三江程阳、兴安灵渠、花山岩画……在这里,徜徉可观醉人景象,静坐可听岁月回响。"读万卷书、行万里路",走在广西的山水名胜与文物古迹之间,一起来领略八桂大地这片神奇热土的山高水长、诗意风物。

一、广西名胜古迹概貌

"桂林山水甲天下",广西处处是桂林。其实,何止桂林,八桂大地上遍布着秀气灵动的山水风光,成为天下游客眷恋的旅行目的地之一。

蜿蜒流淌的曲线、薄雾悬浮的缥缈,为广西的喀斯特地貌、丹霞地貌、山峰增添了几分灵气。山水之间,沉默的古迹遗址展现了广西历史的厚重与文化的璀璨。如果说,美丽的山水风光是广西的容貌，悠久的历史文化是广西的底蕴，那么八桂这片土地真的是不容辜负的地方。

《广西统计年鉴——2021》记载，广西的喀斯特地貌广泛分布于桂西南、桂西北、桂中和桂东北地区，占广西总面积的 37.8%。广西的山，主要包括桂北的凤凰山、九万大山、大苗山、大南山和天平山；桂东北的猫儿山、越城岭、海洋山、都庞山和萌渚岭；桂东南的云开大山；桂南的大容山、六万大山、十万大山等。其中位于桂林的猫儿山主峰海拔 2141 米，为广西第一高峰，也是岭南最高峰。广西的水系多源于北部和西部地势较高处，如贺江、桂江、柳江、红水河、右江和左江等河流，最终汇入珠江的西江，往东流去。

在上述山系与水系中，广为游客熟知的主要有猫儿山、元宝山、大容山、圣堂山、大明山、十万大山、独秀峰等，以及漓江、右江、西江、邕江、柳江、红水河等。自然风光最知名的有以桂林漓江为典型的喀斯特旅游地貌区，以桂林市资源县资江为代表的丹霞旅游地貌区，以贵港市桂平西山为代表的花岗岩旅游地貌区，以北海银滩、涠洲岛为代表的海滨旅游地貌区，还有以来宾市金秀瑶族自治县大瑶山为代表的砂岩旅游地貌区。

悠久的历史和英雄的祖先，也为广西留下诸多珍贵的古迹和文物。广西壮族自治区文化和旅游厅于 2022 年 5 月发布的《广西全国重点文物保护单位名录》显示，国家先后认定的八批次全国重点文物保护单位中，广西就有 81 个（处），分别位于南宁、柳州、桂林、梧州、来宾等多个地市。

广西多年来充分利用独特的自然风光和悠久的人文古迹遗产，着力推进旅游产业发展，开发打造的山水景观、滨海风光、边境风貌、民族风情和红色旅游构成了广西的特色旅游资源。在自然风光中，典型的代表有享誉中外的桂林山水风光、北海银滩、涠洲岛、明仕田园、乐业大石围天坑群，以及亚洲第一跨国瀑布——德天瀑布，世界第五长寿之乡的盘阳河流域及其风光，高峰丛、深洼地喀斯特地貌奇观——大化七百弄，世界奇观——龙胜龙脊梯田等；在人文古迹中，典型的代表有我国古代三大水利工程之一的兴安灵渠，震惊中外的太平天国起义旧址桂平金田村，"千古之谜"花山岩画，以及凭祥友谊关、贺州黄姚古镇等。

这些名胜古迹，是广西重要的文化名片，值得品味，值得人们用脚步去翻越和感悟。

二、广西的山水名胜

广西的山水风光令人印象深刻，尤其是桂林的山水风光，所受赞誉何止万千。更值得称道的是，除了山水甲天下的桂林，在北海、崇左、钦州、柳州、南宁、来宾、百色、河池等地依然随处可以领略到广西的迤逦山水风光。其中，最具代表性、最为人熟知和称道的广西山水风光首推下述十景。

（一）壮美的山

1. 圣堂山

圣堂山是大瑶山的主峰，位于广西来宾市金秀瑶族自治县。

圣堂山有 24 个山峰，主峰海拔 1979 米，山高险峻，是桂中第二峰。墨绿色的原始森林覆盖着每个山头，无数条山溪向周围 8 个县辐射，灌溉着数百万亩良田，因此人们称这里是绿色水库。其中 7 座海拔 1600 米以上的石山峰高插云天，最高峰名为马鞍顶。群峰长年掩映于云雾之中，时隐时现，神秘莫测。登顶眺望，山中峰峦叠起，峰如笋柱，高达 400～500 米，一望数十里，犹如塔林戟海，气势壮阔。山谷间尚存古冰川时期的遗迹石河石海。

圣堂山主要观赏点有石猴赏月、舞女盼夫、神秘古墙、观音岩、孔雀开屏、神女峰、铜墙铁壁、会仙台、寿星岩、龙脊、对歌台、惊人石、杜鹃花海、圣堂树魂、百米飞瀑、悬桦夕照、万睿松风、绝壁奇松、松木逢春、小五指山、圣堂七峰、酒瓶峰、宝鼎峰、珍珠罗汉松、福建柏、原始古林、五针松、天梯、南天一柱、日出、晚霞等 60 多个景点。圣堂山被称为天下奇秀，拥张家界之峰，比庐山之幽，具华山之险，赛泰山之峻，胜黄山之松。

2. 乐业天坑群

乐业天坑群位于广西百色市乐业县境内，地处贵州、广西两省 8 县交界处，在方圆 20 平方千米的崇山峻岭里分布着 24 个天坑。在全世界 13 个超大型天坑中，乐业天坑就有 7 个，几乎囊括了各种类型的天坑和溶洞的景观，具有极高的科考、探险价值，也因此，乐业县被誉为"世界天坑之都""世界天坑博物馆"。

乐业天坑群已获得"国家地质公园""国家森林公园""国际岩溶与洞穴探险科考基地""中国青少年科学考察探险基地"四大称号。

乐业天坑群形成于 6500 万年前，形状犹如一个个巨大漏斗，隐藏在群山峻岭之中。世界上只有俄罗斯、澳大利亚、巴布亚新几内亚发现过天坑，重庆南川地区发现过三个深约 300 米的天坑。而乐业天坑群，由近 20 个天坑组成，最深的达 600 多米，浅的也有 300 多米。

天坑四周皆被刀削似的悬崖绝壁所围，形成一个巨大的竖井，底部有原始森林，并有地下河相通，森林中有大量珍贵的动植物品种。其地下原始森林面积为世界第一，深度位居世界第二，容积居世界第三。天坑是如何形成的？专家认为，这可能是因为地下暗河长期腐蚀造成巨大地下空洞后引起地表大面积坍塌所致。乐业天坑之多、之深，至今仍是科学待解之谜。

（二）奔放的海

1. 北海银滩

广西以"北有桂林山水，南有北海银滩"而自豪。

北海银滩是位于广西北海市的著名旅游景点，西起冠头岭，东至大冠沙，由西区、东区和海域沙滩区组成，东西绵延约 24 千米，海滩宽度为 30 ～ 3000 米，陆地面积约 12 平方千米，总面积约 38 平方千米。这一面积超过大连、烟台、青岛、厦门和北戴河海滨浴场沙滩面积的总和。

北海银滩以其滩长平、沙细白、水温净、浪柔软、无鲨鱼等特点被称为"天下第一滩"。这里的海水水质清透，透明度在 2 米以上海水退潮快、涨潮慢，所以游泳安全系数很高，银滩附近海域每年有 9 个多月可以入水游泳。这里空气中负离子含量为内地城市的 50 ～ 1000 倍，所以空气清新，是各类慢性病及老年性疾病患者最适宜的疗养场所，有"南方北戴河"之誉。

2. 涠洲岛

涠洲岛位于北海市正南面 21 海里的海面上，南北长 6.5 千米，东西宽 6 千米，总面积 24.74 平方千米，是中国最大、最年轻的火山岛，也是广西最大的海岛。

这里夏无酷暑，冬无严寒，年平均气温 23℃，雨量 1863 毫米。四周烟波浩渺，全岛绿树茂密，气候宜人，风光旖旎，堪称人间天堂。

海岛除了自然风光迷人，还有丰富的人文景观，主要有三婆庙、天主教堂、鳄鱼山景区、滴水丹屏景区、石螺口景区、天主教堂景区和五彩滩景区等。

三婆庙又称后天宫，建于乾隆三年（1738 年），历史悠久。

五彩滩位于涠洲岛东部，因退潮后，海蚀平台在阳光照射下呈现出五彩斑斓的颜色而得名，是岛上观赏海上日出的绝佳地点之一。退潮时，大片的海蚀平台裸露出来，经过海水打磨，犹如一幅幅印象派艺术画卷。在五彩滩，可以同时看到海蚀崖、海蚀洞和海蚀平台三位一体的地质结构，还可以看到涠洲先民就地取材修建房屋而留下的古采石场。

3. 三娘湾

三娘湾是广西十佳景区、国家 AAAA 级旅游景区，地处北部湾沿海，位于广西钦州市犀牛脚镇南面，东与北海隔海相望，西与钦州港毗邻，防钦犀二级公路可直达三娘湾，水陆交通便捷。

三娘湾拥有丰富独特的旅游资源，因中华海豚的大量涌现成为游客的热门旅行目的地，拥有"中华白海豚之乡"的美称，它还以神奇、壮丽的大潮而闻名。三娘湾看海豚、观海景已成为诸多游客的首选。此外，三娘湾兼具自然风光与人文景点，自然风光主要有三娘石、母猪石、风流石、天涯石、乌雷岭、沙滩、清心园等；人文景点主要有乌雷伏波庙、风情渔村等。每年的六七月份的观潮节吸引了众多游客慕名前往三娘湾。

（三）秀美的湖

渠洋湖

渠洋湖旅游风景区位于广西靖西市（县级市）西北方向 28 千米处，总面积为

2469.9 公顷，总库容量为 9200 万立方米，其中湖面宽为 1036 万平方米，湖长为 15 千米，最宽处有 1 千米。

凡是见过渠洋湖的人，无不说它是山区的海洋、大海的女儿。渠洋湖山环水绕，整个湖面形如两个相向对接的大葫芦，南北对称。那些环绕湖边的群山，不像怪石嶙峋的西岳，不像高峭挺拔的泰山，也不像万木葱茏的大兴安岭，有秦岭"连绵起伏，携手并肩"的容颜与风格。它们不仅成为渠洋湖的天然屏障，还成了渠洋湖一道迷人的风景线。山脚下湖两岸坐落着几十个具有壮族特色的桂寨，把渠洋湖点缀得更加迷人。

渠洋湖湖中，十几座独峰错落突兀，争奇竞秀，令人目不暇接，它们有高有矮，千姿百态，生机万类。

渠洋湖是一片喀斯特峰林中的水泊，泛舟水上，使人联想到千峰环野矗立的水上桂林，能体味到江南西子湖上的宁静和惬意。湖内秀峰如林，水面烟波浩渺，岸边翠竹婆娑，炊烟缭绕，被誉为水上桂林，是水上娱乐、游览度假的胜地。

（四）迷人的田园

1. 桂林漓江风景区

漓江又名桂水、桂江、癸水、东江，流经广西桂林。漓江两岸风景秀丽，山清水秀，洞奇石美，其共同组成的桂林漓江风景区是世界自然遗产地，是世界上规模最大、风景最美的岩溶山水游览区，是驰名中外的风景名胜区。

漓江风景区主要景点为一江（漓江）、两洞（芦笛岩、七星岩）、三山（独秀峰、伏波山、叠彩山），是桂林山水的精华所在。乘舟泛游漓江，可观奇峰倒影、碧水青山、牧童悠歌、渔翁闲钓、古朴的田园人家、清新的呼吸，一切都那么诗情画意。

从桂林市至阳朔，在全程 83 千米的漓江水路上可以尽赏漓江两岸优美的风光。其中，最具知名度、最诗情画意的景点主要有酷似一头巨象伸长鼻子吸饮江水的象鼻山、峰顶建有古塔的塔山、状若雄鸡的穿山、被誉为广西四大圩镇之一的大圩古镇，以及下龙风光、九马画山、书童山、黄布倒影、兴坪古镇等。泛舟漓江之上，看山光水色之曼妙变化，寄身百里锦绣画廊，感知人间亦有仙境。

2. 德天瀑布

德天瀑布位于崇左市大新县硕龙镇德天村，距中越边境 53 号界碑约 50 米。瀑布位于中国与越南边境处的归春河上游，其气势磅礴、蔚为壮观，是亚洲第一、世界第四大跨国瀑布。

德天瀑布源于浩浩荡荡的归春河水，从北面奔涌而来，高崖三叠的浦汤岛，巍然耸峙，横阻江流，江水从高达 50 余米的山崖上跌宕而下，撞在坚石上，水花四溅，水雾迷蒙，透过阳光的折射，五彩缤纷。那哗哗的水声，震荡河谷，气势雄壮。

瀑布三级跌落，最大宽度 200 多米，纵深 60 多米，落差 70 余米，年均流量 50 立方米/秒，是东南亚最大的天然瀑布，被国家定为特级景点。

3. 明仕田园景区

与德天瀑布处在同一旅游路线上的明仕田园景区，距离崇左市大新县县城 53 千米，为国家 AAAA 级旅游景点。

方圆 20 千米的景区山清水秀，山环水绕，素有"小桂林"之称。这里翠竹绕岸，农舍点缀，独木桥横，稻穗摇曳，农夫荷锄，牧童戏水，风光俊朗清逸，极富南国田园气息。

明仕山水田园风光集中在明仕河的明仕至拔浪一带，风景区河段长约 8 千米，游客可以乘坐竹排顺流而下，饱览两岸迷人景色。在这里，你会看到典型的喀斯特峰林地貌景观，看到凤尾萧萧、龙吟嘀嘀的碧江竹影，看到古风淳厚的壮族村落，看到威武的将军山、灵秀的通天洞、奇特的万乳崖，还可以看到那天然生成的崖壁画。

明仕田园山水之间皆是稻田，目光所及皆是绿色。在绿色之中，到处点缀着情态各异的山峰。在山峰点缀下的绿色之间，静静地流淌着弯弯曲曲的清清小河，仿佛是翡翠和碧玉。清澈的河水中，是缓缓飘动的柔美水草，无数的鱼儿自由自在地徜徉在水草之间。几只鸭子游过，泛起无数的涟漪，打碎了山峰宁静的倒影并扩散到岸边。岸边是一簇簇葱茏的毛竹，枝叶倒映在河中，那是苏轼独有的"竹外桃花三两支，春江水暖鸭先知"的画面。在落日的余晖中，从山间露出的夕阳染红了小河，小河泛着金色的光芒，格外的美丽。

4. 龙脊梯田

龙脊梯田又名龙胜梯田，位于广西桂林市龙胜各族自治县龙脊镇平安村龙脊山，距县城 22 千米，距桂林市 80 千米，素有"世界梯田之冠"的美称。

梯田处处有，可像龙脊梯田这样大规模的集中实属罕见。从流水湍急的河谷到白云缭绕的山巅，从万木葱茏的林边到石壁陡崖前，凡有泥土的地方，都开辟了梯田。梯田垂直高度达五六里，横向伸延五六里，如同一级级登上蓝天的天梯，像天与地之间一幅幅巨大的抽象画。

龙脊梯田整齐有序，线条丰富多彩，形状以曲线为主。曲线赋予人们一种动态美，尤其是那些长长的曲线和波浪线，使人联想到这些梯田好像是天上飘落的彩带。

龙脊梯田包括平安北壮梯田和金坑红瑶梯田两个景区。两处梯田既有大刀阔斧的砍削，又有丝丝入扣的精雕细琢；既显得气势磅礴，又含着清秀的艺术情调。由于山形各异，呈现出两种互不雷同的诗域画境。两者一南一北如双璧辉映，分别构成北壮和红瑶两个文化空间，可谓组合巧妙，相互辉映。

平安梯田横跨平安和龙脊两个行政村，宛如一条行进中的巨龙，腾跃在一个四五里长的坡面上，展现出一种叱咤风云的野性力量。平安梯田内有"九龙五虎"和"七星伴月"两个独特景观。大寨红瑶梯田有三个观景点，分别为西山韶乐、大界千层天梯、金佛顶。三个景观构成一个远离世俗的洞天福地。

龙脊梯田中，有的沿着山体的形状修满了一圈圈的梯田，像宝塔一样，增强了田园造型美；有的梯田连片看像山鹰展翅；有的梯田如七星伴月；有的梯田就是典型的梯形图形，还有花边田等。其中，金坑梯田层次感最强。由于金坑地势陡峭，梯田以带状形的较多，它的高低层次较多，远近层次也很丰富。

在每个人的心目中都有最美的地方，除了上述知名度、典型性、代表性都较高的十大山水胜景以外，还有江山半岛、十万大山、通灵大峡谷等众多优美景区，值得人们去感受八桂大地之大美。

三、广西的人文古迹

美丽的自然风光，会让人感叹其惊艳，而深厚的人文质感更能让人铭记和敬重。一方水土养一方人，一方人造就一方历史文化，广西的人文古迹是广西这片热土及其人民的骄傲，是人们探求光辉过往、探索美好未来的精神寄托。

（一）古韵悠悠

1. 灵渠

灵渠位于广西桂林市兴安县，是与都江堰齐名的秦代水利工程，同时也是世界上最古老的人工河之一。

灵渠是古代中国劳动人民创造的一项伟大工程，于公元前 214 年凿成通航，它的伟大之处在于它沟通了漓江和湘江，使长江与珠江得以贯通，自秦代至民国 2000 余年，成为岭南和中原唯一的水上交通通道。

灵渠流向由东向西，将兴安县东面的海洋河（湘江源头，流向由南向北）和兴安县西面的大溶江（漓江源头，流向由北向南）相连，有着"世界古代水利建筑明珠"的美誉。

灵渠全长 34 千米，分为南渠和北渠，其中南渠全长 33.15 千米，大部分为喀斯特地貌，利用的是天然河道，人工只开挖了 5 千米；北渠的长度虽然只有 4 千米，但它却是连通湘江和漓江的航道。灵渠的凿通，沟通了湘江、漓江，打通了南北水上通道，连接了长江和珠江两大水系，构成了遍布华东华南的水运网，大批粮草经水路运往岭南，使历史上的秦军有了充足的物资供应，为秦王朝统一岭南提供了重要的保证。自秦以来，灵渠对巩固国家的统一，加强南北政治、经济、文化的交流，密切各族人民的往来，都起到了积极作用。

灵渠景区有中流砥柱的铧嘴，俗称分水台，用来拦蓄和提高水位，以便将水通过渠道引向漓江的灵渠枢纽工程——大小天平。另外还有三将军墓、秦堤、飞来石、四贤祠等景致。整个景区古朴典雅，游览灵渠能充分体会"行尽灵渠路，兴安别有天"的意境。2018 年 8 月灵渠入选第五批世界灌溉工程遗产名录。

2. 黄姚古镇

黄姚古镇是一个有 900 多年历史的明清古镇，位于广西贺州昭平县，距离贺州市区 40 千米，距桂林 200 千米，素有"诗境家园"之称。

黄姚古镇方圆 3.6 平方千米，属喀斯特地貌，发祥于宋朝年间，有着近 1000 年历史。自然景观有八大景二十四小景；保存有寺观庙祠 20 多座，亭台楼阁 10 多处，多为明清建筑。著名的景点有广西省工委旧址、古戏台、安乐寺、宝珠观、兴宁庙、郭家祠、带龙桥、天然亭等。

黄姚古镇里的门楼、古戏台、古街、古井、民居、宗祠、庙宇、桥、亭、匾等有形建筑遗产作为整体的古镇聚落环境被保留下来。古镇内明清建筑保存有300多幢，面积达1.6万平方米，完整保存8条全部用青石板砌成的石板街，全长10多千米。还有亭台楼阁10多处，寺观庙祠20多座，特色桥梁11座，楹联匾额上百幅。

古镇建筑具有很高的艺术审美价值，其设计建造匠心独运，从建筑学上说也是一笔宝贵的遗产。黄姚古镇2007年被国家文物局列为第三批"中国历史文化名镇"，2022年7月被国家文化和旅游部确定为国家AAAAA级旅游景区。

3. 莫土司衙署

莫土司衙署位于广西来宾市忻城县城关镇西宁街翠屏山北麓，始建于万历十年（1582年）。

莫土司在忻城世袭时间长达470多年，曾先后四次迁移衙门，原建于古尚村，后迁于板县村，再迁到古尧村，后来搬到翠屏山脚下。莫土司衙现存建筑为道光十年（1830年）按清朝工部营造法重建的，总面积38.9万平方米，其中建筑占地面积4万多平方米，主要由土司衙门、莫氏祠堂、土司官邸、大夫第、三界庙等建筑组成土司衙署建筑群。主体建筑由前门照壁、大门、头堂、后堂、长廊、左右花厅等构成，建筑皆飞檐挑脊，镂花雕窗，图案多姿，浮雕技艺颇为精湛。

整个土司衙署建筑皆为砖木结构，穿斗构架，硬山翘角，雕梁画栋，朱漆柱梁，既具有中原古典宫廷建筑的风格，又有南方少数民族的建筑韵味，体现了壮族地区的民族特色。幽深的殿堂和精致的屋脊翘角、镂空花窗、浮雕图案，使这座古典宫廷式建筑富有浓郁的壮族艺术特色。

衙署建筑集明、清两代的建筑风格于一身，气势恢宏，格调典雅，特别是镂空的壮锦图案和动物雕刻花窗，具有浓郁的民族特色，有较高的历史文化、艺术和科学价值。其馆藏文物有石器、金器、织锦等近千件。

莫土司衙署是我国现存土司建筑规模最大、保存最完整的土司建筑群，具有较高的历史文化科研价值和旅游开发价值，是研究土司制度不可多得的实物资料。莫土司衙署祠堂被北京中华民族园按照1:1的比例复制在园内。1996年，莫土司衙署作为明代的古建筑，被国务院列入第四批全国重点文物保护单位。

4. 靖江王陵

靖江王陵是历代靖江王的王陵，位于广西桂林市七星区东郊尧山西南麓，南北长15千米，东西宽7千米，共有王亲藩戚墓葬300多座。

整个陵园规模庞大、气势磅礴，有"北有十三皇陵，南有靖江王陵"之称，其中有11人葬尧山，有"靖江王11陵"之谓。1368年，朱元璋创建明朝，先后分封24个儿子和一个侄孙到各要塞重地建藩为王。洪武三年（1370年），朱元璋封其侄孙朱守谦为

名胜/古迹

靖江王。靖江王从册封到灭亡共存 280 年，先后承袭王位的有 14 人，其中有 11 王葬于尧山，这 11 王的陵园加上其他藩戚王室墓葬，构成一个方圆百里、气势磅礴、极富江南特色的墓群。

靖江王墓群依其地面规制及死者身份可分成六类。第一类是王妃合葬墓，即通常所说的王陵，共 10 座，级别最高，墓园面积从 300 多亩到数亩不等，布局一般为长方形，两道围墙，三券陵门（外围墙）、三开间中门（内围墙）、五开间享殿与高大的宝城（墓冢）处于同一轴线，以神道相通。神道两侧序列守陵狮、墓表和狻猊、獬豸、狴犴、麒麟、武士控马、大象、秉笏文臣、男侍、女侍等石作仪仗，一般为 11 对，有些王陵在秉笏文臣后面还立有神道碑，有些在陵门内或外建有厢房。第二类是次妃墓，共 4 座，级别次于王妃合葬墓，墓园布局与王妃合葬墓相仿，但面积及建筑略小，石像生少 2 对。第三类是未袭而卒的世子（长子）墓和别子辅国将军墓，级别低于次妃墓，石像生只有 7 对或更少。第四类是奉国将军墓，墓园面积、石像生少于辅国将军墓。第五类是中尉墓，分镇国中尉墓、辅国中尉墓、奉国中尉墓三级，墓园面积、石像生依次减少，一般只有一道围墙和墓碑，无享堂和石像生。第六类是县君、乡君等女性宗室墓及靖江王宫媵墓，级别最低，无围墙和石像生，仅有墓冢和墓碑。

中华人民共和国成立后，靖江王陵一直受到国家文物局和各级政府的重视。1963 年，靖江王陵被广西壮族自治区人民政府公布为自治区级重点文物保护单位。1996 年，靖江王陵被国务院公布为全国重点文物保护单位。2021 年 10 月，靖江王陵入选国家文物局《大遗址保护利用"十四五"专项规划》"十四五"时期大遗址名单。

（二）风情广西

1. 程阳八寨

程阳八寨景区位于广西柳州市三江县，距县城 14 千米，是中国侗族文化和侗族风情旅游的集中地。这里因独特的风雨桥、鼓楼、吊脚木楼、四季田园以及浓郁的民风民俗闻名遐迩。

始建于 1912 年的程阳桥，是世界上规模最大的风雨桥，是世界历史名桥之一、国家重点文物保护单位。

程阳有八个自然村寨，俗称"程阳八寨"，这是八个连成一片的侗族山寨，不仅完好地保存着侗族的木楼建筑、服装饰品、歌舞文化、生活习俗等古老传统，而且在与现代生活交融中继续发扬光大，成功地发展为令人流连忘返的旅游新村。当你踏入程阳八寨，会发现这里青山四季翠绿，景暖人情更暖。这种温暖，来自程阳八寨丰富多彩的民俗活动，如热闹非凡的芦笙踩堂、惊如天籁的侗族大歌、尽显祥和的多耶歌舞等。

每年正月初一，村村寨寨的老人家聚集在鼓楼里，手拉手，肩攀肩，唱起耶歌，内容一般是祝福、新年、新春、新时代，歌颂好村寨、好生活，俗称"耶踩年"。

侗族百家宴——侗族待客的最高礼仪。每逢村寨互访或有尊贵的客人来访时，全村各户自备酒菜饭，一起到鼓楼坪"一"字形摆开长桌，客人可从第一桌吃到最后一桌，你来我往、觥筹交错、热闹非凡。据说在当地流传着这样一个说法："吃百家饭、联百家心、驱百种邪、成百样事。"

"百家宴"是侗族热情好客、团结友爱、和谐大同的文化象征，在三江侗族地区已流传了数百年，随着时间的推移，逐步演变为现今每逢重大节庆或重要宾客来访时必备的款待仪式。早在 2008 年，三江"侗族百家宴"就被列为广西壮族自治区级非物质文化遗产保护项目。

2. 花山岩画

广西花山岩画主要分布在广西境内左江流域的宁明、龙州、崇左、扶绥、大新等壮族聚居地区的江河转弯处，在宽大、平整、垂直的石壁上，保留着由骆越先民所画的共 79 处岩画。古人把赭红色的赤铁矿粉用动物脂肪稀释调匀，用草把或鸟羽蘸上，在天然崖壁上直接刷绘出这些神奇的岩画，被称为"自然展览宫"。其中，位于宁明县驮龙乡耀达村花山屯北面的明江东岸的花山岩画规模最大，最为壮观，画面临江，高 44 米，宽 170 米。

花山岩画图像有 1900 多个，包括人物、动物和器物三类，以人物为主。人物只画出头、颈、躯体和四肢，不见五官和其他细部。动物图像主要是狗，皆为侧身，作向前小跑状。器物图像主要有刀、剑、铜鼓、羊角纽钟。其中典型的组合是以一个高大魁梧、身佩刀剑的正身人为中心，脚下有一狗，胯下或身旁置一面或数面铜鼓，四周或左右两侧有众多形体短小的侧身人。这些画面可能是一场场庄严而又欢快的祭祀活动仪式的记录，是巫术文化的遗迹。

宁明花山岩画景区中的濑江屯、邑耀屯是传统的壮族原始村落，被称为"岩画活的博物馆"。村落依地势而建，错落有致，与山水辉映。

宁明县城中镇耀达村明江西岸，是战国至东汉时期岭南左江流域骆越先民巫术活动遗留下来的遗迹、国内外著名的古代涂绘类岩画点，已有 1800 ～ 2500 年的历史，以规模宏大、场面壮观、图像众多成为广西左江流域岩画的典型代表而闻名于世。

据专家考证，花山岩画的绘制年代早期可追溯到春秋战国时期，历经了战国、西汉、东汉等多个历史时期的不断完善，才形成这些震撼人心的鸿篇巨著。1988 年 1 月，花山岩画被国务院公布为第三批全国重点文物保护单位。2016 年 7 月，"左江花山岩画文化景观"入选世界遗产名录，花山岩画申遗成功填补了中国岩画类世遗项目的空白。

花山岩画图案充分反映了从战国到汉代骆越先民的社会、经济、文化、艺术等方面的内容。这些规模宏大、内容丰富的岩画，不仅在中国少有，而且在世界上也罕见。花山岩画堪称战国到汉代壮族的一部历史书卷，是广西古代艺术的瑰宝和文化结晶。

3. 阳朔西街

历经 1400 多年历史的阳朔西街，是广西桂林市阳朔县最古老繁华的街道，也是阳朔重要旅游景点之一。

第十讲

名胜

古迹

阳朔西街全长近 800 米，街道呈弯曲的 S 形，路面用本地产的槟榔纹大理石铺成，暗青油亮，两旁是清代遗留的低矮砖瓦房，白粉墙红窗，透着岭南建筑的古朴典雅，房屋建筑古色古香，地方特色浓厚。

西街的建筑大都是 20 世纪初的老房子，1984 年经初步改造建成了古朴典雅的旅游文化街。1999—2004 年，阳朔县又完成了保护性整治，使整条街道建筑凸显出"小青瓦、坡屋顶、马头墙、木门窗、吊阳台"式的桂北民居特色，与桂花街组成并行的步行街，颇具特色。

西街上的主要景点包括保存较完整的明城墙、碑刻、古寺、古亭、名人故居、纪念馆等，150 多个国家的领导人曾慕名到此留下足迹。

（三）红色经典

1. 红军长征湘江战役纪念群

1934 年 11 月底至 12 月初，中央红军在湘江上游广西境内的兴安县、全州县、灌阳县与国民党军苦战五个昼夜，最终从全州、兴安之间强渡湘江，突破了国民党军的第四道封锁线，粉碎了蒋介石围歼中央红军于湘江以东的企图。湘江战役是红军长征以来进行的一次最大的战役，也是关系红军生死存亡乃至中国革命成败的一个极为重要的战役。红军以损失过半的沉重代价，打破了蒋介石企图将红军消灭在湘江的美梦，保存了中央红军和中央机关。经过这一战役，全军上下开始对第五次反"围剿"以来的王明"左"倾军事路线产生怀疑，从而为遵义会议的胜利召开做了酝酿和准备。

红军长征突破湘江烈士纪念碑园位于广西兴安县城南一公里处的狮子山，占地面积 8 万平方米，由大型群雕像、纪念塔和展览馆三大部分组成。1995 年 12 月，经广西壮族自治区党委、广西壮族自治区人民政府同意，命名为广西壮族自治区爱国主义教育基地。

红军长征湘江战役纪念园位于广西桂林市全州县才湾镇，主要划分为纪念馆和纪念林两大功能区，总占地面积为约 64 万平方米。2018 年 11 月，习近平总书记对做好湘江战役红军遗骸收殓保护工作作出重要批示；2019 年 8 月，红军长征湘江战役纪念园顺利竣工并对外开放。纪念馆共三层展厅，展示历史文物、文献、图片等珍贵资料，并通过雕塑、绘画等艺术作品及场景模拟、声光多媒体等现代技术手段，全面、系统地展示了湘江战役和红军长征的光辉历程，以及在中国共产党的领导下所取得的辉煌成就。纪念林包括雕塑长廊、战壕遗址、纪念石林、军民连心树、战地救护所等，既抚慰烈士英魂，又教育革命后代。

湘江战役新圩阻击战酒海井红军纪念园位于灌阳县新圩镇北约 8 千米处是新圩阻击战一百多名红军战士殉难之处。

2. 凭祥友谊关

凭祥友谊关是我国九大名关之一，位于广西凭祥市西南端，距凭祥市区 18 千米。322 国道终端穿过友谊关拱城门，与越南公路相接，是通往越南的重要陆路通道和国家一类口岸。

凭祥友谊关在炮火中曾两次被毁，1957年基本按原貌重建。整座关楼由底座和回廊式楼阁两部分组成，通高22米。底座建筑面积为365.7平方米，底长23米，底宽15.9米，平均高度为10米。公路从隧道形单拱城门通过，拱门上方有用汉白玉雕刻的"友谊关"三个刚劲有力的大字，是时任国务院副总理兼外交部长的陈毅元帅题写的关名。

关楼左侧是左弼山城墙，右侧是右辅山城墙，犹如巨蟒分联两山之麓，气势磅礴。早在汉朝就已经在这里设关，距今已有2000多年的历史。最初叫雍鸡关，后依次改名界首关、友谊关、大南关，明朝设镇南关。1953年1月，经当时的政务院批准，改称睦南关。1965年1月，经国务院批准，改名为友谊关。1995年2月，被列为自治区爱国主义教育基地。2006年5月，友谊关被国务院批准列入第六批全国重点文物保护单位名单。

3. 中共梧州地委旧址

中共梧州地委旧址位于广西梧州市万秀区民主路，是砖木结构的四层楼房，1963年被定为广西壮族自治区级文物保护单位，1995年被列为广西壮族自治区爱国主义教育基地，2011年被确定为第一批广西党史教育基地。

1925年夏，中共党员毛简青秘密租赁该楼房作掩护，开展建党工作，在中共两广区委的领导下，创建了广西最早的党组织—中共梧州支部。1925年底，中共梧州地委成立。1927年5月，中共梧州地委改为中共广西地委；1928年1月，中共广西地委改为中共广西特委，隶属中共广东省委领导；同年9月，中共中央决定，广西特委改为广西临时省委。由此，中共梧州地委·广西特委旧址成为红色火种传入广西的第一站。

建立于旧址的纪念馆于1979年8月对外开放，2016年6月经修葺后重新开馆。纪念馆分4层共12个展厅，围绕红色火种、星火燎原、情景复原和薪火相传四个主题，通过大量的照片、书籍、实物等资料，借助现代多媒体技术提升展示效果，全面系统地反映了中国共产党成立之初，中共党组织领导广西各地人民反帝、反封建斗争的光荣历史，展示了中国共产党组织在梧州建立的辉煌革命史，承载和记录了中共广西特委和广西临时省委领导在广西反帝、反封建斗争的历史岁月。

广西全国重点文物保护单位名录见表10-1。

表10-1　广西全国重点文物保护单位名录

序号	名称	地理位置	类别	时代	公布时间	批次
1	金田起义地址	贵港市桂平市	近现代重要史迹及代表性建筑	1851年	1961-03-04	第一批
2	经略台真武阁	玉林市容县	古建筑	明	1982-02-23	第二批
3	程阳永济桥	柳州市三江侗族自治县	古建筑	民国	1982-02-23	第二批
4	中国工农红军第七军、第八军军部旧址	百色市、崇左市龙州县	近现代重要史迹及代表性建筑	1929—1930年	1988-01-13	第三批
5	灵渠	桂林市兴安县	古建筑	秦	1988-01-13	第三批

第十讲

名胜
古迹

序号	名称	地理位置	类别	时代	公布时间	批次
6	大士阁	北海市合浦县	古建筑	明	1988-01-13	第三批
7	花山岩画	崇左市宁明县	其他	战国至东汉	1988-01-13	第三批
8	合浦汉墓群	北海市合浦县	古墓葬	汉	1996-11-20	第四批
9	莫土司衙署	来宾市忻城县	古建筑	明、清	1996-11-20	第四批
10	靖江王府及王陵	桂林市	古建筑	明	1996-11-20	第四批
11	李宗仁故居及官邸	桂林市临桂区、桂林市	近现代重要史迹及代表性建筑	1921年、1948年	1996-11-20	第四批
12	李济深故居	梧州市苍梧县	近现代重要史迹及代表性建筑	民国	1996-11-20	第四批
13	右江工农民主政府旧址	百色市田东县	近现代重要史迹及代表性建筑	1929年	1996-11-20	第四批
14	八路军桂林办事处旧址（含莫路村转运站）	桂林市、桂林市灵川县	近现代重要史迹及代表性建筑	1938年	1996-11-20	第四批
15	百谷和高岭坡遗址	百色市、百色市田东县	古遗址	旧石器时代	2001-06-25	第五批
16	甑皮岩遗址	桂林市	古遗址	新石器时代	2001-06-25	第五批
17	顶蛳山遗址	南宁市邕宁区	古遗址	新石器时代	2001-06-25	第五批
18	岜团桥	柳州市三江侗族自治县	古建筑	清	2001-06-25	第五批
19	临贺故城	贺州市	古建筑	汉至清	2001-06-25	第五批
20	桂林石刻	桂林市	石窟寺及石刻	唐至清	2001-06-25	第五批
21	北海近代建筑群	北海市	近现代重要史迹及代表性建筑	近代	2001-06-25	第五批
22	刘永福、冯子材旧居建筑群	钦州市	近现代重要史迹及代表性建筑	清	2001-06-25	第五批
23	白莲洞遗址	柳州市	古遗址	旧石器至新石器时代	2006-5-25	第六批
24	鲤鱼嘴遗址	柳州市	古遗址	旧石器至新石器时代	2006-5-25	第六批
25	感驮岩遗址	百色市那坡县	古遗址	新石器时代至战国	2006-5-25	第六批
26	秦城遗址	桂林市兴安县	古遗址	秦至晋	2006-5-25	第六批
27	智城城址	南宁市上林县	古遗址	唐	2006-5-25	第六批
28	江头村和长岗岭村古建筑群	桂林市灵川县	古建筑	明至民国	2006-5-25	第六批
29	马殷庙	贺州市富川瑶族自治县	古建筑	明至清	2006-5-25	第六批
30	燕窝楼	桂林市全州县	古建筑	明至清	2006-5-25	第六批

序号	名称	地理位置	类别	时代	公布时间	批次
31	恭城古建筑群	桂林市恭城瑶族自治县	古建筑	明至清	2006-5-25	第六批
32	柳侯祠碑刻	柳州市	石窟寺及石刻	宋至民国	2006-5-25	第六批
33	连城要塞遗址和友谊关	北海市、防城港市、东兴市、宁明县、凭祥市、龙州县、大新县、靖西县、那坡县	近现代重要史迹及代表性建筑	明至清	2006-5-25	第六批
34	容县近代建筑	玉林市容县	近现代重要史迹及代表性建筑	清至民国	2006-5-25	第六批
35	太平天国永安活动旧址	梧州市蒙山县	近现代重要史迹及代表性建筑	1851 年	2006-5-25	第六批
36	马胖鼓楼	柳州市三江侗族自治县	近现代重要史迹及代表性建筑	民国	2006-5-25	第六批
37	梧州中山纪念堂	梧州市	近现代重要史迹及代表性建筑	民国	2006-5-25	第六批
38	广西农民运动讲习所旧址	河池市东兰县	近现代重要史迹及代表性建筑	1925 年	2006-5-25	第六批
39	红军标语楼	河池市	近现代重要史迹及代表性建筑	1930 年	2006-5-25	第六批
40	湘江战役旧址	桂林兴安县、全州县、灌阳县	近现代重要史迹及代表性建筑	1934 年	2006-5-25	第六批
41	昆仑关战役旧址	南宁市、宾阳县、柳州市	近现代重要史迹及代表性建筑	1939—1940 年	2006-5-25	第六批
42	胡志明旧居	柳州市	近现代重要史迹及代表性建筑	1942—1954 年	2006-5-25	第六批
43	柳城巨猿洞	柳州市柳城县	古遗址	旧石器时代	2013-3-5	第七批
44	布兵盆地洞穴遗址群	百色市田东县	古遗址	旧石器时代	2013-3-5	第七批
45	那赖遗址	百色市田阳县	古遗址	旧石器时代	2013-3-5	第七批
46	晓锦遗址	桂林市资源县	古遗址	新石器时代	2013-3-5	第七批
47	大浪古城遗址	北海市合浦县	古遗址	汉	2013-3-5	第七批
48	草鞋村遗址	北海市合浦县	古遗址	汉	2013-3-5	第七批
49	越州故城	钦州市浦北县	古遗址	南朝	2013-3-5	第七批
50	中和窑址	梧州市藤县	古遗址	宋	2013-3-5	第七批
51	凤腾山古墓群	河池市环江毛南族自治县	古墓葬	清	2013-3-5	第七批
52	湘山寺塔群与石刻	桂林市全州县	古建筑	宋至清	2013-3-5	第七批
53	永宁州城城墙	桂林市永福县	古建筑	明	2013-3-5	第七批

第十讲

名胜古迹

序号	名称	地理位置	类别	时代	公布时间	批次
54	大芦村古建筑群	钦州市灵山县	古建筑	明至清	2013-3-5	第七批
55	富川瑶族风雨桥群	贺州市富川瑶族自治县	古建筑	明至清	2013-3-5	第七批
56	伏波庙	南宁市横州市	古建筑	清	2013-3-5	第七批
57	和里三王宫	柳州市三江侗族自治县	古建筑	清	2013-3-5	第七批
58	惠爱桥	北海市合浦县	古建筑	清	2013-3-5	第七批
59	西林岑氏家族建筑群	百色市西林县	古建筑	清	2013-3-5	第七批
60	百寿岩石刻	桂林市永福县	石窟寺及石刻	宋至民国	2013-3-5	第七批
61	会仙山摩崖石刻	河池市宜州区	石窟寺及石刻	宋至民国	2013-3-5	第七批
62	梧州近代建筑群	梧州市万秀区、蝶山区	近现代重要史迹及代表性建筑	清至民国	2013-3-5	第七批
63	谢鲁山庄	玉林市陆川县	近现代重要史迹及代表性建筑	1920 年	2013-3-5	第七批
64	越南共产党驻龙州秘密机关旧址	崇左市龙州县	近现代重要史迹及代表性建筑	1926 年	2013-3-5	第七批
65	柳州旧机场及城防工事群旧址	柳州市柳南区	近现代重要史迹及代表性建筑	1929 年	2013-3-5	第七批
66	南宁育才学校旧址	南宁市西乡塘区	近现代重要史迹及代表性建筑	1951 年	2013-3-5	第七批
67	娅怀洞遗址	南宁市隆安县	古遗址	旧石器时代	2019-10-7	第八批
68	大岩遗址	桂林市临桂区	古遗址	旧石器时代至新石器时代	2019-10-7	第八批
69	父子岩遗址	桂林市雁山区	古遗址	新石器时代至商周	2019-10-7	第八批
70	桂林静江府城墙	桂林市叠彩区、秀峰区	古建筑	南宋至明	2019-10-7	第八批
71	来宾文辉塔	来宾市兴宾区	古建筑	明	2019-10-7	第八批
72	左江归龙斜塔	崇左市江州区	古建筑	明清	2019-10-7	第八批
73	贺州江氏客家围屋	贺州市八步区	古建筑	清	2019-10-7	第八批
74	乐湾村古建筑群	桂林市恭城瑶族自治县	古建筑	清至民国	2019-10-7	第八批
75	西林教案发生地	百色市田林县	近现代重要史迹及代表性建筑	1856 年	2019-10-7	第八批
76	法国驻龙州领事馆旧址	崇左市龙州县	近现代重要史迹及代表性建筑	1898—1949 年	2019-10-7	第八批

序号	名称	地理位置	类别	时代	公布时间	批次
77	武宣刘氏庄园	来宾市武宣县	近现代重要史迹及代表性建筑	1911年	2019-10-7	第八批
78	武宣郭氏庄园	来宾市武宣县	近现代重要史迹及代表性建筑	1924年	2019-10-7	第八批
79	梧州市中共广西早期革命活动旧址	梧州市万秀区	近现代重要史迹及代表性建筑	1926—1928年	2019-10-7	第八批
80	中共广西省第一次代表大会旧址	贵港市港北区	近现代重要史迹及代表性建筑	1928年	2019-10-7	第八批
81	广西省立艺术馆旧址	桂林市秀峰区	近现代重要史迹及代表性建筑	1944年	2019-10-7	第八批

四、瑰宝的现在与未来

美丽的风光、厚重的文物，更有耀眼的非物质文化遗产，都是广西的瑰宝，值得我们自豪、珍视、爱护。

（一）名胜古迹的社会意义

名胜古迹作为重要的旅游资源，对于提高广西的知名度和吸引力、促进经济社会发展和提高人民生活水平、历史回望与未来展望、服务国家发展战略大局等具有重大社会意义。

一方水土养一方人，名胜古迹往往造就一个地方人民的生活习性，也承载着一个族群的生活记忆，对于研究各个历史时期人类的社会活动、社会关系、意识形态以及利用自然、改造自然和当时生态环境的状况有着十分珍贵的学术价值，也是增强民族自豪感，提高民族凝聚力的重要载体，更是彰显文化自信的最佳"舞台"。

（二）名胜古迹的保护与开发

名胜古迹是不可再生资源，必须不遗余力地挖掘和保护。让名胜古迹"再生"的最好方式就是继续在做好保护的基础上进行开发和利用，继续为人民生活水平的提高发光发热。其中最理想的方式就是融入到旅游项目开发中，在保护中传承，在继承中发展。

在旅游项目开发建设过程中，广西一贯推行"政府主导、部门协同，企业运作、专家管理"模式，坚持"谁投资、谁受益"的原则，通过政府引导性投入、招商引资等形式，多渠道筹措建设发展资金，突出重点，集中力量开发了一批特色突出、主题鲜明、吸引力强、上规模、上水平的重点旅游项目。其中，由自治区旅游发展资金重点扶持，引导各方面资金集中建设的项目主要有兴安灵渠、资江八角寨、龙脊梯田、阳朔西街改造一期工程、桂林漓江补水工程、桂林虞山公园、柳州奇石城、柳候公园、南宁扬美古镇、南宁青秀山、广西药用植物园、武鸣壮文化大观园、北海银滩西部景区、北海海滩公园

第十讲

名胜古迹

改造、北海涠洲岛火山遗址公园、凭祥友谊关景区、大新德天瀑布、靖西通灵大峡谷、乐业天坑群、南丹白裤瑶新寨、武宣百崖大峡谷等重点特色旅游项目。

目前，广西积极引进境外、区外资金，成功开发的重大项目主要有桂林乐满地休闲世界、桂林愚自乐国际雕塑公园、阳朔世外桃源、荔浦银子岩、北海海底世界、大新德天瀑布等。区内各级政府通过财政投入、银行贷款、部门集资等各种形式也筹资开发了一大批旅游生态项目，例如桂林市投资开发的两江四湖环城水系、漓江补水工程和漓江两岸的绿化美化工程；南宁市大力开发扬美古镇和青秀山；兴安县多渠道筹资建设灵渠景区；荔浦市继续完善丰鱼岩景区和改造进景区道路；容县成功开发都峤山——贵妃园景区；陆川县集中力量建设龙珠湖、九龙温泉山庄景区；武鸣区调动各部门资金开发伊岭岩旅游度假会议中心；蒙山县自主开发西炮台公园和太平天国封王建制旧址；南丹县主要依靠地方财政资金建设山野温泉和白裤瑶新寨等。

这些项目，在传承优秀传统文化、推动精神文明建设、加快贫困地区脱贫致富、增加就业、改善投资环境、促进对外开放和统战工作等方面都发挥了积极作用。在旅游开发过程中，广西的名胜古迹也更多地走进百姓视野，更好发挥了其在满足人民日益增长的美好生活需要的巨大价值。

学必有问

1. 为什么说"桂林山水甲天下"，广西处处是桂林？结合广西的山水名胜，你怎样理解这句话的含义？

2. 广西的灵渠为什么被赞誉为"世界古代水利建筑明珠"？它在古代有着怎样的政治经济和社会意义？

3. 左江花山岩画入选世界遗产名录，它具有怎样的历史文化价值？

文化大使·我为广西文化代言

【任务描述】

请认真阅读任务情境，完成组照的拍摄、编辑与展出。

"壮族三月三"前夕，为营造浓厚的传统佳节氛围、提升师生的民族自豪感，学校将举办系列庆祝活动，其中一项活动为"壮乡美·山美水美人文美"摄影图片展。

全班分为14个小组，每个小组负责一个设区市名胜古迹旅游区的图文展示推介工作，展出所负责设区市具有代表性的一处风景名胜区的图文。

【任务分析】

通过组照的图文展示，达到向观众有效推介目标风景区的目的。为此，应配有简洁引人的文字介绍、悦目的图片展示。另外，图文中还应包含文化和知识信息，图片构图、编辑、版面设计要美观；在内容上注意各照片之间的功能差异和逻辑关系，在形式上注重所选照片的精美与整个版面的和谐美观。

【任务要求】

步骤	要求
1. 组建任务小组	组建 14 个任务小组，每组指定 1 名组长，负责本组任务的前期规划、分工实施、后期整理、统筹协调和任务提交
2. 分析任务情境	小组确定拍摄目的地后，通过查阅文献资料了解目的地的文化背景、发展现状、交通信息等；研究拍摄计划（包含但不限于拍摄时机、拍摄机位等）；确定组照构成、图片编辑风格等；确定任务预期目标、实现手段和方法等
3. 落实工作任务	组照中的照片总数为 10 ～ 20 张，确保曝光正确、构图多样、角度丰富、信息全面，具备"代言"应有的视觉吸引力和独特魅力。拍摄完成后，依照一定的编辑逻辑对图片进行顺序与排版编辑，配以恰当的总括性文字与各图片文字说明
4. 任务成果汇报	小组成员悉数上台对作品进行推介和宣传，同时分享本组任务推进思路、做法、经验教训和过程感悟
	教师记录情况并作点评

【任务提醒】

1. 可利用百度百科、奥维互动地图通过文字、3D 实景地图了解任务目的地的概貌。

2. 组照拍摄中，构图应兼顾全景、中景、特写等不同景别，展示任务目的地的全貌与细节，需要兼顾横构图与竖构图的结合，注意组照整体色调与任务总体感情基调的内在一致性。

3. 拍摄要考虑时机、角度、光线、色彩等因素，建议通过网上平台获取免费的风光摄影基础视频教程，尽可能运用较专业的摄影技术去寻找和捕捉八桂美景。

4. 组照成果可参考以下排版格式（根据需要灵活调整）：

> **组照标题**
>
> 　组照开篇引言（一般是对整组照片的内容或拍摄缘由进行总说明，一两百字左右）
>
> 　　照片 1　及其简要文字说明
>
> 　　照片 2　及其简要文字说明
>
> 　　照片 3　及其简要文字说明
>
> 　　照片 4　及其简要文字说明
>
> 　　照片 5　及其简要文字说明
>
> 　　　　　　……
>
> 　（各照片之间有横竖构图的变化、有景别的变化、有功能区别、有逻辑关系，尤其注重第一张照片和最后一张照片的选用与排排——前者以最快速度抓住读者兴致、后者留给读者思考的空间或持久的回味）
>
> 　收尾文字（一般是对组照进行再概况总结，或是提出展望或呼吁，一两百字左右）

第十讲

名胜古迹

175

【任务测评】

任务完成情况和展示环节的评分表

任务编号	10		任务名称		"壮乡美"图片集	
学生姓名		组别		组内职务		
评量项目			自评	小组评分		教师评分
课堂表现	学习态度（10分）					
	沟通合作（10分）					
小组任务	主题表达（10分）					
	图文表达（10分）					
	构图景别（10分）					
	编辑逻辑（10分）					
	组照推介（20分）					
个人任务	个人贡献说明（20分）					
评分结果	小计					
	总分					
学生签字		年　月　日	教师签字			年　月　日

评分标准

	项目	A	B	C	D	E
课堂表现	学习态度（10分）	9～10分 在积极主动，虚心求教，自主学习、细致严谨等方面表现优秀	7～8分 在积极主动，虚心求教，自主学习、细致严谨等方面表现良好	5～6分 在积极主动，虚心求教，自主学习、细致严谨等方面表现较好	3～4分 在积极主动，虚心求教，自主学习、细致严谨等方面表现尚可	0～2分 在积极主动，虚心求教，自主学习、细致严谨等方面表现均有待加强
	沟通合作（10分）	9～10分 在师生之间具有很好的沟通能力，在小组学习中具有很强的团队合作能力	7～8分 在师生之间具有良好的沟通能力，在小组学习中具有良好的团队合作能力	5～6分 在师生之间具有较好的沟通能力，在小组学习中具有较好的团队合作能力	3～4分 在师生之间具有一定的沟通能力，在小组学习中能够参与团队合作	0～2分 在师生之间沟通能力较弱，在小组学习中参与团队合作较弱
小组任务	主题表达（10分）	9～10分 组照主题明晰、恰当、统一，能从多面完整展示和表达主题，能有效推介目标风景名胜区	7～8分 组照主题较明晰、恰当、统一，能够从多面较完整展示和表达主题	5～6分 组照主题不太明晰、不太统一，能够从几个侧面展示和表达主题	3～4分 组照主题不太明晰、不太统一，只从一两个侧面展示和表达主题	0～2分 组照主题不明晰、不统一，只从一两个侧面展示和表达主题

评分标准					
项目	A	B	C	D	E
小组任务 图文表达（10分）	9～10分	7～8分	5～6分	3～4分	0～2分
	图片、文字、内容紧紧围绕主题，并且精准、恰当、简洁	图片、文字、内容较好围绕主题，并且比较精准、恰当、简洁	图片、文字、内容基本围绕主题，并且比较精准、恰当、简洁	图片、文字、内容有些偏离主题，并且不够精准、恰当、简洁	图片、文字、内容未能围绕主题，并且不精准、恰当、简洁
构图景别（10分）	9～10分	7～8分	5～6分	3～4分	0～2分
	组照中图片在构图、景别中很好地体现了多样性、丰富性	组照中图片在构图、景别中较好地体现了多样性、丰富性	组照中图片在构图、景别中基本体现了多样性、丰富性	组照中图片在构图、景别较为单一、单调	组照中图片在构图、景别不合理
编辑逻辑（10分）	9～10分	7～8分	5～6分	3～4分	0～2分
	图片编辑在内容排序、构图排序、版面设计等方面表现优秀	图片编辑在内容排序、构图排序、版面设计等方面表现良好	图片编辑在内容排序、构图排序、版面设计等方面表现较好	图片编辑在内容排序、构图排序、版面设计等方面表现一般	图片编辑在内容排序、构图排序、版面设计等方面表现较差
组照推介（20分）	17～20分	13～16分	9～12分	5～8分	0～4分
	组照展示推介内容完整、富有条理、主次得当，效果优异，反响热烈	组照展示推介内容完整、较有条理、主次得当，效果优良，反响很好	组照展示推介内容较完整、较有条理、主次得当，效果较好，反响较好	组照展示推介内容不完整、条理较差、主次不清，效果一般，反响一般	组照展示推介内容不完整、没有条理、没有主次效果较差，反响较差
个人任务 个人贡献说明（20分）	17～20分	13～16分	9～12分	5～8分	0～4分
	本人在团队中的角色和贡献高，对作品完成发挥了主要作用	本人在团队中的角色和贡献较高，对作品完成发挥了重要作用	本人在团队中的角色和贡献一般，对作品完成发挥了一般作用	本人在团队中的角色和贡献极少，对作品完成发挥很少作用	本人在团队中没有做出贡献，对作品完成没有发挥作用

第十讲

名胜古迹

第十一讲

文化交流

考考你

在广西，有一个中国古代"海上丝绸之路"始发港，你知道是哪里吗？这里有一片古老的汉墓，2021年10月入选"百年百大考古发现"，地面上有编号的汉墓就有1200多座，而地下的汉墓数量更多。这里还有动人的传说，由此流传下来的成语"合浦还珠"说明早在2000多年前这里的人们就明白了人与自然和谐相处的重要，懂得了"可持续发展"的道理。你能说说为什么这个地方会成为中国海上丝绸之路始发港吗？

合浦汉墓群

教学目标

知识目标

了解八桂文化对外交流的历史和现状；思考探索如何使八桂文化走出去，加强广西与东盟各国以及世界其他国家的文化交流合作。

思政目标

通过专题学习，了解八桂文化对外交往的历史，增强文化自信，激发家国情怀，为丰富、传承、创新、传播和促进八桂文化与其他文化的交流发展做出应有的贡献。

专题点击

广西是中国唯一与东盟国家既有陆地接壤又有海上通道的省级行政区，其面向东南亚，背靠大西南，东邻粤港澳，南濒北部湾。广西也是古代"海上丝绸之路"的重要发祥地，更是"21世纪海上丝绸之路"的新枢纽、新门户。1979年10月1日，桂林市与日本熊本市缔结"友好城市"，40多年来，广西的国际"朋友圈"不断扩大。截至2022年9月，广西与38个国家缔结125对"友好城市"，总量居全国第4位，其中东盟国家"友好城市"57对，居全国首位。

自古以来，八桂文化与各地文化在交流中相互融合，共同孕育出璀璨的文化成果。

一、合浦港：古代海上丝绸之路重要发祥地

"浦"的意思是水边或河流入海的地方，"合浦"顾名思义就是河海交汇流入大海的地方。古代合浦港地处北部湾畔，是发源于广西大容山的南流江出海口，依山傍海，河道纵横，土地肥沃，地势平坦，气候适宜，无论是转运货物还是船只停靠、补给、装卸都非常便捷。拥有如此天然便利的海上交通条件，合浦港成为古代海上丝绸之路重要发祥地，并逐渐发展成为整个东亚大陆通往东南亚、南亚近岸航线的必经港口之一。

合浦石湾镇大浪村
附近发现的古代
渡口码头

合浦港的发展始于秦代，秦始皇下令开凿灵渠，打通了中原到合浦的水道。到了汉代，对外贸易的繁荣使得合浦港在古代海上丝绸之路上的地位举足轻重。班固《汉书·地理志》卷二十八记载："自日南障塞、徐闻、合浦船行可五月，有都元国；又船行可四月，有邑卢没国……黄支之南，有已程不国，汉之译使自此还矣。"史书记载表明，汉武帝时，使团和商人们携带黄金和各种中华物产，从长安城出发，由陆路转水路，顺着长江，进入湘江，借过灵渠，再通过北流河、南流江到达当时的合浦郡，从合浦港扬帆出海，经由古代海上丝绸之路前往东南亚、南亚诸国出使或贸易。有的商人甚至穿越了马六甲海峡，经过印度洋进入波斯湾或者红海，最远到达了地中海沿岸诸国。当时，东南亚诸国和印度、欧洲商人大部分也是从合浦港沿着同样的路线北上到达中原内地，用玛瑙、琥珀等异域珍品换回他们所需的丝织品、茶叶、陶瓷器等。

20 世纪 50 年代开始，合浦 1200 多座汉墓群陆续被发现，出土近 20000 件文物，不仅有汉代常见的陶、铜、金、银、玉、铁、漆等器具，还有大量的琉璃、玛瑙、水晶等异域风情的舶来品。合浦大浪古城遗址发现了西门外的沿江码头夯筑的弧形平台以及固定船只用的木桩痕迹。这些考古发现进一步印证合浦港确实是古代海上丝绸之路重要发祥地，是汉代中外贸易往来、各国人文交流的重要平台，和平合作、开放包容、互利共赢的丝路精神在这里薪火相传。

产于古代合浦附近海域的珍珠被称为"南珠"，其晶莹剔透、圆润多彩、经久不变，拥有"天下第一珠"的美誉，自然也是海上丝绸之路重要的贸易物品之一。南珠的采集历史可以追溯到秦代，汉代达到鼎盛。与南珠有关的故事也不胜枚举，史书《后汉书·孟尝传》记载了一则与南珠有关的故事："郡不产谷实，而海出珠宝……先时宰守并多贪秽，诡人采求，不知纪极，珠遂渐徙于交阯郡界……尝到官，革易前敝，求民病利。曾未逾岁，去珍复还。"这段记载说的是因为合浦的采珠业盈利丰厚，时任官员为了追逐利益，驱使民众过度采集，破坏了珍珠的生态环境，采珠业被严重破坏，甚至影响了合浦的对外商业贸易，使得"珠遂渐徙于交阯郡界"。孟尝任合浦郡后，清正廉明，采取了一系列有效措施，重造并保护了合浦珍珠生态环境，实行珍珠的适度开采制度，从而使采珠业重新恢复生机，合浦也重新出现商货流通、"珠还合浦"的局面。

文化／交流

现在，要想亲身体验 2000 多年前合浦港舟楫往来、商贾云集的繁荣盛景与开放包容的海上丝路文化，可以前往北海"海丝首港"，在充满海上丝路文化和各国异域的风格建筑群中，与身穿古代服饰的商人、渔民、水手等一起穿越千年。

二、中国—东盟博览会：谱写"21 世纪海上丝绸之路"新篇章

中国—东盟博览会简介

2003 年，在第七次中国—东盟"10+1"领导人会议上，时任中国国务院总理温家宝倡议，从 2004 年开始每年由中国和东南亚国家联盟（简称"东盟"）10 国经贸主管部门及东盟秘书处共同主办中国—东盟博览会（简称"东博会"），举办地永久落户于广西壮族自治区南宁市。2013 年 10 月，习近平总书记访问东盟时提出"21 世纪海上丝绸之路"战略构想。东博会承载着中国与东盟各国"共注合作之水，启动时代之钟"合作共赢的荣光，不断谱写"21 世纪海上丝绸之路"新篇章。

2022 年 9 月 16 日，以"共享 RCEP（《区域全面经济伙伴关系协定》）新机遇，助推中国—东盟自由贸易区 3.0 版"为主题的第 19 届东博会开幕。在隆重大气而富于文化内涵的启幕仪式上，嘉宾们用中国—东盟自由贸易区 3.0 版的"数智之水"浇灌东博会会花朱槿花。"水润花开"寓意经过 19 年的不断耕耘，秉承海上丝路文化，以"友谊、合作、发展、繁荣"为主题的东博会花开繁盛、和谐共荣、多元共生，完美诠释了"10+1>11"的合作共赢精神。

（一）东南亚国家联盟

东盟于 1967 年 8 月 8 日在泰国曼谷成立，现有文莱、柬埔寨、印度尼西亚、老挝、马来西亚、缅甸、菲律宾、新加坡、泰国、越南 10 个成员国。

2007 年起，东博会推出了主题国机制，每届东博会由一个东盟国家担任主题国，东盟 10 国按照国家国名英文首字母顺序轮流担任。主题国通过"魅力之城"专题推介、经贸合作、人文交流等活动展示国家形象和特色产品，促进了各国之间人文交流与民心相通。东盟 10 国简介见表 11-1。

表 11-1　东盟 10 国简介

国名简称	首都	主要民族	主要宗教	国花	国鸟
文莱	斯里巴加湾市	马来人、华人	伊斯兰教	康定杜鹃	白腹海雕
柬埔寨	金边	高棉族、华族	上座部佛教	隆都花	巨鹏
印度尼西亚	雅加达	爪哇族、巽他族、马都拉族、马来族	伊斯兰教（逊尼派）	毛茉莉	雄鹰
老挝	万象	老龙族、老听族、老松族	上座部佛教	鸡蛋花	不详

国名简称	首都	主要民族	主要宗教	国花	国鸟
马来西亚	吉隆坡	马来人、华人、印度人	伊斯兰教（逊尼派）	朱槿（大红花、扶桑）	马来犀鸟
缅甸	内比都	缅族、克伦族、掸族、克钦族、钦族、克耶族、孟族、若开族	上座部佛教	紫檀花	绿孔雀
菲律宾	马尼拉	马来人、他加禄人、伊洛人、邦邦牙人、维萨亚人、比科尔人	天主教	茉莉花	食猿雕（菲律宾鹰）
新加坡	新加坡	华人、马来人、印度人	佛教、基督教、伊斯兰教、道教、印度教	胡姬花	黄腰太阳鸟
泰国	曼谷	泰族、老挝族、华族、马来族、高棉族	上座部佛教	金链花	暹火背鹇
越南	河内	京族、岱依族、傣族、芒族、华族、侬族	佛教、天主教、高台教、和好教	莲花	橙胸叶鹎

（二）中国—东盟博览会会徽、吉祥物、会址、会歌

1. 东博会会徽

东博会会徽的主题是"凝聚、绽放、繁荣"。会徽形象是南宁市的市花朱槿花与东博会标志性建筑南宁国际会展中心的有机结合，11 片花瓣绚丽绽放预示着中国与东盟 10 国凝心聚力、合作共赢、共享繁荣的美好未来。11 片花瓣也像无数挥舞着表示欢迎的手臂，呈现了东博会开放与包容的精神，同时寓意着东博会繁荣发展、空间无限。会徽以蓝色为主色调，呈现了中国与东盟各国沿海发展的优势。花瓣下的英文字母为东博会的英文缩写。

2. 东博会吉祥物

东博会吉祥物形象是广西珍稀动物白头叶猴，取名为"合合"，寓意"合作"与"融合"，"合"又与"和平""和气"的"和"字谐音，呈现了东博会"促进中国—东盟自由贸易区建设，共享合作与发展机遇"的宗旨，以及中国与东盟建立面向和平与繁荣的战略伙伴关系的内涵。第 19 届东博会，19 岁的"合合"有了闺蜜"美美"，"合合美美"共同为东博会营造出灵动、热烈的氛围。

3. 东博会会址

南宁国际会展中心是中国—东盟博览会的永久会址，依山就势而建，气势恢宏。主建筑造型设计灵感取自南宁市花——朱槿花，12 片白色的"朱槿花瓣"代表着生活在八桂大地上的 12 个世居民族团结一心，花瓣造型又像壮族姑娘的裙装。"朱槿花"与身后一对张开的"后翼"遥相呼应，共同呈现东博会"繁花似锦"的整体形象。

南宁国际会展中心集休闲、旅游、消费、会展服务为一体，连续19年圆满服务东博会以及国际国内多项有影响力的展会，先后获得"2016年度中国会展业十佳品牌会展中心""2011年度中国最佳展览场馆管理奖"等奖项，入选全国2021年举办展会数量和面积增加最多的全国十大展馆，"会展·东博文化旅游区"获评国家AAAA级旅游景区。

4. 东博会会歌

"相聚到永久，风雨并肩走……看东方，我们同声唱，我们永远是朋友。"19年来，每逢金秋时节，东博会会歌《相聚到永久》的旋律都会在八桂大地唱响。这首由北京青年词曲作者捞仔创作的会歌非常容易传唱，当年从海内外324首参评歌曲中脱颖而出，与东博会主题完美契合。

（三）"南宁渠道"

广西作为中国与东盟唯一陆海相连的省区，"一湾相挽十一国，良性互动东中西"，以独特的区位优势被我国定位为21世纪海上丝绸之路与丝绸之路经济带有机衔接的重要门户。

中国与东盟各国以中国—东盟博览会、中国—东盟商务与投资峰会及其系列活动为重要平台和重要桥梁，形成了全方位、多层次、宽领域合作交流的"南宁渠道"，搭建了"和而不同、共绘大美"国际文化交流平台。

1. 南宁国际民歌艺术节：八桂大地又飞歌

广西素有"歌海"之誉，拥有丰富的民歌资源，如山歌、酒歌、

南宁国际民歌艺术节

渔歌等。为了挖掘、保护、传承、弘扬八桂民歌艺术和歌圩文化，1993年以国家级非物质文化遗产"壮族歌圩"创化而来的"广西国际民歌节"应运而生。为了突出地域特色、民族风情，增强国际视野和现代气息，1999年起"广西国际民歌节"更名为"南宁国际民歌艺术节"，并成功举办了大型广场文艺晚会"大地飞歌"、广西民族风情展演等系列文化活动。南宁国际民歌艺术节成为集文化、旅游、经贸于一体的综合性大型节庆活动。2004年起南宁国际民歌艺术节连续九年成为东博会的重大文化活动之一，谱写了国际文化交流合作的新篇章。

20多年来，南宁国际民歌艺术节唱天下民歌，会四海宾朋，各国民众之间的情感和友谊增进的同时，世界各地的民族文化在八桂大地上广泛而友好地交流。马山三声部民歌、龙州天琴、京族独弦琴等壮乡民族艺术瑰宝，借助南宁国际民歌艺术节的平台走向世界。《大地飞歌》《壮族大歌》《大地之约》等一批原创新民歌至今仍广为传唱。《藤缠树》《山歌好比春江水》等脍炙人口的"民歌新唱"大获成功。奥地利、巴西、菲律宾、法国、俄罗斯、美国、泰国、文莱等39个国家数百名艺人及演出团体先后登上南宁国际民歌艺术节"大地飞歌"晚会的舞台，为观众献上100多个优秀的国外节目。

"绿城歌台"群众文化活动是南宁国际民歌艺术节的重要组成部分，以歌传情、以歌会友，广西壮乡民歌和世界优秀文艺作品同台交流，是一场文化盛会。2019年的"绿

城歌台"共设置 13 个歌台：南宁市民歌湖主歌台 1 个和横县、马山、上林、隆安、宾阳等各县区分歌台 12 个，每一处歌台都"唱不尽满眼的好风景"。南宁，成为名副其实的"天下民歌眷恋的地方"。

国际范、中国风、广西味的南宁国际民歌艺术节跻身"中国最具国际影响力十大节庆活动"，荣获"2012 中国节庆榜·最受大众关注民族（民俗）文化节庆"奖，还赢得国际节庆协会（International Festivals & Events Association，IFEA）最高奖综合类铜奖等奖项。

2. 中国—东盟（南宁）戏剧周："刘三姐"风靡东南亚

广西既是歌海，亦是戏乡。壮剧、桂剧、彩调剧、邕剧、粤剧、京剧、话剧、桂南采茶戏、客家山歌剧等艺术门类在方寸舞台间呈现着绚丽多姿的八桂文化，描绘了八桂民族的精神家园。20 世纪 50 年代，彩调剧和电影《刘三姐》便风靡东南亚国家。

从 2013 年开始，每年的中国—东盟（南宁）戏剧周为中国与东盟艺术家搭建了交流的平台，中国、越南、新加坡、马来西亚、印度尼西亚、菲律宾、泰国、文莱、柬埔寨等多个东盟国家的戏剧团体同台展示，风情歌舞剧、话剧、音乐剧、粤剧、婺剧、高甲戏、花灯戏、民间曲艺、独角戏、人偶剧、木偶剧等艺术种类繁多。通过"南宁渠道"艺术家们以戏剧为媒，交流民族文化，增进民心相通，搭建中国—东盟人文交流的友谊之路。

3. 文化走亲东盟行：八桂文化热起来

国之交在于民相亲，民相亲在于心相交。2014 年，依托中国—东盟（南宁）戏剧周平台，以戏剧艺术展演、传统非遗展示、艺术座谈等为载体的"文化走亲东盟行"活动启动。中国艺术家、民间艺人、非遗传承人等深入东盟国家社区与当地民众面对面地交流，"以走促亲"丰富了"南宁渠道"对外文化交流体系，有效增进中国与东盟之间的民心相通。"文化走亲东盟行"活动先后走进新加坡、马来西亚、柬埔寨、越南、菲律宾、泰国、缅甸等东盟国家，逐步打造成为对外文化交流的文化传播品牌项目。

戏剧交流展演是历届"文化走亲东盟行"的重要组成内容。中国的粤剧、昆曲、藏戏等剧种与柬埔寨皇家舞剧、泰国孔剧、马来西亚玛雍戏等世界级非物质文化遗产项目同台展演。南宁市戏剧院演出的跨文化粤剧《罗摩衍那》在马来西亚市政厅演出，受到当地观众的热烈追捧，收获了长达 12 分钟的热烈掌声。大型古装粤剧《目连救母》走进新加坡、柬埔寨，弘扬中华民族传统"孝"文化主题，在两国民众中引起强烈共鸣。中国的粤剧、川剧、越剧、祁剧等地方戏曲剧种与越南嘥剧、嘲剧、木偶剧、民间歌舞等同台演出，相映生辉。《贵妃醉酒》《打闭门》《断桥》等粤剧经典片段在泰国、缅甸等国找到和音。

"走亲"活动还将广西非物质文化遗产如壮绣、织锦、壮族服饰、传统壮医、陶艺、渡河公、壮女赛巧、绣球制作、剪纸、横县大粽及米粉制作技艺等带到东盟国家，与东盟民众零距离接触，在当地掀起了广西文化热潮。

文化

交流

（四）教育交流合作

作为中国与东盟文化交流的窗口，广西近年来着力打造"留学广西"品牌，东盟元素已成为广西校园的一道靓丽风景。目前，广西高校已与周边国家近 200 所院校建立了合作关系，开设东盟 10 国的官方语言专业。2019 年在广西学习的东盟留学生约有 1 万名。

2021 年中国—东盟
职业教育联展

留学生们不仅在广西学习中华优秀文化，也带来了本国的文化、艺术。广西艺术学院越南留学生潘宝茹编导的舞蹈《阿乜啊海》成功入围中国舞蹈界顶级舞蹈展示活动——第 12 届全国"桃李杯"舞蹈教育教学成果展。

2022 月 4 日，300 余名中国、东盟青年代表通过线上线下的方式参加了在南宁举办的"青春携手 共向未来"2022 年中国（广西）—东盟青年手拉手活动。中国与东盟青年之间的人文交流活动为建设"南宁渠道"注入青春活力。

广西每年还选派优秀教师前往老挝、柬埔寨等东盟国家进行国际汉语教学交流等教育援外工作。目前广西已有 4 所高校分别在泰国、老挝、越南、柬埔寨、印度尼西亚建立了 8 所孔子学院。广西幼儿师范高等专科学校的中国—东盟童声研究所与泰国玛哈沙拉坎大学接力共创的国际抗疫主题音乐《保重》在两国间广为传唱。

三、桂粤港澳：文化互动精彩纷呈

近年来，广西充分释放"海"的潜力，激发"江"的活力，努力实现广西北部湾经济区与粤港澳大湾区融合发展。第 19 届东博会首次设置了广西全面对接粤港澳大湾区建设展区。粤港澳大湾区城市的魅力在东博会上精彩呈现，深圳、广州、香港分别出任了第 6 届、第 9 届、第 12 届东博会中国"魅力之城"。桂粤港澳文化互动在广西与粤港澳大湾区合作中发挥了重要的作用。

（一）桂粤共话广府文化

"广府"是"广州府"这一行政区划的简称，由明朝设置，是明清时期广东省的十大州府之一。广府文化即广府民系的文化，是粤语地区的一种地域文化，指广东省珠三角广州府地区使用粤方言的汉族居民的文化，包括广东粤西地区的高凉文化、西江流域的西江文化和广西地区的桂系文化。

2020 年，梧州市承接举办的第八届"广府文化论坛"以"西江缘·广府情——西江流域广府文化的传承与交融"为主题，开展桂粤两地社科文化交流。2021 年，第九届"广府文化论坛"在钦州举办，以"钦州缘·广府情——广西北部湾经济区与粤港澳大湾区融合发展"为主题。广西与广东地域相近、文脉相亲、习俗相近、商缘相通，以广府文化为媒，必将进一步推动粤桂"两湾"的融合发展。

八桂广府文化景观

（二）八桂文化走进港澳

香港和澳门与广西地缘相近，文化相亲，语言相通。香港的维多利亚港、澳门的大三巴牌坊都是广西游客的热门打卡地。2022年4—12月，八桂文化将走进香港开展"庆祝香港回归祖国25周年'壮族三月三'走进港澳系列活动"，通过举办"节日民俗展演""市民互动体验""壮美广西美景进小区和港铁""'香港印象·壮美广西'剪影打卡摄影比赛"等主题活动展示山歌对唱、抛绣球、竹竿舞、铜鼓表演等八桂民俗文化，让香港市民能够近距离了解"壮族三月三"这一国家级非物质文化遗产项目，体验八桂独特的风土人情，感受绚丽多彩的八桂文化。

八桂文化内涵丰富、久远神奇，走进新时代的八桂文化在传承与发展中也迎来了高光时刻。"壮族三月三""刘三姐文化"等文化品牌经过多年打造，已经成为享誉区内外的文化大品牌。"桂风壮韵"精品力作讲述着广西故事，推陈出新的"广西有戏"、非遗传播展示"广西有礼""广西美味"等系列特色文化品牌吸引了国内外民众的关注。以八桂文化为核心元素的文学艺术、戏剧歌舞、影视动漫等艺术精品走出广西，走向世界。走进新时代的八桂文化，依托新的传播创意、媒介平台，必将在传承与发展中迎来新的腾飞。

学必有问

1．汉代合浦港为什么能够成为中国海上丝绸之路始发港？你知道有哪些史料和出土文物能证明合浦港是中国海上丝绸之路始发港吗？

2．从"广西国际民歌节"到"南宁国际民歌艺术节"，一大批原创新民歌借助南宁国际民歌艺术节的舞台走向世界。想一想，查一查，你能找出几首在南宁国际民歌艺术节唱红的新民歌？它们由谁作词、作曲？

3．查阅资料，比较八桂文化和广府文化在生活习俗方面有哪些相近之处？

文化大使·我为广西文化代言

【任务描述】

请认真阅读任务情境，完成一份500字的八桂文化伴手礼推荐说明。

为筹办新一届中国—东盟博览会，广西壮族自治区政府有关领导将分别率政府代表团出访东盟10国。其中一项活动是代表团全体成员出席出访国政府组织的一个文化交流论坛。

请为这次出访的代表团成员推荐两件富有八桂文化内涵的伴手礼，并提供一份推荐说明。

请分10个小组完成，每个小组对应一个出访国，采用抽签方式确定出访国。

第十一讲

文化／交流

【任务分析】

伴手礼推荐说明内容包括：

（1）出访国文化特点说明：国家基本概况、文化习俗、生活习惯、风俗禁忌等。

（2）伴手礼展示：可以选择实物、图片、手绘等形式。

（3）伴手礼推荐理由：伴手礼的寓意；如何展示八桂文化内涵；与之相关的历史人文知识；适用出访国家的理由；细节亮点说明。

【任务要求】

步骤	要求
1. 形成任务小组	形成 10 个任务小组，每组人数根据班级实际人数情况确定
	确定小组长
2. 任务情境分析	小组研讨任务情境，分析出访国的文化特点
	确定伴手礼及推荐理由
3. 伴手礼推荐会	小组代表上台完成推荐说明，教师对小组研讨结果记录并点评
	评选 3 份最佳伴手礼
4. 推荐说明写作	个人选择一件最佳伴手礼完成推荐说明写作

【任务提醒】

出访伴手礼的选择要注意与出访背景、场合、规格等匹配；既富有中国文化意蕴，又能突出八桂文化内涵，传统古韵与时尚灵动结合，主色调应热情庄重；尊重出访国的礼仪禁忌等；考虑出访国接待对象的个人爱好等；要有一定的价值感，也要考虑出访国的经济状况；体积适宜。

【任务测评】

任务完成情况和展示环节的评分表

任务编号	11		任务名称	伴手礼推荐会
学生姓名		组别	组内职务	
评量项目		自评	小组评分	教师评分
课堂表现	学习态度（15 分）			
	沟通合作（15 分）			
	当众发言（10 分）			
小组任务	推荐形式（15 分）			
	八桂文化呈现（15 分）			
	匹配出访国文化（15 分）			

个人任务	推荐说明写作（15分）				
评分结果	小计				
	总分				
学生签字		年　月　日	教师签字		年　月　日

评分标准						
项目		A	B	C	D	E
课堂表现	学习态度（15分）	13～15分	9～12分	6～8分	3～5分	0～2分
		在积极主动、虚心求教、自主学习、细致严谨方面表现优秀，令师生称赞	在积极主动、虚心求教、自主学习、细致严谨方面表现良好	在积极主动、虚心求教、自主学习、细致严谨方面表现较好	在积极主动、虚心求教、自主学习、细致严谨方面表现尚可	在积极主动、虚心求教、自主学习、细致严谨方面均有待加强
	沟通合作（15分）	13～15分	9～12分	6～8分	3～5分	0～2分
		在师生之间具有很好的沟通能力，在小组学习中具有很强的团队合作能力	在师生之间具有很好的沟通能力，在小组学习中具有良好的团队合作能力	在师生之间具有很好的沟通能力，在小组学习中具有较好的团队合作能力	在师生之间具有很好的沟通能力，在小组学习中能够参与团队合作	在师生之间具有很好的沟通能力，在小组学习中不能够参与团队合作
	当众发言（10分）	9～10分	7～8分	4～6分	2～3分	0～1分
		积极踊跃参与小组研讨，并代表小组回答问题，且表达清晰准确	比较积极踊跃参与小组研讨，并代表小组回答问题	能够主动参与小组研讨	能够参与小组研讨	不能参与小组研讨
小组任务	推荐形式（15分）	13～15分	9～12分	6～8分	3～5分	0～2分
		能使用多样化手段，从外形、色彩等方面展示伴手礼的寓意，细节亮点说明充分	能从外形、色彩等方面展示伴手礼的寓意，细节亮点能说明清晰	能较清晰地解说伴手礼的外形、色彩等细节，有亮点	能较清晰地解说伴手礼的外形、色彩等细节	不能解说伴手礼的外形、色彩等细节
	八桂文化呈现（15分）	13～15分	9～12分	6～8分	3～5分	0～2分
		伴手礼既富有中国文化意蕴，又能充分呈现八桂文化内涵，展示了八桂历史与人文知识，传统古韵与时尚灵动结合	伴手礼既富有中国文化意蕴，又能充分呈现八桂文化内涵，展示了八桂历史与人文知识	伴手礼能呈现八桂文化内涵和相关历史与人文知识	伴手礼基本能呈现八桂文化和相关历史与人文知识	伴手礼不能呈现八桂文化和相关历史与人文知识

第十一讲

文化／交流

评分标准					
项目	A	B	C	D	E
小组任务 — 匹配出访国文化（15分）	13～15分 与出访背景、场合、规格等匹配；尊重出访国礼仪禁忌等；符合出访国接待对象的个人爱好等；有一定的价值感，且考虑到出访国经济状况；体积适宜	9～12分 与出访背景、场合、规格等匹配；尊重出访国礼仪禁忌等；有一定的价值感，且考虑到出访国经济状况；体积适宜	6～8分 与出访背景、场合、规格等匹配；尊重出访国礼仪禁忌等；体积适宜	3～5分 基本与出访背景、场合、规格等匹配；能考虑出访国礼仪禁忌等	0～2分 不匹配出访背景、场合、规格等；未考虑出访国礼仪禁忌等
个人任务 — 推荐说明写作（15分）	13～15分 文字流畅，形式新颖，能充分展现伴手礼特点及其蕴含的中国文化意蕴、八桂文化内涵，以及出访国文化特点等要素	9～12分 文字流畅，能展现伴手礼特点及其蕴含的中国文化意蕴、八桂文化内涵，以及出访国文化特点等要素	6～8分 文字较流畅，能展现伴手礼特点及其蕴含八桂文化内涵，以及出访国文化特点等要素	3～5分 文字较流畅，能展现伴手礼特点	0～2分 未能有效推荐

参考文献

[1]　盘福东. 八桂文化 [M]. 沈阳：辽宁教育出版社，1998.

[2]　覃乃昌. 从族群认同走向民族认同：20 世纪中后期广西的民族识别研究之三 [J]. 广西民族研究，2009（3）：22-31.

[3]　莫凤欣. 广西历史沿革述略 [J]. 广西地方志，1998（5）：29-33.

[4]　刘祥学. 极简广西史 [M]. 桂林：漓江出版社，2021.

[5]　《广西历史文化简明读本》编写组. 广西历史文化简明读本 [M]. 南宁：广西人民出版社，2013.

[6]　谢永雄，雪坚. 广西历史知识 [M]. 南宁：广西人民出版社，1990.

[7]　游汝杰. 从语言地理学和历史语言学试论亚洲栽培稻的起源和传布 [J]. 中央民族学院学报，1980（3）：6-17.

[8]　何彦珏，刘方富. 广西"那"字组合地名的分布特征及其文化意蕴 [J]. 广西地方志，2019（4）：48-51.

[9]　覃乃昌. "那"文化圈论 [J]. 广西民族研究，1999（4）：40-47.

[10]　张声震. 壮族历史文化与《壮学丛书》：《壮学丛书》总序 [J]. 广西民族研究，2003（1）：38-54.

[11]　张声震. 布洛陀经诗译注 [M]. 南宁：广西人民出版社，1991.

[12]　蒋钦挥. 寓桂历代名人 [M]. 广西：广西师范大学出版社，2021.

[13]　蒋钦挥. 广西历代名人 [M]. 广西：广西师范大学出版社，2021.

[14]　甘伟珊，周文淘. 寓桂历史人物 [M]. 广西：广西师范大学出版社，2009.

[15]　甘伟珊，周文淘. 桂籍历史人物 [M]. 广西：广西师范大学出版社，2009.

[16]　黄伟林. 影响广西的四个历史人物 [J]. 当代广西，2013（19）：54-55.

[17]　李亮. 深挖用好广西的历史人文资源 [EB/OL].（2017-02-28）[2023-03-23]. https://v.gxnews.com.cn/a/15982141.

[18]　玉时阶. 广西风物图志 [M]. 北京：社会科学文献出版社，2018.

[19]　玉时阶. 濒临消失的广西少数民族服饰文化 [M]. 北京：民族出版社，2011.

[20]　刘晓红，陈丽. 广西少数民族服饰 [M]. 2 版. 上海：东华大学出版社，2016.

[21]　刘文，金凤杰. 中国少数民族服饰文化 [M]. 北京：中国纺织出版社有限公司，2020.

[22]　李欣华. 民族服饰文化 [M]. 北京：中国纺织出版社有限公司，2021.

[23]　陈曼平. 广西历代各族服饰文化概貌（一）[J]. 广西地方志，2004（2）：35-41.

[24]　陈曼平. 广西历代各族服饰文化概貌（二）[J]. 广西地方志，2004（4）：45-50.

[25]　陈曼平. 广西历代各族服饰文化概貌（三）[J]. 广西地方志，2004（5）：49-54，33.

[26]　陈曼平. 广西历代各族服饰文化概貌（四）[J]. 广西地方志，2004（6）：63-38，87.

[27] 陈曼平. 广西服饰文化：民间文学的沃土（一）[J]. 广西地方志，2007（1）：57-61.

[28] 陈曼平. 广西服饰文化：民间文学的沃土（二）[J]. 广西地方志，2007（2）：51-57.

[29] 伍琳. 广西主要少数民族服饰及妆饰产生与发展的历史传承 [J]. 文化创新比较研究，2019，3（6）：43-44.

[30] 周生来. 论盘瓠形象在瑶族文化史上的影响 [J]. 民族论坛，1986（4）：48-52.

[31] 玉时阶，玉璐. 广西少数民族服饰文化现状与传承保护 [J]. 广西民族师范学院学报，2012，29（4）：1-8.

[32] 玉时阶. 壮族服饰图案纹样的文化内涵 [J]. 广西民族师范学院学报（哲学社会科学版），2012，33（1）：12-15.

[33] 马燕琪. 苗族百鸟衣浅析 [J]. 西部皮革，2020，42（19）：100-101，103.

[34] 田鲁. 苗族服饰刺绣中的故土及迁徙图案纹样 [J]. 装饰，2005（12）：82.

[35] 匡迁. 仫佬族鞋的艺术特征解析 [J]. 中国民族博览，2019（8）：139-141.

[36] 陈丽琴，林信炜. 论京族服饰与生态环境 [J]. 钦州学院学报，2015，30（12）：1-6.

[37] 雀宁. 中国少数民族服饰的美学研究：现状、问题与出路 [J]. 贵州社会科学，2017（11）：93-99.

[38] 赵媛媛. 广西世居少数民族服饰图案文化艺术研究 [J]. 中国民族博览，2022（9）：51-54.

[39] 陈天. 浅析影响民族服饰色彩的因素：以广西壮族服饰为例 [J]. 大众文艺，2018（1）：39.

[40] 赵燕，孙宁. 浅谈苗族服饰图案中的自然观 [J]. 西部皮革，2020，42（5）：96-97.

[41] 石佳能. 侗族服饰文化简论 [J]. 贵州民族研究，1998（2）：89-96.

[42] 罗冬梅. 透视侗族服饰的文化内涵 [J]. 南宁职业技术学院学报，2008（3）：13-16.

[43] 张玉华. 白裤瑶族服饰的审美价值探析 [J]. 艺术教育，2015（12）：252-253.

[44] 江琳. 论瑶族服饰的美学特征 [J]. 西部皮革，2022，44（4）：121-123.

[45] 梁汉昌. 瑶族服饰文化源流探析 [J]. 歌海，2011（2）：77-82，85.

[46] 付潇琳. 苗族传统服饰纹样中的图腾意象分析 [J]. 美术文献，2020（2）：145-146.

[47] 王刘娟. 侗族"百鸟衣"服饰纹样研究 [J]. 西部皮革，2017，39（4）：72，75.

[48] 春天. 精美绝伦的侗族服饰 [J]. 中国民族博览，2020（19）：105-106.

[49] 周佳璐. 百色隆林苗族服饰图案与中国文化渊源研究 [J]. 美术界，2015（4）：81.

[50] 李泊沅. 侗族银饰及其文化内涵 [J]. 艺术科技，2015，28（1）：100.

[51] 吴伟峰. 广西饮食文化 [M]. 南宁：广西民族出版社，2021.

[52] 王仁湘. 饮食与中国文化 [M]. 桂林：广西师范大学出版社，2022.

[53] 黄琼，蓝竹梅. 广西特色饮食文化 [M]. 北京：对外经济贸易大学出版社，2018.

[54] 翟香丽，胡顺成. 大地的馈赠：广西"三月三"饮食文化研究 [M]. 南宁：广西科学技术出版社，2020.

[55] 王学泰. 中国饮食文化史 [M]. 北京：中国青年出版社，2012.

[56] 陈晓卿. 至味在人间 [M]. 桂林：广西师范大学出版社，2016.

[57] 谢小英，韦玉姣，熊伟，等. 广西古建筑 [M]. 南宁：广西科学技术出版社，2021

[58] 覃彩銮. 居住的文化时空：广西民族建筑文化解读 [M]. 南宁：广西民族出版社，2018.

[59] 覃彩銮，黄恩厚，韦熙强，等. 壮侗民族建筑文化 [M]. 南宁：广西民族出版社，2006.

[60] 陆卫. 桂筑华章：广西历史建筑遗存 [M]. 南宁：广西科学技术出版社，2014.

[61] 余英. 中国东南系建筑区系类型研究 [M]. 北京：中国建筑工业出版社，2001.

[62]　熊伟. 广西传统乡土建筑文化研究 [D]. 广州：华南理工大学. 2012

[63]　熊伟, 谢小英, 赵冶. 广西传统汉族民居分类及区划初探 [J]. 华中建筑. 2011, 29（12）：179-185.

[64]　顾乐真. 广西戏剧史论稿 [M]. 北京：中国戏剧出版社, 2002

[65]　王敏之, 潘健, 陈丽梅. 广西当代艺术理论研究丛书：音乐卷 [M]. 南宁：广西民族出版社, 1993

[66]　王敏之, 潘健, 陈丽梅. 广西当代艺术理论研究丛书：曲艺卷 [M]. 南宁：广西民族出版社, 1993

[67]　《中华舞蹈志》编辑委员会. 中华舞蹈志：广西卷 [M]. 上海：学林出版社, 2014.

[68]　陈小蓉, 谢翔, 王艳琼. 中国体育非物质文化遗产：广西卷 [M]. 兰州：甘肃教育出版社, 2018

[69]　农瑞群, 舒翠玲. 天琴：神秘的天籁 [M]. 南宁：广西科学技术出版社, 2022.

[70]　黄羽. 独弦琴：京岛海韵 [M]. 桂林：漓江出版社, 2022.

[71]　李侃. 广西文场：山水间流淌的清音 [M]. 桂林：漓江出版社, 2022.

[72]　林超俊, 全婕, 钟毅, 等. 广西戏曲 [M]. 南宁：广西人民出版社, 2021.

[73]　刘小春. 长鼓舞：舞动的鼓点 [M]. 南宁：广西美术出版, 2022.

[74]　黎学锐, 罗艳. 广西民歌 [M]. 桂林：漓江出版社, 2021.

[75]　梁庭望. 花山崖壁画：祭祀蛙神的圣地 [J]. 中南民族学院学报（社会科学版）, 1986（4）：18-23.

[76]　王文章, 李荣启. 中国传统节日的文化内涵 [J]. 艺术百家, 2012, 28（3）：5-10.

[77]　罗树杰. "壮族三月三"：促进各民族交往交流交融的大平台 [EB/OL]. （2016-05-03）[2023-01-25]. https://www.neac.gov.cn/seac/mztj/201605/1012141.shtml.

[78]　何飞雁. 多民族文化背景下广西彩调民俗叙事建构 [J]. 广西社会科学, 2014（7）：36-39.

[79]　张绍祥. 壮族红鸡蛋的传统文化内涵 [J]. 今日民族, 2007（2）：48-49.

[80]　何艺华. 壮族竹竿舞传承人讲述千人竹竿舞背后的故事 [EB/OL]. （2018-04-21）[2022-12-17]. https://baijiahao.baidu.com/s?id=1598362858337322468.

[81]　黄易, 龙涛. 广西非物质文化遗产：苗族系列坡会群 [J]. 当代广西, 2008（3）：56.

[82]　蒋文宁. 文化产业化背景下融水苗族系列坡会群的传承与保护 [J]. 广西师范大学学报（哲学社会科学版）, 2015, 51（6）：117-123.

[83]　雷铠旭. 民族服饰文化的混合体验研究：以贺州瑶族为例 [D]. 北京：北京服装学院, 2019.

[84]　广西壮族自治区国家级非物质文化遗产名录 [EB/OL]. （2012-05-23）[2023-01-11]. https://wenku. baidu.com/view/fdb2666775c66137ee06eff9aef8941ea76e4bf8.html?_wkts_=1686204356654.

[85]　毛汉领, 陆叶. 保护瑶族乡村盘王节非物质文化遗产的意义和策略：以恭城瑶族自治县西岭乡新合村盘王节为例 [J]. 广西民族大学学报（哲学社会科学版）, 2011, 33（02）：104-108.

[86]　田祖国. 新农村建设中民族传统体育的功能、价值及运用——基于湘西苗寨和通道侗乡的调查报告 [J]. 南京体育学院学报（社会科学版）, 2010, 24（4）：36-39.

[87]　徐金文. 环江分龙节：戴上傩面与神仙"对话" [EB/OL]. （2016-04-19）[2023-04-21]. https:// www.ddgx.cn/show/7268/u0s221559321p220463916a1.html.

[88]　黄玉华, 马冰, 白如辰. 京族哈节的文化价值及其在文化创新中的实现 [J]. 钦州学院学报, 2015, 30（9）：6-10, 14.

[89]　范如国. 传统节日的文化内涵和精神内核 [J]. 人民论坛, 2017（7）：134-135.

[90] 钟敬文. 民间文学概论 [M]. 2 版. 北京：高等教育出版社，2010.

[91] 刘守华. 民间文学教程 [M]. 2 版. 武汉：华中师范大学出版社，2009.

[92] 中国民间文学继承全国编辑委员会，中国民间文学集成•广西卷编委会. 中国民间故事集成：广西卷 [M]. 北京：中国 ISBN 中心出版，2001.

[93] 张廷兴，刘海清，邢永川. 广西民间文学概论 [M]. 北京：中国文联出版社，2010.

[94] 陈金文. 广西神话传说 [M]. 南宁：接力出版社，2021.

[95] 李慧，李斯颖. 广西民间文学 [M]. 南宁：广西教育出版社，2021.

[96] 广西壮族自治区地方志编纂委员会办公室. 广西年鉴 2021[M]. 南宁：广西年鉴社，2021.

[97] 李湘萍. 走亲东盟越走越亲 [N]. 广西日报，2019-02-20（7）.

[98] 李湘萍. "南宁渠道"为中国与东盟合作赋能 [N]. 广西日报，2020-12-07（12）.

[99] 云亦云. 唱天下民歌会四海宾朋——南宁国际民歌艺术节的美丽回眸 [N]. 南宁日报，2022-04-22（9）.

[100] 黄浩铭. 从山水相连到民心相通——广西推动中国—东盟文化交流开启新篇章 [N]. 广西日报. 2019-09-19（15）.

[101] 杨秋，廖彬，李嘉婷. 国际友城进东博"朋友圈"里觅商机 [N]. 广西日报，2022-09-23（5）

[102] 韦静，蔡柳. 东博会首设广西全面对接粤港澳大湾区建设展区 [N]. 南宁日报，2022-08-20（21）.

[103] 罗国智. 广府艺术语言在文创设计中的应用研究 [J]. 鞋类工艺与设计，2022，2（23）：130-132.

[104] 丁霞. 后疫情时代中国与东盟贸易发展探究 [J]. 现代商业，2022（14）：51-53.

[105] 曹璐熙. 广府文化元素图案化及其在当代设计中的应用 [J]. 大观，2022（12）：3-5.

[106] 邓秋霞. 星级饭店步入调整期后的发展分析：以南宁市为例 [J]. 广西师范学院学报（哲学社会科学版），2015，36（2）：109-113.

[107] 刘芯瑜，许燕滨. "一带一路"民心相通中的"文化走亲东盟行"研究 [J]. 沿海企业与科技，2020（5）：3-7.

[108] 罗宜春，杨顺韬. 智慧交通新基建大数据应用国际化人才培养机制研究 [J]. 西部交通科技，2020（9）：190-193.

[109] 胡刚翔，曹丹，黄炜，等. 海上丝绸之路背景下中国—东盟强制性认证制度的研究 [J]. 中国标准化，2016（1）：84-86，110.

[110] 林苹. 在新的历史起点上全面提高广西对外开放水平 [J]. 传承，2009（2）：162-163.

[111] 朱桂玲. 主动对接东盟服务区域经济发展 [J]. 广西教育，2022（12）：1.

[112] 李萍. 广西曲艺发展史述略 [J]. 北方文学，2017（3）：7.